I0759474

Este libro está al cuidado de

____

____

Elogios para
La saga Wingfeather

«Me encantan la aventura y la inventiva salvaje y, sobre todo, el corazón de los libros de Andrew. Es un poeta y un narrador magistral. Quiero leer cualquier cosa que escriba».

—Sally Lloyd-Jones, autora de libros infantiles superventas del *New York Times*

«Una experiencia que tu familia nunca olvidará. ¡No puedo recomendar estos libros lo suficiente!».

—Sarah Mackenzie, autora de *The Read-Aloud Family* [La familia que lee en voz alta] y fundadora y presentadora del pódcast *Read-Aloud Revival* [El avivamiento de la lectura en voz alta].

«La saga de Wingfeather es ingeniosa, imaginativa y llena de corazón. Muy recomendable para lectores de escuela intermedia que se hayan quedado sin novelas de Narnia y estén buscando su próxima gran serie».

—Anne Bogel, creadora del blog *Modern Mrs. Darcy* [La Sra. Darcy moderna] y presentadora del pódcast *What Should I Read Next?* [¿Qué debería leer ahora?]

«Una epopeya frenéticamente imaginativa y maravillosamente irreverente que brilla por su ingenio y sabiduría, y que incluye excelentes instrucciones sobre cómo enfrentarse a los Thwaps, los Colmillos y alguna que otra vaca colmillo».

—Allan Heinberg, guionista de *La mujer maravilla*, de DC y creador de *Los Jóvenes Vengadores*, de Marvel Comics

«¡Inmensamente inteligente!».

—Phil Vischer, creador de VeggieTales

LA SAGA

WINGFEATHER

AL BORDE DEL OSCURO MAR DE LAS TINIEBLAS

ANDREW PETERSON

LA SAGA

WINGFEATHER

AL BORDE DEL OSCURO MAR DE LAS TINIEBLAS

LIBRO 1

ESPAÑOL®
BRENTWOOD, TENNESSEE

Al borde del oscuro Mar de las Tinieblas

B&H Publishing Group
Brentwood TN, 37027

Ilustraciones interior: Joe Sutphin
Arte portada: Nicholas Kole
Diseño de portada: Brannon McAllister

Clasificación: F
Clasifíquese: AUTOSUFICIENCIA—FICCIÓN \ HABILIDADES DE SUPERVIVENCIA—FICCIÓN \ MONSTRUOS—FICCIÓN

ISBN: 978-1-4300-8356-6

Impreso en EE. UU.
1 2 3 4 5 * 28 27 26 25

Para mi hermano

Contenido

El bosque de Glipwood
El poderoso río Blapp
El oscuro Mar de las Tinieblas
Cabaña Igiby
La Mansión Anklejelly
El Castillo de Peet
Libros y Rincones
Principal
La Única Posada en la Ciudad
La Cárcel de Gnorm
Camino Vibbly
El Cuartel de los Colmillos
N
E
O
S
Un mapa algo preciso del
MUNICIPIO
de GLIPWOOD
y sus alrededores
(no a escala)
(obviamente)

Breve introducción al mundo de Kistamos

Cuentan las viejas historias que, cuando la primera persona se despertó la primera mañana en el mundo donde transcurre este relato, bostezó, se estiró y dijo a lo primero que vio: «Bueno, aquí estamos». El hombre se llamaba Dwayne, y lo primero que vio fue una roca. Junto a la roca, sin embargo, había una mujer llamada Gladys, con la que aprendería a llevarse muy bien. En las muchas eras que siguieron, esa primera frase se enseñó a los niños y a los hijos de sus hijos y a los primos de los padres de sus hijos, y así sucesivamente hasta que, por casualidad, todas las criaturas que hablaban se referían al mundo que les rodeaba como Kistamos.

En Kistamos había dos continentes principales divididos por un océano principal llamado Mar Oscuro de las Tinieblas. En la Cuarta Época, la áspera tierra al este del mar había pasado a llamarse Dang y tiene poco que ver con este relato (excepto por el Gran Mal que llegó a existir allí y libró una Gran Guerra contra casi todo el mundo).

Ese mal era innombrable, pero lo llamaban Gnag el Sin Nombre. Gobernaba desde lo alto de las Montañas Killridge, en el Castillo Throg, y de todo lo que Gnag despreciaba en Kistamos, lo que más odiaba era al alto rey Wingfeather de la Isla de Anniera. Por alguna razón que nadie podía adivinar, Gnag y sus desdichadas hordas se habían marchado hacia el oeste y engullido la Isla Brillante de Anniera, donde cayeron el buen rey, su casa y su noble pueblo.

Insatisfecho, el Mal Sin Nombre (llamado Gnag) construyó una flota que llevó a su monstruoso ejército hacia el oeste, a través del Mar Oscuro de las Tinieblas, hasta el continente de Skree. Allí asoló esa extensa tierra, nueve largos años antes de que comience nuestra aventura.

Una introducción algo menos breve a la tierra de Skree

Toda la tierra de Skree era verde y llana. Excepto las Montañas Pedregosas del norte, que no eran llanas en absoluto. Tampoco eran verdes. Eran más bien blancas por toda la nieve, aunque si esta se derritiera, con el tiempo podría crecer algo verde en ellas.

Ah, pero más al sur, las Planicies de Palen Jabh-J cubrían el resto de Skree con sus praderas onduladas (y decididamente verdes). Excepto, por supuesto, el Bosque de Glipwood. Justo al sur de las planicies, los Bosques de Linnard se salían de los bordes de todos los mapas, excepto, uno supondría, de los mapas hechos por la gente que vivía en aquellas tierras lejanas.

Pero la gente que tenía su hogar en las llanuras, en los lindes del bosque, en lo alto de las montañas y a lo largo del gran río Blapp, vivía en un estado de paz duradera y gloriosa. Es decir, salvo por la mencionada Gran Guerra, que perdieron de forma bastante lamentable y que destruyó la vida tal y como la conocían.

En los nueve años transcurridos desde que el rey de Skree y todos sus señores —de hecho, todos los que podían reclamar el trono— fueron ejecutados, el pueblo de Skree había aprendido a sobrevivir bajo la ocupación de los Colmillos de Dang. Los Colmillos caminaban como humanos y, de hecho, eran exactamente iguales, salvo por las escamas verdosas que cubrían sus cuerpos, el hocico de lagarto y los dos largos colmillos venenosos que sobresalían de sus bocas rabiosas. Además, tenían cola. Desde que Gnag el Sin Nombre conquistó las tierras libres de Skree, los Colmillos habían ocupado todas las ciudades, exigiendo impuestos y siendo desagradables con los skreeanos libres. Sí, los habitantes de Skree eran bastante libres, siempre que estuvieran en sus casas a medianoche. Y siempre que no llevaran armas, y no se quejaran cuando de vez en cuando sus compatriotas fueran llevados al otro lado del mar, para no volver a verlos. Pero aparte de los crueles Colmillos y la constante amenaza de muerte y tortura, no había mucho que temer en Skree. Excepto en las Montañas Pedregosas, donde los peludos abomachacadores se arrastraban por la tierra con sus largos dientes y sus vientres hambrientos, y por los helados yermos de las Praderas de Hielo, donde los pocos que vivían allí luchaban a diario contra los buitres punzantes. Más al sur, las Planicies de Palen Jabh-J eran tan seguras como hermosas, salvo por los ratejones que se deslizaban entre la hierba alta (un granjero de Torrboro Sur afirmó haber visto uno tan grande como un mip joven, que es aproximadamente del tamaño de un charvo adulto, un animal que mide lo mismo que un flonejo).

Antes de rugir sobre las Cataratas Fingap, el río Blapp era ancho y pacífico, claro como un manantial, y los peces que se podían pescar en él eran deliciosos y dóciles, excepto los muchos que eran venenosos al tacto y los peces daga, conocidos por saltar a las barcas y empalar al pescador más robusto.

Una introducción a la cabaña Igiby (muy breve)

A las afueras de la ciudad de Glipwood, encaramada cerca del borde de los acantilados sobre el Mar Oscuro, había una casita donde vivía la familia Igiby. La casita era bastante sencilla, salvo por lo cómoda que era y lo bien que había sido construida, y lo bien cuidada que estaba a pesar de los tres niños que vivían en ella, y salvo por el amor que brillaba desde ella como la lumbre por sus ventanas a la noche.

¿Y la familia Igiby?

Bueno, excepto por la forma en que siempre se sentaban hasta altas horas de la noche junto al hogar contando historias, y cuando cantaban en el jardín mientras recogían la cosecha, y cuando el abuelo, Podo Helmer, se sentaba en el porche soplando anillos de humo, y excepto por todas las cosas buenas y cálidas que llenaban sus días allí como la sidra en una taza en una noche de invierno, eran bastante desdichados. Bastante desdichados, en efecto, en aquella tierra donde caminaban los Colmillos de Dang.

1

Llega el carruaje, el carruaje negro

Janner Igiby yacía tembloroso en su cama con los ojos cerrados, escuchando el espantoso sonido del carruaje negro que traqueteaba a la luz de la luna. Su hermano pequeño, Tink, roncaba en la litera de encima y, por la respiración de su hermana pequeña, Leeli, sabía que también dormía. Janner se atrevió a abrir los ojos y vio la luna, blanca como una calavera, sonriéndole a través de la ventana. Por más que intentó no pensar en ello, la canción infantil que había aterrorizado a los niños del país de Skree durante años sonó en su cabeza, y Janner se quedó tumbado bajo la pálida luz de la luna, sin apenas mover los labios.

He aquí, del río Blapp más allá
El carruaje, el carruaje negro llegará
Con su corcel y sus arreos sombríos vendrá
Y su conductor sombrío conduciendo

Niño, reza al Creador para que te deje dormir
Cuando el carruaje por tu calle vaya a subir
No más sueños de puros dientes y sufrir
Y de carruajes llegando

Para arrancarte de tu cama segura
En la noche más profunda y la hora más oscura
cruzando el mar hasta la torre de helada temperatura
Donde Gnag el Sin Nombre te tortura

En el Castillo Throg a través del puente
A un mundo de distancia de tu familia y tu gente
Llorarás por cómo empezaron tus males lentamente
La noche en que las sombras te ataron finalmente

Lejos, donde el río Blapp ya acabó,
El carruaje, el carruaje negro llegó
Con su corcel y sus arreos sombríos vendrá
La noche en que el carruaje te encontró

No es de extrañar que a Janner le costara conciliar el sueño en cuanto oyó el débil ruido de cascos y el tintineo de cadenas. Podía ver en su mente las formas de los cuervos que rodeaban el carruaje y se encaramaban sobre él, oír los graznidos y el batir de las alas negras. Se dijo que los sonidos eran solo su imaginación. Pero sabía que aquella misma noche, en algún lugar de la campiña, el carruaje negro se detendría ante la casa de alguna pobre alma y se llevaría a los niños para no volver a verlos jamás.

Solo la semana pasada había oído a su madre llorar por la desaparición de una niña de Torrboro. Sara Cobbler tenía la misma edad que Janner,

y él recordaba haberla visto una vez cuando su familia había pasado por Glipwood. Pero ahora se había ido para siempre. Una noche estaba en la cama igual que él. Probablemente había dado las buenas noches a sus padres y hecho una oración. Y el carruaje negro había venido a buscarla.

¿Habría estado despierta?

¿Habría oído el resoplido de los caballos negros junto a su ventana o visto el vapor que salía de sus fosas nasales?

¿La habrían atado los Colmillos de Dang?

¿Habría forcejeado cuando la metieron en el carruaje, como si la metieran en la boca de un monstruo?

No importa lo que hubiera hecho, era inútil. La habían arrancado de su familia y eso era todo. Los padres de Sara la habían velado. Que se la llevara el carruaje negro era como morir. Podía ocurrirle a cualquiera, en cualquier momento, y no había nada que hacer al respecto, salvo esperar que el carruaje siguiera moviéndose cuando traqueteaba por tu calle.

Los traqueteos, los tintineos y los golpes de los cascos resonaban en la noche. ¿Se acercaba el carruaje negro? ¿Daría la vuelta por el sendero que conducía a la cabaña Igiby? Janner oró al Creador para que no lo hiciera.

Nugget, el perro de Leeli, levantó la cabeza a los pies de su cama y gruñó a la noche más allá de la ventana. Janner vio un cuervo posarse en una rama huesuda perfilada por la luna. Tembló, agarró su edredón y tiró de él hasta la barbilla. El cuervo giró la cabeza y pareció mirar dentro de la ventana de Janner, burlándose del muchacho cuyos grandes ojos reflejaban la luz de la luna. Janner yacía aterrorizado, deseando poder hundirse más en la cama, donde los ojos negros del cuervo no pudieran verlo. Pero el pájaro se alejó aleteando. La luna se nubló, y el retumbar de los cascos y el crujido del carruaje se desvanecieron, hasta que por fin quedaron envueltos en el silencio.

Janner se dio cuenta de que había estado conteniendo la respiración y la soltó lentamente. Oyó el golpeteo de la cola de Nugget contra la pared y se sintió mucho menos solo al saber que el perrito estaba despierto con él. Pronto se quedó profundamente dormido, en medio de sueños inquietantes.

2

Pepitas, martillos y totatas

Por la mañana, los sueños habían desaparecido.

El sol brillaba, el frescor de la mañana perdía terreno frente a un ardiente sol de verano, y Janner imaginaba que podía volar. Observaba a las libélulas flotar por el prado, y se ponía en el lugar de una libélula, para ver lo que veía y sentir lo que sentía. Imaginaba el leve giro de un ala que la lanzaba a toda velocidad por un prado, batiéndose a derecha e izquierda, elevándose con el viento por encima de las copas de los árboles, o descendiendo por la escarpada caída hacia el Mar Oscuro. Imaginaba que si él fuera una libélula, sonreiría mientras volaba (aunque no estaba seguro de que las libélulas pudieran sonreír), porque no tendría que preocuparse de que el suelo le hiciera tropezar. A Janner le parecía que en los últimos meses había perdido el control de sus extremidades; tenía los dedos más largos, los pies más grandes y su madre había dicho que no tenía nada de coordinación.

Janner se metió la mano en el bolsillo y, mirando a su alrededor para asegurarse de que nadie lo observaba, sacó un trozo de papel viejo doblado. El estómago se le revolvió como cuando encontró el papel la semana anterior mientras barría el dormitorio de su madre. Lo desdobló para contemplar el dibujo de un niño de pie en la proa de un pequeño velero. El muchacho tenía el pelo oscuro y los miembros desgarbados, y se parecía innegablemente a Janner. Grandes y ondulantes nubes blanqueaban el cielo, y el rocío de las olas estallaba en salpicaduras que parecían tan reales y húmedas que a Janner le pareció que, si las tocaba, mancharía el dibujo. Debajo del dibujo estaba escrito: «Mi duodécimo cumpleaños. Dos horas solo en alta mar, y el mejor día de mi vida hasta ahora».

No había ningún nombre en el dibujo, pero Janner sabía en el fondo de su corazón que aquel muchacho era su padre.

Nadie hablaba nunca de su padre… ni su madre, ni su abuelo; Janner sabía poco de él. Pero ver aquel dibujo fue como abrir una ventana en un lugar oscuro de su interior. Confirmó su sospecha de que había algo más en la vida que vivir y morir en el municipio de Glipwood. Janner nunca había visto un barco de cerca. Los había observado desde los acantilados, motas que cortaban lentos caminos como cintas a través de las olas lejanas, surcadas por una tripulación en algún que otro recado aventurero. Se imaginó a sí mismo en su propio barco, sintiendo el viento y el rocío como el chico del dibujo…

Janner salió bruscamente de su ensoñación y se encontró apoyado en una horquilla, tapado hasta las rodillas de un heno que le hacía picar. En lugar de sentir el viento del océano, se enfrentaba a una nube de paja y polvo sacudida por Danny, el caballo de carga, atado impaciente a un carro medio lleno de heno que esperaba ser transportado por el campo hasta el granero. Janner llevaba trabajando desde el amanecer y ya había hecho tres viajes, ansioso por terminar sus tareas.

Hoy era el Festival del Día del Dragón y el único día del año en que Janner se alegraba de estar en el tranquilo pueblo de Glipwood.

El pueblo entero esperaba todo el año el Día del Dragón, cuando todo Skree parecía descender sobre Glipwood. Habría juegos y comida, gente de aspecto extraño procedente de ciudades lejanas y los propios dragones surgiendo del Mar Oscuro de las Tinieblas.

Hasta donde él sabía, Janner nunca había salido de Glipwood en sus doce años de vida, así que el festival era lo más cerca que estaba de ver el resto del mundo, y una buena razón para apresurarse a terminar con el heno. Se secó el sudor de la frente y miró con nostalgia por encima del hombro a una libélula que se alejaba zumbando. Luego hurgó en el heno con un gruñido y lo arrojó al carro. Al hacerlo, su pie se enganchó en una piedra oculta bajo el heno y se tambaleó hacia delante, cayendo de bruces sobre un montón limpio y fresco de pepitas de Danny, el caballo de carga.

Janner se levantó de un salto, balbuceando y limpiándose la cara con puñados de heno. Danny, el caballo de carga, lo miró, resopló y arrancó un bocado de hierba mientras Janner corría, rápido como la libélula, al abrevadero para limpiarse la cara.

Al otro lado del campo y pasada la valla, el hermano de Janner, Tink (cuyo nombre de pila era Kalmar), estaba a horcajadas sobre el tejado de la cabaña, con dos clavos entre los labios y un martillo en una mano. Intentaba reparar una teja suelta, pero le costaba mucho, tan violentos eran sus temblores. Cuando era más pequeño, el mero hecho de subir a hombros de su abuelo lo ponía nervioso, y aunque se reía, siempre tenía los ojos muy abiertos por el miedo hasta que el abuelo volvía a ponerlo firmemente en el suelo.

Podo, su abuelo, siempre asignaba la reparación del tejado a Tink porque pensaba que le haría bien enfrentarse a su miedo. Pero Tink, que ahora tenía once años, seguía tan asustado como siempre. Temblando como una hoja, se sacó un clavo de entre los labios y lo clavó en el tejado con tanta timidez como si se estuviera martillando la cara. Miró a través del campo y vio cómo Janner tropezaba de cabeza en el abrevadero, y deseó haber terminado sus tareas para poder jugar una partida de zibzy[1] con su hermano mayor en los juegos del Día del Dragón.

---

1. El zibzy ganó gran popularidad en Skree en el año 356 de la Tercera Época. Se trataba de un juego de césped con dardos gigantes (lanzados al aire por el equipo atacante), un golpeador (una tabla plana con mango) y tres piedras. Sin embargo, abundaban las lesiones y, debido a la protesta pública, el juego fue prohibido. En 372, se descubrió que se podía jugar una versión pasable del juego sustituyendo los dardos gigantes por escobas. Para conocer las reglas completas y profundizar en la fascinante y sangrienta historia del zibzy, consulta *Jugamos, Sangramos, Barrimos*, de Vintch Trizbeck (Editorial Tres Tenedores, Valberg, 3/423).

Tink era inútil en el tejado, pero cuando tenía los pies en tierra firme, podía correr como un ciervo.

Al primer golpe del martillo, el clavo se escapó de entre los dedos de Tink. Intentó atraparlo, falló, y se lanzó hacia abajo, abrazándose a ambos lados del tejado caliente. Clavo y martillo se precipitaron por el tejado en direcciones opuestas y por el borde. Tink gimió, porque eso significaba tener que volver a deslizarse por el borde y bajar por la escalera. También significaba que tardarían mucho más en poder ir al pueblo a la fiesta.

«¿Perdiste algo?».

El temor de Tink se transformó en malhumor. «Tan solo arrójamelo, ¿quieres?».

Tink oyó risas, y entonces el martillo salió volando, dando vueltas, y aterrizó a unos metros de él. Se armó de valor para acercarse al borde y agarró el martillo con mano temblorosa justo antes de que volviera a deslizarse hacia abajo.

«Gracias, Leeli», dijo, intentando sonar mucho más amable.

Leeli volvió a sentarse en los escalones de la parte trasera de la cabaña y siguió pelando totatas, canturreando para sí misma. Nugget estaba a sus pies, meneando la cola, jadeando en la agradable sombra. Pronto Leeli se puso en pie con una pequeña muleta de madera y se quitó las peladuras de totata de la parte delantera del vestido. Llevando el cubo, entró cojeando en la casa, seguida de cerca por Nugget.

Su pierna derecha se doblaba hacia dentro en un ángulo antinatural por debajo de la rodilla, y los dedos de la pierna averiada se arrastraban ligeramente por el suelo de madera. Cuando era poco más que un bebé, había aprendido a andar con una pequeña muleta bajo el brazo, y cada año su abuelo le hacía una más grande, cada vez más adornada y resistente que la anterior. Esta era de tejo y tenía pequeñas flores moradas grabadas a lo largo.

Leeli dejó el cubo de totatas peladas sobre la mesa, detrás de Nia, su madre, que estaba echando ingredientes en una olla grande de estofado.

—Ah, gracias, querida. —Nia se limpió las manos en el delantal y se acomodó unos cabellos sueltos detrás de las orejas. Era alta y elegante, y Leeli pensaba que su madre era tan hermosa que el sencillo vestido que llevaba le quedaba como un traje real. Las manos de Nia eran fuertes y callosas por los años de duro trabajo, pero lo bastante suaves como para trenzar el pelo de Leeli o acariciar la cara de sus hijos cuando les daba el beso de buenas noches.

—¿Podrías traerme a tu abuelo? —preguntó—. Lleva al menos una hora en el jardín recogiendo hierbas, lo que solo puede significar una cosa.

Leeli se rio.

—¿Han vuelto los thwaps?

—Me temo que sí. —Nia se volvió hacia su guiso justo cuando hubo otro estruendo por encima de ellas. Sus ojos siguieron el sonido por el techo hasta la ventana, donde ella y Leeli vieron caer el martillo de Tink a la hierba. Un gemido ahogado llegó desde el techo.

—Yo lo busco. —Leeli salió cojeando por la puerta trasera y volvió a arrojar el martillo a Tink.

Janner se acercó a zancadas a la cabaña, empapado de la cintura para arriba, trayendo consigo un olor terrible y un enjambre de gordas moscas verdes zumbándole alrededor de la cabeza.

Mientras Leeli cojeaba hacia la parte delantera de la cabaña para encontrar a su abuelo, oyó a su madre chillar y echar a Janner de la casa, donde fue golpeado en la cabeza por un martillo que caía.

3

Una bolsa de thwaps

El abuelo de Leeli, que tenía una sola pierna, estaba de rodillas, gruñéndole a algo en el huerto. De las enredaderas colgaban gordas totatas rojas; redondas cabezas de lechuga brotaban tranquilamente de la tierra en largas hileras; brotes de cebollinos, zanahorias y bayas de azúcar —sus favoritas— estaban aún brillantes y cubiertas de rocío.

Al igual que Leeli, Podo se las arreglaba bien con una sola pierna, aunque en vez de usar una muleta, se sujetaba un muñón de madera por debajo de la rodilla. Nunca hablaba de cómo había perdido la pierna, pero no era ningún secreto que había sido pirata en su salvaje juventud, y entretenía a sus nietos todas las noches con historias de sus aventuras en el mar.

Como aquella vez que los dieciocho miembros de su tripulación enfermaron por comer un lote de pezorón en mal estado que habían saqueado de un pesquero cerca de las islas Phoob. Podo era el único que no había comido nada y tuvo que navegar solo a través de una tormenta, mientras su tripulación chapoteaba y gemía en el casco.

«Y eso no es lo peor», decía Podo. «¡Se los aseguro! Eso fue con la Armada skreeana acechándome por la popa, disparando cañones y lanzándome flechas por el pelo. Por eso se parte en tres lugares, ¿ven? Aún no he olido ni una gota de pezorón y no me han entrado ganas de arriar una vela y ponerme a cubierto…». Los niños Igiby chillaban de alegría, y el viejo Podo a menudo se ponía tan nervioso que necesitaba secarse el sudor de la frente con un pañuelo.

Ahora se estaba secando la frente con el pañuelo mientras entrecerraba los ojos entre los brotes de cebollino.

«¿Abuelo?», dijo Leeli detrás de él.

Podo giró la cabeza, agitando hacia ella un nudoso garrote de madera. Tenía el pelo largo y blanco alborotado y parecía una vieja bruja loca. «¿Eh? Ten cuidado, muchacha. Casi te golpeo en la cabeza con mi garrote». Sus blancas y pobladas cejas se alzaron y se llevó un dedo nudoso a los labios. «¡Thwaps!», siseó.

De repente, una figura pequeña y peluda saltó de debajo de una planta de totatas y chilló.

Podo corrió tras ella.

Nugget, que había estado gimoteando alegremente, perdió toda contención y se abalanzó hacia el jardín ladrando.

El thwap común era un poco más grande que un skonk,[1] no mucho más que una bola de pelo con brazos flacos y patas tan altas como la mitad de la espinilla que le quedaba a Podo. El garrote del anciano encontró su objetivo y envió al bichito volando por los aires, pero no antes de que otro saliera corriendo del jardín y mordiera ferozmente a Podo en el muñón, con sus dientes largos y amarillos. El primer thwap se estrelló contra el tronco de un árbol cercano y cayó al suelo, donde se levantó inmediatamente y lanzó un guijarro contra el anciano. Le dio de lleno en la frente, y Podo se tambaleó un momento, sacudiendo la cabeza mientras golpeaba al thwap que tenía los dientes clavados en la pata de palo.

Los thwaps chillaron y salieron disparando hacia el jardín. Un momento después reaparecieron, uno con una totata en sus peludas patas, el otro con un brazo lleno de zanahorias. Esquivaron otro golpe del garrote de Podo y volvieron a salir a toda prisa hacia el jardín.

Podo rugió y blandió su garrote por encima de la cabeza. «¡Alto ahí, asquerosos roedores!».

Una ráfaga de viento movió las hojas del jardín en ondas. El pelo blanco de Podo voló para atrás, y él se inclinó hacia la brisa con la

1. Bip Thwainbly, *La mordedura del Skonk* (editorial y fecha desconocidas).

mandíbula desencajada. Un thwap apareció detrás de una planta de baya de azúcar y lanzó otra piedra. Podo blandió su garrote y envió la piedra de vuelta al jardín, mientras los thwaps se lanzaban a cubrirse.

«¡Ajá!».

Pasaron unos instantes mientras los thwaps chirriaban y gorjeaban entre sí.

El rostro de Podo se arrugó aún más. Bajó el garrote y se llevó una mano a la oreja, como si hubiera podido entenderlos.

De repente, una gorda totata roja zumbó en el aire y estalló en la cara de Podo.

«¡Las totatas no!». Podo parpadeó para quitarse el jugo de los ojos y bateó otra totata con el garrote. «¡Mis totatas no!».

Justo cuando Leeli se dio la vuelta, lo vio lanzarse de cabeza al jardín, aullando sin parar. Leeli sonrió y regresó cojeando a la cabaña que estaba impregnada de aroma a desayuno.

Nia pasó junto a ella hacia el jardín sin decir palabra, tomó dos hojas de una planta de pimiento rosa y volvió a la cocina, ignorando los ladridos de Nugget, los aullidos de rabia de Podo y los thwaps que surcaban el aire.

Janner, que por fin había conseguido limpiarse el estiércol de la cara y el pelo, regresó a la casa, empapado.

Tink, flaco como un rastrillo, se sentó a la mesa junto a Leeli. Tenía los ojos fijos en la gran pila de salchichas que chisporroteaba en el fogón, y los gruñidos de su estómago llenaban la habitación.

«¡Bueno! Así está mejor». Nia se cruzó de brazos e intentó no sonreír a Janner. «Creía que ya te vería con hierba fresca creciendo en la cara».

Janner se sonrojó y sacudió la cabeza mientras tomaba asiento.

Leeli y Tink intentaron ocultar sus risitas, mientras Nia acercaba una silla y se sentaba con los codos sobre la mesa y la barbilla entre las manos, observando cómo comían sus hijos. Janner miraba por la ventana, sumido en sus pensamientos; Tink se encorvaba sobre su plato como un buitre, comiendo los bollos calientes y las salchichas como si fueran a intentar escapar; Leeli observaba a sus hermanos y jugueteaba con el dobladillo de su vestido, canturreando y moviendo la cabeza de un lado a otro mientras masticaba.

«Coman bien, queridos. Va a ser un día muy ajetreado», dijo Nia, sonriendo. Los ojos de los niños se abrieron de par en par. «¡Los dragones marinos!», gritaron al unísono.

Nia se rio y se levantó de la mesa. «*El crepúsculo estival ha partido en dos la suntuosa luna de verano, y volverán a oír la dorada melodía de los dragones todos los paisanos*», cantó.[2] «Vendrán tal como lo han hecho durante mil años. Terminen de desayunar y nos iremos a la ciudad. Las tareas esperarán».

Con un fuerte estruendo, la puerta trasera se abrió de golpe y allí estaba Podo, empapado en sudor y sin aliento. «¡Thwaps!», bramó, mostrando una bolsa con algo retorciéndose y chillando en su interior. Podo la golpeó con su garrote y los chillidos cesaron de inmediato.

Nugget aulló y bailó a sus pies, mordisqueando la bolsa.

—Hay dos apestosos más ahí fuera, pero estos tres —sacudió la bolsa— no volverán a comerse nuestras verduras, te lo aseguro. Malditos ladrones… —Se dio cuenta de que sus tres nietos y su hija lo miraban y se aclaró la garganta—. No te preocupes. Los arrojaré por el acantilado directamente al Mar Oscuro después de comerme unos cuantos de tus bollos calientes, cariño. —Señaló a Nia con la cabeza, intentando sonar menos brusco.

Nia se quedó con la boca abierta.

—¿Cómo podrías arrojarlos al mar?

Podo se rascó la cabeza.

—Es fácil. Mira, tomo esta bolsa de aquí y… la tiro. Por el acantilado. Así de sencillo.

---

2. De «La leyenda de las montañas hundidas», una rima tradicional skreeana. Una versión posterior del cuento se imprimió en la *Historia completa de canciones tristes, tristes,* de Eezak Fencher. Ver la página 279 de los Apéndices.

Leeli estaba sentada con el tenedor en la mano y una expresión de horror en la cara.

—¡Abuelo, no puedes matarlos así como así! —Se apartó de la mesa mientras los chicos ponían los ojos en blanco. Leeli cojeó con su muleta hasta su altísimo abuelo y lo miró con una lastimera dulzura en los ojos.

Podo quería a su nieta como a nada más en Kistamos, y ella lo sabía.

—Son unas cositas tan *dulces*, abuelo, y nunca hacen daño a nadie. —Podo balbuceó y señaló los arañazos de sus brazos.

Leeli no pareció notarlos.

—Y lo único que toman cada año son algunas de nuestras verduras para alimentar a sus crías. No puedo creer que hagas algo así. Por favor, abuelo, no mates a esos peluditos. —Lo agarró de la camisa, le acercó la cara a la suya y lo besó en una mejilla grisácea—. Vamos, Nugget —dijo, y salió de la cocina.

La bolsa chilló y Podo volvió a golpearla, pero con menos vigor. Con un gruñido, Podo dejó el saco en el suelo junto a la mesa y se metió un pastel caliente en la boca.

—Janner, muchacho —dijo Podo sin levantar la vista de su plato—, la cosa se puede poner fea con las fiestas que se están celebrando, y ya sabes que los Colmillos se ponen aún más malos cuando parece que los skreeanos lo estamos pasando bien.

—Sí, señor.

Janner bajó la mirada hacia su plato y se aferró a los costados de la silla, preparándose para lo que sabía que iba a ocurrir.

—Y tú eres el mayor, lo que conlleva una noble responsabilidad. Significa...

—Significa que tengo que vigilar a Tink y a Leeli y asegurarme de que lleguen sanos y salvos a casa. He oído lo mismo todos los días de mi vida, y no soy ningún tonto.

Janner se sorprendió incluso a sí mismo. Sus mejillas se sonrojaron al ver la expresión de asombro en el rostro de su madre. Sabía que había ido demasiado lejos, pero ya era tarde para dar marcha atrás. Años de frustración decidieron explotar sobre pasteles calientes aquella misma mañana.

—Lo que significa es que soy una niñera, que nunca puedo hacer nada de lo que *yo* quiero —terminó.

Tink resopló e intentó ocultar su risa metiéndose otro gran bocado en la boca. Janner le dio una patada por debajo de la mesa, lo que solo hizo que Tink volviera a sofocar la risa.

—¡No quiero pasarme la vida preocupándome por Tink y Leeli, siguiendo a dos niñitos a todas partes, preocupándome por ellos como una vieja y malgastando mi vida!

—Hijo… —empezó Podo.

—¡No soy tu hijo! No eres mi padre, y si mi padre viviera, lo entendería. —Janner ya se odiaba por lo que había dicho. Respiraba con dificultad, con la mirada fija en la hornilla, temeroso de mirar a su abuelo a la cara. Sentía el pecho caliente y se le saltaban las lágrimas. Metió una mano en el bolsillo y apretó el dibujo doblado de su padre. Como nunca antes, deseó estar en aquel barco, en el Mar Oscuro de las Tinieblas, lejos de Glipwood y de cómo se sentía ahora.

Podo masticó y tragó lentamente sus pasteles calientes, considerando lo que su nieto había dicho en un pesado silencio.

—Tink, recoge tu plato y ve a vestirte —dijo, sin apartar los ojos de Janner.

Nia se quedó de pie junto a los fogones, mirando al suelo con las manos en las caderas.

El viejo canoso se limpió la boca con una servilleta y agarró los lados de la mesa con sus grandes manos.

Janner estaba en problemas. Y lo sabía.

4

Un extraño llamado Esben

La puerta se cerró tras Tink mientras Nia acercaba una silla entre Podo y Janner.

—Muchacho, ¿sabes que te quiero? —preguntó Podo.

Janner asintió y añadió:

—Sí, señor.

—Sé que no soy tu padre. Era un buen hombre. Un hombre valiente. Luchó bien y murió bien en la Gran Guerra, y es mi deber criarlos lo más parecido a lo que su padre hubiera querido.

Janner miró de reojo a su madre. Ella luchaba por contener las lágrimas mientras se levantó y se ocupó de recoger los platos de la mesa.

—Ahora, muchacho, se te están poniendo las piernas largas y tu voz es cada vez más gruesa. Supongo que sabes que te estás acercando a la edad adulta, ¿verdad? —Podo miró a Janner con una de sus cejas blancas y pobladas levantada y el otro ojo entrecerrado—. Habla, muchacho.

—¡Bueno, tengo doce años! Ya sé que eso no es ser mayor, pero… —se le cortó la voz, incapaz de pensar qué decir.

—A veces sientes que tus hermanos te pesan como un ancla, ¿es eso? ¿A veces sientes que esta pequeña ciudad es demasiado pequeña para las ideas que tienes en la cabeza?

Janner se quedó mirando fijo sus manos. Respiró hondo y sacó el dibujo del bolsillo. Nia dejó de limpiar mientras Janner desplegaba el dibujo y lo extendía sobre la mesa. El niño ya no podía contener las lágrimas; le goteaban de la punta de la nariz sobre el dibujo, mezclándose con el rocío del mar.

Nia abrazó la cabeza de Janner contra su pecho y le alisó el pelo durante largo rato.

—Me preguntaba dónde se había metido ese dibujo.

—¿Es él?

Nia asintió despacio.

—Sí.

—¿Y lo dibujó él?

—Sí. —Nia secó las lágrimas del dibujo con el delantal—. Era una época diferente. Un mundo diferente —se quedó callada un largo rato—. Antes de los Colmillos. Lo que más querría tu padre sería que surcaras tus propios mares, y algún día lo harás. Pero si estuviera aquí, te diría lo mismo que te está diciendo tu abuelo. Hay un tiempo para navegar y otro para quedarse quieto.

—Muchachito, comprendo más de lo que crees —la voz de Podo era más suave—. Pero escúchame: Yo estaba allí cuando murió tu Pa. No lo vi, pero estaba ahí.

Janner levantó la cabeza bruscamente.

—¿Estabas allí? ¿Qué sucedió?

—Sí.

—Papá, no —dijo Nia.

—Ya es hora de que sepa algo de dónde viene, muchacha. —Podo señaló el dibujo y luego a Janner—. Míralo. Es la viva imagen…

—No veo qué tiene que ver eso. Resucitar la memoria de Esben no servirá de nada. De *nada* —la voz de Nia temblaba.

Janner odiaba ver a su madre tan alterada, pero deseaba desesperadamente saber más.

—¿Se llamaba Esben? —Janner esperó que Podo siguiera hablando.

Podo y Nia lo miraron con ojos tristes.

Nia besó el cabello de Janner.

—Ya basta. Por favor —le dijo a Podo y salió de la habitación.

Janner se quedó en silencio.

Podo se quedó en silencio.

Los thwaps de la bolsa se quedaron en silencio.

Finalmente, Podo se aclaró la garganta.

—Bueno, debes confiar en mí. Veo a tu padre en ti. Era un gran hombre. Luchó por nosotros. *Murió* luchando por nosotros. Tu hermanita y tu hermano son tesoros, igual que tú, y no queremos que nuestros tesoros se pierdan. —El anciano se inclinó hacia delante y bajó la voz—. Se derramó sangre para que ustedes tres pudieran respirar el buen aire de la vida, y si eso significa que tienen que perderse un partido de zibzy, que así sea. Parte de ser hombre consiste en anteponer las necesidades de los demás a las tuyas.

Janner pensó en Tink y Leeli. La idea de tener que estar siempre pendiente de ellos aún lo irritaba, pero los quería. Quería ser un hombre bueno y valiente como su padre, cuyo nombre acababa de oír por primera vez.

—Sí, señor. Lo intentaré —dijo, sin poder mirar a Podo a los ojos. Janner dobló el dibujo y miró a Podo inquisitivamente. Podo asintió con la cabeza y Janner volvió a guardárselo en el bolsillo con cuidado.

—Así que, muchacho, ya que eres tan mayor, ¿por qué no van al festival tú, tu hermano y tu hermana sin tu madre y sin mí durante un rato? Aún tenemos que ocuparnos de algunas tareas. Estás a cargo.

—Pero mamá dijo que Leeli no podía…

—Je —se rio Podo—. Yo me ocuparé de tu madre. No pierdas de vista a tu hermana. Tu madre y yo iremos enseguida. ¿Puedes encargarte de eso?

—Sí, señor —dijo Janner, repentinamente inseguro de poder hacerlo.

Podo dio una palmada sobre la mesa.

—Muy bien. Ahora. Hay algo que necesito que hagas por mí antes de que los tres se vayan al festival. —Le entregó el saco de thwaps a Janner y bajó la voz—. ¿Te importaría tirar estos apestosos por el acantilado por tu querido Podo?

Los ojos de Janner se abrieron de par en par.

—¿Qué?

—Ah, estoy bromeando —dijo Podo con decepción—. No podría hacerlo después de la pequeña actuación de Leeli. —Podo metió la mano en el bolsillo y entregó a Janner tres monedas grisáceas. Dio otro bocado a las tortitas calientes, tragó y eructó—. Cómprense algo de comer.

5

El librero, el Hombre Calcetín y el ayuntamiento de Glipwood

Los niños Igiby corrieron por el césped de la cabaña, al paso más rápido que Leeli podía cojear. Janner resistió el impulso de ofrecerle su ayuda. Hacía tiempo que había aprendido que su hermana pequeña era capaz de moverse por sí sola y que si quería ayuda, la pediría. También sabía que, aunque era ferozmente independiente, deseaba ferozmente que la esperaran.

Incluso con una pierna lisiada, Leeli era extraordinariamente rápida, y sus hermanos se movían al trote mientras avanzaban por el sombreado sendero que conducía al pueblo de Glipwood. Nugget caminaba junto a Leeli moviendo la cola, y si los niños Igiby hubieran tenido cola, también la habrían movido. Ya podían oír el sonido poco común de las risas en dirección a la ciudad, y vestigios de música alegre se elevaban sobre las copas de los robles.

De repente, Janner se sintió satisfecho de que le hubieran confiado el cuidado de sus dos hermanos pequeños. Se rio de lo rápido que habían cambiado sus sentimientos. Hacía solo unos minutos se sentía encadenado por su responsabilidad; ahora estaba orgulloso de ella. Ir a la ciudad solo con Tink y Leeli distaba mucho de navegar solo en alta mar como había hecho su padre, pero tendría que servir.

Janner se preguntó qué diría su amigo, el viejo Oskar N. Reteep de la librería, cuando viera a los Igiby sin padres a la vista. ¿Le daría Oskar más trabajo en la tienda o lo dejaría llevarse más libros a casa?

Quizás por fin permitiera a Janner leer los libros reservados solo para los mayores, los gruesos de las estanterías superiores con encuadernación antigua. Sonrió para sus adentros. *La responsabilidad podía no ser tan mala después de todo.*

—¿Qué pasó ahí atrás? —preguntó Tink mientras trotaban por el sendero.

—Nada.

—¿Cómo que nada? —Tink parecía decepcionado—. ¿Nada de azotes?

—No. Ningún azote.

—Así que, cuando tienes doce años, ¡puedes portarte mal y nadie te azota!

—Es complicado —dijo Janner, pensando de nuevo en su padre. Se preguntó cuándo les enseñaría el dibujo a Tink y Leeli.

—No veo la hora de tener doce años. —Tink esbozó una sonrisa maliciosa y doblaron la esquina de la calle principal.

Janner le devolvió la sonrisa a su hermano, pero por dentro estaba preocupado. *Esben. Esben Igiby*, pensó. Saber el nombre de su padre hizo que Janner pensara en él como en una persona real, no solo como una sombra feliz de sus sueños. La mayoría de los días, no pensaba mucho en él, pero cada vez que los otros niños de Glipwood hablaban de sus padres, o cuando le preguntaban a Janner por qué vivía con su viejo abuelo, se sentía como un bicho raro. Sabía que Leeli y Tink también lo sentían. Todos los demás habitantes de Glipwood habían crecido allí, o en algún lugar cercano. Pero siempre que Janner les preguntaba a Podo o a Nia de dónde habían venido ellos, la respuesta era el silencio. Lo único que sabía era que Podo había crecido en la cabaña y que sus tatara-tatara-tatarabuelos (los tatara-tatara-tatara-*tatara*buelos de Janner) la habían construido doscientos años antes, cuando Glipwood era poco más que un grupito de edificios.[1]

---

1. Glipwood había prosperado mucho con los años, y ahora era un conjunto de edificios algo más grande, gracias en parte al turismo generado por el Festival del Día del Dragón. Willibur Smalls, *Sucedió en Skree* (Torrboro, Skree: Blapp River Press, 3/402).

Ahora, Glipwood tenía una calle principal con varios edificios a ambos lados. La Taberna de Shaggy se alzaba a la izquierda, y en su tejadillo verde oscuro había un dibujo de un perro con una pipa colgando de la boca. A su lado, estaba el edificio más grande del pueblo, la única posada de Glipwood. Su letrero decía: «LA ÚNICA POSADA» en la parte superior y, debajo, en letras más pequeñas: «La Única Posada de Glipwood». Los Shooster, una amable pareja de ancianos, mantenían la posada cálida y limpia, y los aromas que salían de la cocina daban hambre a todo el municipio. Al otro lado de la calle, había una barbería llamada J. Bird, donde solía verse al Sr. Bird durmiendo en una de sus sillas. Junto a la barbería, estaba la cárcel del pueblo, donde los Colmillos holgazaneaban en la entrada y lanzaban insultos a los transeúntes.

Los anchos y musgosos robles extendían sus ramas sobre las calles, ofreciendo una agradable sombra del sol veraniego. Niños de rostros pegajosos se encaramaban en las altas ramas, masticando diversos postres. Dondequiera que mirara Janner, había hombres y mujeres de diferentes formas y tamaños. Las mujeres llevaban vestidos largos, vaporosos y de vivos colores, y los hombres que paseaban a su lado soplaban pipas y lucían ridículos sombreros de copa redonda. De vez en cuando, pasaba chirriando un coche de caballos, cuyos ocupantes miraban con suficiencia por la ventanilla.

Janner, Tink y Leeli, con Nugget a su lado, atravesaron el pueblo, pasando junto a la posada (siempre llena en esta época del año, pues era la única posada de Glipwood), junto a la tienda de flores de Ferinia y el viejo edificio desvencijado que albergaba Libros y Rincones. En la ventana colgaba un cartel:

OSKAR N. RETEEP

PROPIETARIO / LIBRERO / INTELECTUAL / APRECIADOR DE LO ORDENADO, LO EXTRAÑO Y LO SABROSO

Oskar N. Reteep, un hombre orondo, de barba corta y blanca y muy poco pelo en la parte superior de la cabeza, los saludó desde el porche de su casa, donde estaba sentado en una mecedora, dando caladas a una larga pipa. Se había peinado largos mechones de pelo sobre su pecosa cabeza de huevo castaño, en un vano intento de ocultar que era calvo. La brisa agitaba un largo mechón de pelo como si también saludara a los niños.

«Hola, Janner», dijo sonriendo y haciendo señas a los niños.

«Hola, señor Reteep», gritó Janner por encima del ruido de la multitud.

Desde la ventana situada detrás de Oskar, un hombrecillo de orejas puntiagudas los observaba. Zouzab Koit era un correcumbres[2] al que Oskar había adoptado seis años antes al abrir una caja que se suponía que estaba llena de libros de Torrboro. En lugar de eso, Oskar se sorprendió al encontrar dentro a un Zouzab hambriento y asustado.

Los correcumbres eran gente pequeña y poco conocida en Skree, pero Oskar, autoproclamado apreciador de lo ordenado, lo extraño y lo sabroso, decidió que Zouzab reunía sin duda los requisitos. Las descripciones de Zouzab sobre su tierra natal y su angustiosa vida en las montañas de Killridge eran muy ordenadas, al igual que su pelo ralo y sus rasgos puntiagudos. Su forma de vestir y su comportamiento eran bastante extraños. Llevaba calzones de cuero y una camisa de retazos de muchos colores que ondeaban a su alrededor como cien banderitas.

---

2. Los correcumbres son una raza reclusa que habita principalmente en las montañas de Dang. Su gran debilidad es la fruta de cualquier tipo, en cualquier forma, ya sea arrancada del árbol u horneada en un crujiente pastel. Por ello, los correcumbres son el principal enemigo de los habitantes de los Valles Verdes, que cultivan frutas de muchos tipos. Todos los años, enjambres de correcumbres descienden por las laderas septentrionales de la Cordillera de la Muerte y roban la fruta de los Valles. Se dice que mientras no seas una fruta, no te comerá un correcumbres. Como no había ninguna fruta directamente implicada en la Gran Guerra, los correcumbres permanecieron neutrales, por supuesto. Padovan A'Mally, *El azote de los Valles* (Ban Rona, Valles Verdes: The Iphreny Group, 3/111).

Lo más extraño de todo era que no podía evitar subirse a todo lo que fuera más alto que él, que era la mayoría de las cosas. En cuanto a que fuera sabroso, Oskar prefería no especular.

Janner pensó que parecían bastante graciosos juntos: Oskar, redondo como una calabaza, y Zouzab, bajo y delgado como una mala hierba esquilada.

Leeli saludó a Zouzab con la mano. Sus ojos brillantes se abrieron de par en par y se escondió.

—¿Dónde está Podo? —preguntó Oskar, limpiándose las gafas en el chaleco.

Janner intentó parecer indiferente.

—En la cabaña. Dijo que hoy podíamos venir solos.

—Ajá. —Oskar miró a Janner a través de las gafas que llevaba en la punta de la nariz. Janner estaba que resplandecía—. Ven bien temprano pasado mañana, ¿eh? He encontrado un montón de libros en mi último viaje a Dugtown. Necesitaré ayuda para cargarlos.

—Sí, señor, allí estaré. —Janner empezó a pensar en todos los libros que iba a leer a continuación.

Oskar entrecerró un ojo hacia Tink y lo miró de arriba abajo.

—Y trae también a ese hermano tuyo de piel y huesos. Nos vendría bien una mano extra y, por lo que parece, a él le vendría bien el ejercicio.

Los ojos de Tink se abrieron de par en par.

—¿En serio, señor Reteep?

—Así es, muchacho. —Oskar sonrió a Leeli—. ¿Qué te parece todo este alboroto, muchacha? Glipwood es un pueblo diferente por un día, ¿no?

Leeli miró a la gente que se arremolinaba junto a ellos, absorbiendo las vistas, los sonidos y los olores que eran tan extraños al pequeño y tranquilo municipio. Sonrió.

—Me gusta. Pero después de un día así, me alegraré cuando todo vuelva a la normalidad.

Janner puso los ojos en blanco.

—Ojalá Glipwood fuera así todos los días. Ojalá La Única Posada estuviera siempre llena de viajeros y mercaderes con noticias de Torrboro y Fuerte Lamendron o relatos de exploradores que han ido más allá de los bordes de los mapas. ¿Has pensado alguna vez en que puede haber continentes enteros que nadie de Skree haya visto jamás? ¿Que nadie *de ninguna parte* haya visto jamás? Ni siquiera hemos estado nunca en el Fuerte Lamendron, y Podo dice que solo está a un día de viaje de aquí. Toda esta gente rica de Dugtown y Torrboro puede *ver* realmente Kistamos, no solo palear heno todo el día…

Oskar enarcó las cejas y miró a Janner, cuyo discurso se marchitó ante la reacción inquisitiva de su amigo. Oskar se enjugó el ceño y se apretó contra la frente el único mechón de pelo que ondeaba.

—Entonces… Glipwood es demasiado pequeño para Janner. ¿Qué dices, joven Tink?

Tink olfateó el aire.

—Quiero pastel de baya de azúcar.

—Janner —dijo Oskar—, lo más importante no es ver el mundo. Si no encuentras la paz aquí, en Glipwood, no la encontrarás en ningún lado. —Oskar señaló un carruaje que pasaba—. Esta gente puede parecer rica, pero en realidad ya nadie lo es. Si te fijas bien, verás que los trajes y vestidos que llevan estos supuestos ricos están hechos jirones y remendados. Ni pendientes ni collares adornan a las mujeres. No hay anillos que brillen en los dedos de los hombres.

Janner vio que era cierto. ¿Por qué no se había dado cuenta antes? Molesto, asintió mientras jugueteaba con sus pies en la tierra. Era su día de ser corregido por los mayores, pensó.

—Muchacho, una cosa es ser pobre de bolsillo; eso no tiene nada de malo. Pero pobre de corazón, eso no es bueno. Míralos. Tienen los ojos tristes, y es una tristeza que ningún dinero podría reparar. Vaya, ya casi no recuerdan lo que es reír desde el vientre.

—Pero parecen felices, señor Reteep, ¿verdad? Podíamos oír las risas y la música desde el camino —dijo Leeli.

—La gente viene a Glipwood a ver a los dragones porque es una de las únicas libertades que les quedan. Claro, duermen bajo sus propios techos con sus propias familias, y por más rota que esté, esta sigue siendo su propia tierra. Pero esto está muy lejos de la libertad, jóvenes Igiby. Algunos de nosotros aún recordamos cómo era pasear por la ciudad al anochecer o montar a caballo por el bosque sin miedo —la voz de Oskar se enfureció, y a Janner le pareció que ya no hablaba con ellos, sino consigo mismo—. Empieza a parecer que los Colmillos siempre han estado aquí, que Gnag el Sin Nombre siempre nos ha gobernado, nos ha cobrado impuestos y nos ha robado a nuestros jóvenes.

Janner observó las medias sonrisas en los rostros de la gente. Vio cómo las personas se acobardaban ante los Colmillos burlones en la entrada de la cárcel. Había tristeza bajo toda aquella alegría, y por primera vez, Janner era lo bastante mayor como para sentirla.

Oskar volvió en sí y sonrió a los niños.

—Ah. Pero es un buen día, ¿verdad, niños Igiby? Hay un momento para pensar mucho y otro para relajarse. Ahora, vayan. Como sabiamente escribió el gran Pulgarcito de la Pradera Honk: «Los juegos empezarán muy pronto». —Oskar los saludó guiñándoles un ojo mientras daba caladas a su pipa y se recogía el pelo en la calva.

Con el corazón sombrío, los niños se encaminaron por la calle atestada de gente. Janner estaba sumido en sus pensamientos, mirando fijamente al comandante Gnorm, el Colmillo más gordo y mezquino de Glipwood. Gnorm tenía los pies apoyados en un viejo tocón y roía la carne de un hueso de gallina, sorbiendo ruidosamente con su larga lengua púrpura. Arrojó el hueso a un anciano que pasaba por allí y los soldados del Colmillo sisearon y rieron mientras el hombre se inclinaba y se limpiaba la grasa de la cara. A Janner le costaba creer que hubiera un día en que nadie en Skree hubiera oído hablar de los Colmillos de Dang.

Pasada la cárcel, frente al pequeño edificio que albergaba la imprenta, un grupo de personas permanecía de pie en círculo, riéndose de algo. Por encima de las cabezas de los curiosos, dos botas harapientas pataleaban en el aire.

Janner y Tink se sonrieron.

«¡Peet el Calcetín!». Tink señaló y salió corriendo. «¡Vamos, Leeli! Veamos qué trama».

Se abrieron paso entre la multitud y vieron al tipo extraño caminando sobre las manos en medio del círculo. Cantaba una y otra vez la frase «alas y palas y cosas moradas», dando patadas con los pies al ritmo. Tenía las mejillas hundidas, los ojos ensombrecidos y las arrugas que los rodeaban le daban el aspecto de haber acabado de llorar. Vestía ropas raídas y estaba sucio, al igual que las mugrientas medias de punto que llevaba en los brazos hasta más allá de los codos.

Los curiosos le arrojaban monedas, pero para los habitantes de Glipwood, ese era el comportamiento normal de Peet. De hecho, a principios de ese verano, Peet chocó contra la señal de tráfico de la esquina de Principal y Camino Vibbly (que era bastante inocente, pues estaba quieta y a la vista de todos). Tras insultar a la madre de la señal, Peet la desafió a un duelo, aunque la señal no mostró estoicamente ningún signo de represalia. Le dio un fuerte golpe, falló, giró en círculo como un bailarín de circo de Dugtown y se desplomó en el suelo, donde roncó ruidosamente toda la noche.

Janner aplaudió con el público mientras Peet se ponía en pie, se recogía el pelo con una floritura y se alejaba con un ojo cerrado y la mano forrada con un calcetín en la boca, dejando las monedas en el polvo. Janner sonrió al ver a Peet, cuya tupida cabeza se alejó rebotando por la polvorienta calle lateral y dobló la esquina.

—Y ya se fue —dijo Janner.

—¿Crees que es cierto que vive cerca del viejo bosque? —preguntó Tink.

Janner se encogió de hombros.

—Tendría que estar loco para vivir allí.

—En los años anteriores a la guerra, guardabosques y tramperos le hicieron frente al bosque y domaron a las bestias mortales que merodeaban por él. Pero los Colmillos se habían apoderado de todas las armas de la tierra. Todas las espadas y escudos, todos los arcos y flechas, todas las dagas y lanzas, todos los aperos de labranza que podían utilizarse como armas estaban encerrados y custodiados.[3]

—Bueno, si alguien está tan loco como para acercarse al bosque, ese es Peet. —Tink hizo una pausa—. Los hermanos Blaggus dijeron que lo vieron cerca del bosque, montado en una vaca colmillo como si fuera un caballo, azotándole las ancas con una vara. Dijeron que estaba cantando una balada.

Janner resopló.

—No puede ser. Nadie podría sobrevivir a una vaca colmillo. Además, los hermanos Blaggus son demasiado asustadizos como para acercarse al bosque. Te están tomando el pelo. —Janner se volvió para irse—. Vamos.

Pero se detuvo en seco y agarró el brazo de su hermano. No podía ver a Leeli. Su cabeza se movió de un lado a otro, escudriñando la calle atestada de gente.

—¿Dónde está Leeli? —gritó—. ¡Leeli!

Tink le dio un golpecito en el hombro. Janner se dio vuelta y encontró a su hermano señalando al suelo, a los pies de Janner. Leeli estaba sentada rascándole la barriga a Nugget, mirándolo inocentemente. Janner suspiró y sintió que se estremecía de alivio. En el espacio de unos segundos, había imaginado a Leeli perdida o herida, y sintió una punzada de la dolorosa culpa con la que cargaría si alguna vez le ocurriera algo. *Pero nunca pasa nada,* pensó amargamente. *Aquí estamos, en el Festival del Día del Dragón, y soy un manojo de nervios desde el minuto en que llegamos. Por nada en absoluto.*

¿Qué podría ocurrir en solo unos segundos?

---

3. Para que Podo pudiera azar el huerto, tenía que rellenar el Formulario de Permiso para usar la Azada en el Jardín y, a continuación, el Formulario de Permiso para Utilizar la Azada, para que le prestaran una azada. Si la herramienta no se devolvía antes de la puesta de sol, el castigo era demasiado severo para mencionarlo en esta parte feliz de la historia. Consulta las páginas 281-282 de los Apéndices.

6

Un bardo en el Campo de Dunn

«Vamos», gruñó Janner, aliviado pero molesto consigo mismo por haberse asustado.

Tink se agachó para ayudar a Leeli a ponerse en pie, pero ella lo ignoró y se levantó con la ayuda de su muleta.

De repente, el estruendo de un cuerno atravesó el aire veraniego y la multitud vitoreó. Empezaban los juegos. Durante todo el día, se jugaría en el Campo de Dunn, el amplio prado del lado este de la ciudad. Participantes y espectadores se quedaban allí casi toda la tarde viendo carreras de sacos, balonmano,[1] zibzy y agitar la gallina. Todos se tumbaban sobre edredones en la mullida hierba y observaban los deportes, mordisqueando golosinas compradas en la ciudad.

Y eso era exactamente lo que Janner tenía en mente hacer, si alguna vez conseguían llegar allí.

Janner tiró de Leeli por su mano libre e instó a Tink a que le siguiera el ritmo. «¿Acaso pueden ir más despacio?».

Tink estaba mucho más interesado en los deliciosos aromas que salían de las cocinas y los puestos improvisados donde los mercaderes vendían pasteles de masa de mantequilla y aletas de silbador a las brasas.

«Espera, quiero un panecillo de bayas». Tink hurgó en su bolsillo con la mano de la que Janner no tiraba.

---

1. Un deporte encantador en el que cada equipo intenta meter la pelota en una portería sin utilizar los pies para nada, ni siquiera para moverse. B'funerous Hwerq, *¡Preparados, listos, chube! Una vida de juegos* (Tres Tenedores, Skree: Vanntz-Delue Publishers, 3/400).

Janner estaba perdiendo la paciencia. «Te compraré un bollo de bayas más tarde, si quieres. Vamos», gruñó.

Tink cedió, lanzando una larga y pesarosa mirada por encima del hombro a un señor regordete con delantal que untaba una fuente de bollos con mermelada de color rojo vivo.

Cuando por fin llegaron al Campo de Dunn, los niños Igiby se sentaron en el césped y contemplaron los festejos durante toda la mañana y hasta bien entrada la calurosa tarde. Cuando el sol se deslizó hacia el oeste y las sombras empezaron a alargarse, la gente charlaba cada vez más. Al anochecer, llegarían los dragones marinos, y la gente se encaramaría sobre los acantilados para verlos danzar a la luz de la luna. Janner podía sentir la expectación en el aire.

Para su alegría, Tink había visto a un mercader que vendía dulces de arándano justo detrás de ellos. Se había gastado las pocas monedas que Nia le había dado, así que Janner había compartido a regañadientes algunas de las suyas solo para calmar el estómago de Tink (y su boca). Tink no tenía ni idea de que ahora tenía la cara embadurnada con algo de un púrpura oscuro. Leeli se contentaba con observar pasivamente los juegos mientras le hacía cosquillas en la barriga a Nugget o le lanzaba un palo para que lo buscara. Los espectadores lo habían tolerado hasta que tiró accidentalmente el palo al campo de juego. Cuando Nugget lo persiguió, uno de los jugadores de balonmano (que rodaba torpemente por el campo, con cuidado de que sus pies no tocaran la hierba) falló un pase de otro jugador porque Nugget se interpuso en su camino. Todas las miradas se habían vuelto furiosas hacia Leeli, cuyas mejillas ardían tan rojas como las de Tink estaban moradas, pero cuando los espectadores vieron la muleta de Leeli, suavizaron sus miradas y el juego continuó. Janner se alegró de que Leeli estuviera demasiado ocupada regañando a Nugget para darse cuenta de la compasión del público, o se habría enfadado aún más.

Estaba tan emocionado por todas las caras desconocidas que lo rodeaban como por los juegos. Se preguntaba de dónde había salido toda aquella gente, aunque el atuendo delataba a algunos. Los ciudadanos de Torrboro, por ejemplo, vestían todos igual: Los hombres llevaban sombreritos negros, abrigos con largas colas (a pesar del calor del verano) y pantalones subidos hasta una altura asombrosa. Las hebillas de los cinturones les llegaban apenas por debajo de la barbilla. Las mujeres a la moda llevaban vestidos de volantes con dibujos de narices de distintos animales; sus zapatos negros eran puntiagudos y demasiado grandes, como si los dedos fueran tan largos como los propios pies, lo cual hacía que las mujeres se tambalearan al andar. Para Janner, era como ver a los payasos de circo (sobre los que solo había leído) intentando desesperadamente no ser graciosos. La mayoría de ellos llevaban guantes blancos, así que cuando un jugador de balonmano marcaba un gol, el sonido de sus aplausos era más bien ahogado, y decían cosas como «¡Buen espectáculo!» o «¡Vamos, a ponerse serios!», o «¡Busi!», o «¡Indibnablemente un buen tiro!».

La gente de pelo largo de Dugtown no vestía tan raro, pero sus modales eran chocantes. Tanto los hombres como las mujeres eran ruidosos y sus risas parecían más bien aullidos. Janner se dio cuenta de que ciertas palabras que utilizaban eran inaceptables para los habitantes de Torrboro que estaban cerca, pero los de Dugtown no se daban cuenta. Gruñían, engullían y armaban tal alegre alboroto que era difícil no quererlos bien a pesar de ellos mismos.

Cada extraño que llegaba a Glipwood aquel día era para Janner un recordatorio de que nunca, *nunca* había abandonado el pueblo. Despertaban su imaginación y le daban ganas de ver mundo. Pero entonces, oía una risita de Leeli o un eructo de Tink y volvía a recordar que, por el momento, tendría que cuidar de sus hermanos en aquel pueblecito terriblemente tranquilo… tranquilo, claro, excepto el día en que llegaban los dragones marinos. Decidió divertirse y apartó de su mente todos los pensamientos desagradables.

De repente, un alboroto en el campo interrumpió los pensamientos de Janner y el partido de balonmano. Los espectadores que estaban cerca de la portería contraria se habían dado la vuelta, intentando dejar sitio para algo o alguien. Murmullos de emoción circulaban entre la multitud, pero Janner no podía distinguir lo que decían. Se alzaron voces entre la multitud, e incluso los jugadores, sudorosos y cubiertos de manchas de hierba y suciedad (aunque tenían los pies bastante limpios), se detuvieron y se concentraron en el alboroto.

Janner y Tink se levantaron para intentar ver qué ocurría, pero no había nada para ver, solo espectadores agitados que se apartaban del camino mientras alguien empujaba por detrás. Los centinelas Colmillo gruñían y siseaban su irritación ante el alboroto. Eran los encargados de mantener a la gente bajo control, y algo inusual estaba ocurriendo. Por mucho que odiaran a los skreeanos, no les interesaba hacer ningún trabajo extra en un día caluroso como aquel.

Entonces, el rumor llegó por fin a oídos de Janner. Una mujer corpulenta situada a su extrema derecha jadeó y dijo sin aliento a su también corpulento marido que Armulyn el bardo había llegado sin anunciarse y que el honorable alcalde Blaggus de Glipwood le había pedido que cantara.[2]

Tink y Janner se miraron incrédulos. ¿Armulyn el bardo estaba allí, en Glipwood? ¿Podría ser que el mismo hombre que afirmaba haber visitado la Isla Brillante de Anniera,[3] el mismo Armulyn que vagaba por

---

2. Entre los deberes de Blaggus como alcalde estaba el de dirigir la imprenta de la ciudad, que ahora imprimía los diversos formularios de permiso del comandante Gnorm para el uso de herramientas. Al ser una persona obsesionada con el papeleo y las normas de orden, era el trabajo ideal para Blaggus. También organizaba qué ciudadanos de Glipwood prepararían comidas para los Colmillos cada semana, quién limpiaría los barracones, y hacía peticiones formales al comandante Gnorm en nombre de los ciudadanos de Glipwood que deseaban viajar a Torrboro. Blaggus había perdido a su hija menor a manos del carruaje negro seis años antes, y Gnorm lo mantuvo a su servicio bajo la amenaza de llevarse también a sus dos hijos restantes. Comprensiblemente, debido a esto el pueblo de Glipwood no guardaba rencor al alcalde.

3. Muchos skreeanos dudaban de la existencia de la legendaria Isla de Anniera. Es una triste verdad que algunas personas solo creen que algo existe si pueden verlo con sus propios ojos. Bandy Impstead, por ejemplo, había sostenido una noche durante horas en la

las tierras cautivas y cantaba las leyendas de Kistamos[4] de grandes hazañas y grandes amores, estuviera ahora en Glipwood con su atuendo regio y montado en su majestuoso caballo?

Todos los pensamientos sobre el juego de balonmano se desvanecieron. Los jugadores se sintieron muy aliviados por este hecho y se levantaron, gimiendo y estirándose. Dos hombres fornidos hicieron rodar un carro vacío hasta el centro del campo de juego. El alcalde Blaggus se subió a la plataforma improvisada con un gruñido y esta crujió bajo su peso (había comido demasiados pasteles de mantequilla de azúcar en su época). Llevaba unos leotardos oscuros y una camisa roja brillante. De su sombrero brotaba una llamativa pluma amarilla, y se rizaba el bigote con arrogancia. Blaggus extendió las manos para silenciar al público y se volvió para dirigirse a los Colmillos.

«Con el permiso de nuestros sabios y asombrosamente guapos, poderosos y veloces soldados —dijo, inclinándose profundamente hasta que su vientre le tocó las rodillas—, nos gustaría escuchar una o dos canciones del bardo Armulyn. Rogamos a sus señorías este trivial placer, por el cual les daremos nuestro eterno agradecimiento y servidumbre».

«Habla por ti», murmuró Tink, mirando de reojo a los Colmillos, cuyas escamosas sonrisitas socarronas demostraban lo mucho que estaban disfrutando de la perorata servil del alcalde. Uno de los Colmillos asintió y soltó un gruñido escurridizo que contaminó el aire como si fuera humo.

Taberna de Shaggy que el viento no existía por esta misma razón. Aquel mismo invierno, una tormenta le arrancó el tejado. Bandy, sin embargo, no cambió de opinión.

4. *Las leyendas de Kistamos* son una colección de relatos sobre el Hacedor y los Comienzos de las Cosas. El saludo de Dwayne y Gladys, los primeros ciudadanos, por ejemplo, es bien conocido en todas las tierras de Kistamos. Las leyendas también incluyen la tragedia de «Will y la receta perdida», «El holoré profundo» (piedras curativas que el Hacedor enterró en la tierra) y una primera versión de «La caída de Yurgen». Las leyendas estaban contenidas en antiguos libros que, según se dice, fueron escritos por el propio Hacedor y entregados a Dwayne para su custodia, pero los antiguos libros (junto con el Holoré, la famosa receta de sopa de crema de gallina de Will y las montañas de Yurgen) se han perdido.

«Les damos las gracias, amables señores». El alcalde Blaggus se aclaró la garganta. Su tono cambió bruscamente a la voz regia e inflada que había utilizado durante muchos años antes de la Gran Guerra. «Mis queridos amigos y vecinos, un honor pocas veces esperado se ha alzado sobre nosotros como un cálido sol —anunció—. Armulyn el bardo, hilandero de cuentos de la imaginaria Isla Brillante de Anniera, se ha reunido con nosotros en Glipwood en este hermoso día. Ha aceptado mi invitación para actuar ante nosotros. Demos la bienvenida a este hijo de Skree a Glipwood junto al mar. Damas y caballeros, les presento a Armulyn el bardo».

Un hombre desaliñado se acercó al carromato con una desgastada arpa silbante[5] bajo un brazo. La sonrisa de su rostro curtido recordó a Janner la de un niño travieso a punto de desobedecer. Armulyn guiñó un ojo a la multitud y dijo: «¡Hola, queridos skreeanos! ¡Los Colmillos son horribles!».

Los aplausos cesaron bruscamente, y los cuatro Colmillos que estaban al borde de la multitud lanzaron un rugido escalofriante y se abalanzaron, siseando, hacia el bardo.

---

5. No está claro el origen del arpa silbante. Cada cultura de Kistamos afirma haber inventado el instrumento, y cada una de ellas dispone de buenas pruebas que apoyan sus afirmaciones. Las melodías del arpa silbante se mencionan en los escritos de Hzyknah, que datan de finales de la Primera Época.

7

Descalzo y mendigo

Janner sintió un sudor frío, como cuando le subía fiebre. Tardó un momento en darse cuenta de lo que acababa de oír. ¿Acababa Armulyn de insultar a los Colmillos? En medio de las aguas de su conmoción había una salpicadura de sorpresa al comprobar que el mendigo de la plataforma era en realidad el famoso cuentacuentos. *¿Había algún error? Seguro que Armulyn el bardo al menos llevaría zapatos*, pensó. Y por el aspecto mugriento y calloso de los pies del hombre, Janner pudo ver que no montaba a caballo, sino que caminaba dondequiera que iba. Si no fuera por el arpa silbante desgastada por el tiempo que llevaba en las manos y las profundas aguas de sus ojos, Janner habría creído que aquel hombre era un impostor.

Los Colmillos apartaron a los ciudadanos de Glipwood y saltaron hacia el carro, desenvainando sus espadas mientras corrían. Todo el cuerpo de Janner se tensó, e intentó apartar la mirada del momento en que los Colmillos alcanzaban a Armulyn. Muchos de los presentes salieron de su asombro a tiempo para gritar.

Pero el bardo se limitó a permanecer de pie sobre el carro y sonreír. Cuando los Colmillos se acercaron, Armulyn rasgueó su arpa silbante y alzó la voz para cantar. Los Colmillos vacilaron, se detuvieron bruscamente y se agazaparon ante Armulyn, intentando en vano taparse los oídos y agitar sus espadas contra él al mismo tiempo.

—*¡Sssilencio!* —siseó uno de ellos.

Armulyn dejó de cantar y alzó las cejas hacia ellos, como si le molestara la interrupción.

—¿Sí?

—Cuidado, *bardo* —espetó el Colmillo—. No nos costaría nada despedazarte y engullirte en un caldo.

Armulyn contempló sus siniestros rostros con aquella misma sonrisa temeraria.

—Dudo que les guste mi sabor. Estoy enjuto y mal alimentado. —El único sonido era el traqueteo de las hojas en el viento—. ¿Eso es todo? —dijo el bardo al cabo de un momento, levantando el arpa silbante para volver a tocar.

Los Colmillos se quedaron inmóviles, pero Janner creyó ver que sus ojos negros se desviaban hacia la multitud que los rodeaba en el prado.

—Disfruten de sus insignificantes canciones —gruñó el Colmillo líder. Se volvió hacia la multitud—. Y nosotros disfrutaremos matándolos a todos en el momento en que Gnag el Sin Nombre decida que se cansó de ustedes. Que ese día llegue pronto. —La lengua del Colmillo se agitó entre sus dientes largos y estrechos, y su boca se curvó hacia arriba en una sonrisa burlona. Chasqueó los dientes y le siseó a una niña encogida a los pies de sus padres, mientras los que la rodeaban en el campo miraban al suelo o cerraban los ojos. El Colmillo que había hablado escupió en la hierba y se alejó, y sus tres compañeros lo siguieron siseando también.

El silencio se rompió con el rasgueo del arpa silbante. El hombre bigotudo volvió a alzar la voz cantando, y Janner ya no tuvo ninguna duda de que era Armulyn el bardo. La gente se quedó embelesada mientras cantaba «La balada de Lanric y Rube»,[1] y Janner y Tink tuvieron que contener las lágrimas al escuchar la trágica historia. Después, cantó otra

---

1. Según la *Historia completa de las canciones tristes, tristes* de Eezak Fencher (Torrboro, Skree: Blapp River Press, 3/113), Lanric y Rube crecieron más unidos que hermanos, pero ambos se enamoraron de la misma muchacha, una doncella llamada Illia. Armulyn cantó sobre cómo lucharon como enemigos acérrimos por su mano antes de decidirse finalmente a cabalgar hasta su casa en las verdes colinas y pedirle que eligiera al hombre que prefiriera. Cuando llegaron, la encontraron ya casada con Doug, el primo de ellos, y los hermanos se marcharon llorando por su insensatez.

para el embelesado público, y luego otra, hasta que el sol se ocultó hacia el oeste y la luz se volvió dorada, alargando las sombras sobre el césped.

Como si el bardo lo supiera de algún modo, terminó su última canción unos instantes antes de que el sonido de un cuerno grave rasgara el aire crepuscular. Armulyn sonrió ampliamente y los numerosos oyentes jadearon de emoción.

—Los dragones —dijo Janner, agarrando a Tink por los hombros. Tink le devolvió la sonrisa con sus mejillas pegajosas y moradas.

—Vamos —dijo Tink—. Tenemos que encontrar un buen lugar.

—¡Vamos, Leeli! —gritó Janner, dándose la vuelta para irse. Todos en la multitud se estaban ayudando unos a otros a ponerse de pie y volvían hacia la ciudad en masa—. ¿Leeli? —repitió Janner, dándose la vuelta cuando ella no respondió.

Pero Leeli ya no estaba.

Janner intentó tranquilizarse. Antes había ocurrido lo mismo. No podía haber ido muy lejos. Recién estaba ahí, en el césped, acariciando la barriga de Nugget, ¿no?

—¡Leeli Igiby! —gritó, volviéndose en todas direcciones. Había gente por todas partes, empujando a los chicos cuando pasaban.

—Quítate de en medio, niño —dijo un anciano con bastón, subiéndose los pantalones a la altura de la barbilla al pasar. Los amplios vestidos de las mujeres de Torrboro rozaban ruidosamente a Janner y Tink, tirando de ellos de un lado a otro. Entonces, un bullicioso grupo de habitantes de Dugtown apareció como un muro ante ellos. Janner se encontró esquivando codazos y zambulléndose entre las piernas, y dos veces tropezó con los zapatos puntiagudos y tambaleantes de las mujeres Torrboro.

Tink no aparecía por ninguna parte, pero Janner sabía que estaba cerca por los gritos de sorpresa y las maldiciones que provenían de su izquierda. A Janner le preocupaba que los Colmillos se sintieran atraídos por esta nueva conmoción, pero para su alivio, la multitud finalmente se redujo y vio que los Colmillos se habían ido.

—Casi fue divertido —dijo Tink, sacudiéndose. Janner giró sobre sus talones y agarró a Tink por el cuello.

—Esto no tiene nada de divertido, Tink. ¿Te das cuenta de que podría estar herida? Podría haberla atrapado un Colmillo, ¡o haberla matado! *Tenemos que encontrarla.*

Janner fulminó a su hermano con la mirada. ¿De verdad Tink era tan tonto que no se daba cuenta de lo grave que era su situación? Tan preocupado como estaba por Leeli, Janner también pensaba en su propio pellejo. ¿Qué haría Podo cuando supiera que Janner había faltado a su deber? ¿Cómo viviría consigo mismo si realmente le ocurriera algo a su hermana?

Tink se sacó las manos de Janner de su camisa y retrocedió. Miró alrededor del Campo de Dunn a la gente que quedaba plegando sus mantas y recogiendo sus pertenencias para la caminata hacia los acantilados. Por fin, Tink comprendió que su situación era desesperada y se llevó las manos a la boca, girándose en todas direcciones, para gritar una y otra vez: «¡Leeli!».

Podo les había enseñado que, si alguna vez se separaban, debían reunirse en el último lugar en el que habían estado todos juntos. Seguramente Leeli estaría esperándolos inocentemente con Nugget en el regazo una vez que el resto de la multitud se hubiera despejado.

«Debe de estar por aquí, Tink. Sé que estaba aquí con Nugget hace unos minutos». Janner escrutó el césped con una mano en la frente.

Tink no contestó. Tenía las cejas fruncidas y se retorcía las manos, llamándola por su nombre con un temblor en la voz.

«Estará bien, ya verás», dijo Janner, intentando parecer optimista.

Tink y Janner la llamaron hasta que la multitud casi se había dispersado, pero seguía sin aparecer. Janner preguntó a los rezagados si habían visto a una niña, pero solo le respondieron con miradas irritadas; estaban mucho más preocupados por los dragones marinos que por esos molestos chiquillos. Finalmente, Janner y Tink se quedaron solos en el césped, a la luz mortecina.

La pequeña Leeli Igiby había desaparecido. Los hermanos se miraron, incapaces de hablar, sin saber qué hacer. Entonces llegó débilmente a sus oídos un sonido procedente del pueblo, un sonido que convirtió su miedo en terror y los hizo correr tan rápido como pudieron.

Un perro ladraba y alguien, una niña —¡Leeli!—, gritaba.

8

Dos piedras lanzadas

«¡Más rápido, Janner!», gritó Tink por encima de su hombro mientras corría hacia la ciudad. Janner resoplaba detrás de él, incapaz de seguirle el ritmo. Cuando pasaron junto a la caballeriza, a las afueras de la ciudad, Janner oyó un sonido más profundo, por debajo de los gritos de Leeli y los gruñidos de Nugget: el siseo y el gruñido espantosos e inconfundibles de un Colmillo.

Janner miró de un lado a otro de la calle, desesperado por encontrar alguna pista de dónde procedían los gritos, pero parecían estar en todas partes. Tink salió corriendo por la calle principal, que estaba casi desierta. Los pocos adultos que quedaban se apresuraban hacia los acantilados, pensando solo en la danza anual de los dragones marinos. Si es que habían oído los gritos y los gruñidos, no daban muestras de ello. Por el rabillo del ojo de Tink, en una callejuela entre la tienda de flores de Ferinia y la barbería de J. Bird, vio a un Colmillo forcejeando con algo. Tink patinó hasta detenerse y Janner se estrelló contra él, casi derribándolo.

Allí en el callejón, en medio de una nube de polvo, Nugget corría de un lado a otro entre las piernas del Colmillo, evadiendo los furiosos esfuerzos de este por apuñalarlo con una lanza. Leeli volvió a gritar y, sin pensarlo dos veces, sus hermanos corrieron por el callejón para salvarla, aunque ambos sabían que nada podían hacer dos chiquillos enfrentados a un Colmillo de Dang.

El estrecho callejón conducía por una esquina a una pequeña zona entre la parte trasera de la florería y los establos de Ferinia. Leeli estaba hecha un ovillo mientras un segundo Colmillo la sujetaba con la culata de su lanza. Un Colmillo observaba con sombrío deleite cómo el otro forcejeaba con el perrito negro.

Nugget estaba enloquecido, saltando de un lado a otro, gruñendo y mordiendo al Colmillo.

El Colmillo que estaba de pie junto a Leeli se reía con una voz disuelta y pastosa: «¿Qué te pasa, Slarb? ¿Acaso esa cosita olorossssa es demasiado para ti?».

Slarb gruñó y volvió a tratar de lastimar con su lanza a Nugget. La lanza hirió a Nugget en la pierna y el perrito chilló.

Leeli gritó y el Colmillo la golpeó con la culata de su lanza justo cuando sus hermanos aparecieron por la esquina, con Tink a la cabeza. Leeli los vio y empezó a dar patadas al Colmillo con renovado vigor.

Janner se encontró sobre la espalda de Slarb, golpeándolo con todas sus fuerzas alrededor del cuello y los hombros. Era la primera vez que tocaba a un Colmillo, y le sorprendió vagamente lo fría que estaba la piel escamosa.

Tink pasó corriendo junto al segundo Colmillo, agarró a Leeli por los brazos e intentó apartarla de él.

Slarb, con Janner a sus espaldas, siseaba y se agitaba, sus largos y afilados colmillos goteaban veneno que quemaba al tacto.

Nugget mordió la pata del lagarto y no la soltó.

El otro Colmillo agarró a Tink por el cuello de la camisa y lo tiró hacia atrás y al suelo, donde se quedó ahogándose y agarrándose la garganta.

Leeli alcanzó su muleta, pero el Colmillo se la arrebató y la hizo astillas. Trozos de madera grabados con flores púrpuras salieron volando por el aire.

El Colmillo se acercó a Slarb y le dio una fuerte patada en el vientre a Nugget, que salió volando por los aires con un aullido. El perrito se estrelló contra la pared de madera y aterrizó inmóvil.

Slarb arrojó a Janner por encima del hombro y al suelo. Se inclinó sobre el cuello de Janner con la mandíbula escamosa abierta de par en par, enseñando sus colmillos goteantes para morder. El segundo Colmillo desenvainó su espada y la levantó para atacar a Tink. A Leeli no le quedó más remedio que cerrar los ojos y orar.

En ese momento, se oyó un golpe sordo. Los ojos negros de Slarb se pusieron en blanco y cayó inconsciente encima de Janner. El segundo Colmillo tuvo tiempo de ver que Slarb había sido golpeado en la cabeza con una roca del tamaño de un puño antes de sentir que otra piedra se estrellaba contra su propia sien. Se tambaleó un instante y luego se desplomó en el suelo.

Tink se quedó atónito. «¿De dónde han salido esas piedras?», preguntó entre jadeos. Leeli tenía las manos juntas y los ojos cerrados. Abrió uno de los ojos, asombrada de que los tres siguieran vivos.

Oyeron la voz apagada de Janner desde debajo del Colmillo, y Tink salió de su aturdimiento. Tras unos cuantos jadeos, pudo quitar a Slarb de un empujón, y Janner se apartó con un gemido, limpiándose el cuello donde le había goteado el veneno ardiente del Colmillo.

Janner corrió hacia Leeli y la ayudó a levantarse, inspeccionándola cuidadosamente. «¿Estás herida?».

Leeli temblaba, pero sacudió la cabeza, apartándose el pelo de la cara. Abrazó a sus hermanos y sonrió entre lágrimas obstinadas. «¡Nugget!», gritó, y se acercó cojeando al montoncito negro.

Uno de los Colmillos gimió y se movió.

—Deberíamos salir de aquí —dijo Janner—. No queremos estar aquí cuando esas cosas se despierten.

Leeli estaba llorando, acariciando la cara de Nugget.

—Leeli, tenemos que irnos —instó Janner, apartándola del perro.

De repente, Nugget chilló y se puso en pie de un salto. Con los pelos erizados, enseñó los dientes y giró en círculos amenazadoramente. Pero su ferocidad se desvaneció cuando vio a Leeli, y se dispuso a lamerle la cara y a mover el rabo como si no hubiera pasado nada.

Leeli se puso de pie con dificultad y señaló su muleta estropeada.

—No iré a ninguna parte con eso.

—Toma —dijo Janner, poniéndose a su lado y echándole un brazo al cuello—. Parece que por una vez vas a tener que dejar que te ayudemos. Vamos —dijo, y salieron a toda prisa del callejón, dejándolo completamente vacío.

Excepto, claro está, por los dos Colmillos tendidos en la tierra, las dos piedras que los dejaron inconscientes y la misteriosa figura que, en el tejado de la Barbería de J. Bird, observaba la huida de los tres niños Igiby.

9

El Sendero Glipper

Cuando volvieron a la calle, dos de los tres niños y Nugget se sentían un poco mejor. Leeli estaba mayormente contenta de que Nugget estuviera bien, Tink estaba mayormente contento de que Leeli estuviera bien, y Janner estaba mayormente aterrorizado porque era el más grande y había empezado a pensar en el futuro. Sabía que Glipwood era un pueblo pequeño, y que solo sería cuestión de tiempo (tal vez horas, quizás solo minutos) antes que el Colmillo llamado Slarb y su compañero volvieran a reportarse ante el comandante Gnorm. Entonces, ocurrirían cosas terribles.

—Tenemos que volver a casa.

—¡Ay, Janner! —se lamentó Tink, que ya estaba en la siguiente aventura—. ¿No podemos ver a los dragones? Todos están allí, y en cuanto salga la luna...

—En cuanto salga la luna, ¿sabes lo que va a pasar? —dijo Janner acaloradamente. Leeli y Tink permanecieron en silencio mientras atravesaban la vacía calle principal de Glipwood. Janner intentó tranquilizarse—. Lo que va a ocurrir, aparte de que los dragones marinos bailen, es que esos dos Colmillos se despertarán. Y cuando lo hagan, todos los Colmillos de Glipwood buscarán a tres niños y a un perrito negro. Ah, y la niña tiene una pierna coja. Ahora dime, ¿crees que les costará encontrarnos? —terminó Janner, más irascible que cuando empezó.

—¿Qué hacemos? —preguntó Leeli tras una larga pausa.

—Mamá seguro está en los acantilados, mirando los dragones, pero probablemente sea el primer lugar donde nos busquen los Colmillos. Podo siempre se queda en casa el Día del Dragón. Así que allí es donde iremos. Podo sabrá qué hacer. —Janner se encaminó hacia el sendero que conducía a la cabaña—. Espero que lo haga.

—Vamos. —Tink pasó el otro brazo de Leeli alrededor de su cuello y aceleró el paso.

Nugget trotaba a su lado muy serio, como si también él se hubiera dado cuenta de que la situación era realmente mala.

La luz se fue apagando a medida que avanzaban, de modo que cuando aún estaban a un tiro de flecha de la cabaña, ya sabían que su abuelo no estaba en casa. No ardía ningún farol en la ventana, ni salía humo perezosamente por la chimenea. Janner se detuvo y, junto con Tink, sentaron a Leeli en la hierba, agachándose cada uno para recuperar el aliento.

—¿Dónde... supones... que está? —dijo Tink mientras intentaba recuperar el aliento.

—No lo sé —respondió Janner, yendo y viniendo.

—Quizás fue a ver a los dragones este año. —Tink lo dudaba.

—Pero nunca va a los acantilados el Día del Dragón —acotó Leeli, desconcertada—. ¿Por qué iba a ir esta vez?

—Bueno, ¿por qué no iba a estar aquí, en la cabaña? —preguntó Tink—. Creo que deberíamos buscarlo en los acantilados; entonces podríamos ver a los dragones después de todo...

Una mirada fulminante de Janner lo hizo detenerse. Janner miró hacia el este, en dirección al mar. Quizás Tink tuviera razón. Tal vez, por alguna razón, Podo había decidido ver a los dragones este año.

—De acuerdo —dijo—. Pero iremos por el Sendero Glipper. No podemos arriesgarnos por el camino principal. Probablemente haya Colmillos por todas partes. De todos modos, el Sendero Glipper es más rápido.

Tink gimió, pero Janner ya estaba ayudando a Leeli a avanzar hacia el sendero.[1]

---

1. El Sendero Glipper estaba allí desde antes de que Podo naciera. Los padres de Podo, Edd y Yamsa Helmer habían planeado aprovechar la cercanía de la cabaña a los acantilados para pescar desde allí. Tras labrar un camino, Edd compró un cajón de sedal

Un viejo sendero conducía a través de los árboles detrás de la cabaña Igiby y serpenteaba precariamente cerca del borde de los acantilados. En las sombras cada vez más profundas, los niños se abrieron paso entre los árboles.

Cuando emergieron, la vista era terrible y vasta. El esquisto y la hierba dura cubrían el borde rocoso de la tierra. El horizonte era silencioso y amplio, y un viento salado suspiraba hacia arriba, alrededor de sus tobillos y a través de sus cabellos. Los niños permanecieron de pie sin hablar, mareados por la pequeñez que sentían al contemplar el Mar Oscuro de las Tinieblas.

Janner miró a su derecha y pudo distinguir un precario sendero que serpenteaba sobre piedra y maleza, alejándose hacia donde la gente

---

a un mercader de Lamendron (que más tarde se convertiría en Fuerte Lamendron), ató un anzuelo al sedal, le colocó un gusano horrorizado y bajó el sedal al Mar Oscuro de las Tinieblas. Llevar el anzuelo hasta el agua le llevó la mayor parte de la mañana y, por supuesto, Edd no tenía forma de saber desde aquella gran altura si el cebo y el anzuelo estaban realmente sumergidos o no. Al anochecer, Edd sintió un tirón del sedal y empezó a recoger la presa. Pasada la medianoche, Edd sacó por fin una pequeña tijereta. A Yamsa no le hizo ninguna gracia despertarse por el grito de victoria de Edd, ni que en plena noche limpiara, cocinara y se comiera su pececillo. Al día siguiente, Edd decidió que, con todo lo que le había costado pescar aquel pez, podría haber pescado varios. Así que compró un carrete de cuerda al mismo mercader de Lamendron, lo ató a una red y, una vez más, pasó toda la mañana bajando la red al mar. Esta vez, ató la cuerda a una yunta de bueyes y los hizo arrastrar la captura. Al anochecer, los bueyes estaban exhaustos y la red solo había llegado a la mitad del acantilado. Edd ató la cuerda y la dejó colgar durante la noche. A la mañana siguiente, temprano, volvió a poner a trabajar a los bueyes. Al mediodía, la red llena de tijeretas, pequeños tiburones, cangrejos y calamares había superado el borde y estaba en tierra firme. Incluso Yamsa tuvo que admitir que era una buena captura, y durante las tres semanas siguientes, solo comieron pescado. Pescado y galletas al desayuno, sándwiches de pescado al almuerzo, pescado frito a la cena. De hecho, comieron tanto pescado que tanto Edd como Yamsa enfermaron, y nunca más pudieron comer pescado sin tener arcadas. Edd nunca volvió a pescar en los acantilados, pero el camino por el cual sus bueyes tiraban de la pesada red sigue en pie.

estaría observando a los dragones. El Sendero Glipper se mantenía casi llano en una estrecha plataforma, mientras que el terreno más cercano a la línea de árboles se elevaba abruptamente por encima de ellos. Enjutos arbustos y raíces se agarraban a la pared rocosa como si también temieran caerse.

—Janner, no puedo hacerlo —dijo Tink. Estaba de pie, con la espalda apoyada en la roca gris y los ojos cerrados.

—Tienes que hacerlo —lo instó Janner—. Los Colmillos que podrían encontrarnos en el camino son más peligrosos que este sendero ahora mismo. Debes intentarlo, Tink.

Utilizando las rocas cercanas como apoyo, Leeli saltó hacia él y lo tomó de la mano.

—Vamos —le dijo.

Tink apartó la mano y forzó una sonrisa.

—En realidad no estoy preocupado por mí, ¿sabes? —dijo haciéndose el valiente—. Solo quise decir que no creo que Leeli deba estar aquí afuera.

—Oh, gracias —dijo Leeli con ironía.

Tink suspiró y despegó los dedos de la roca. Avanzó detrás de Leeli y Janner, procurando mantenerse lo más lejos posible del borde. A medida que la luz se desvanecía, el sendero se elevaba y estrechaba. Leeli se abrió paso, pero Janner tenía que detenerse de vez en cuando para que Tink reuniera el valor necesario para seguirlos. Janner no dejaba de mirar atrás para asegurarse de que Leeli fuera capaz de recorrer el sendero sin su muleta. Con Nugget a su lado y todo tipo de raíces y rocas a las que agarrarse, parecía más que estuviera dando un paseo por un parque que bordeando un lugar elevado sobre el Mar Oscuro.

Finalmente, superaron la subida del sendero y este se ensanchó hasta convertirse en una ladera cubierta de hierba. Janner y Leeli intentaron no reírse cuando Tink se les adelantó como una tromba y se paseó por el terreno seguro. Tenía la camisa empapada en sudor y se pavoneaba como si acabara de ganar una carrera. Por delante y por debajo de ellos,

Janner vio el resplandor de las antorchas donde la gente se reunía para ver a los dragones.

«Lo logramos», dijo Janner. «Tink, ayúdame con Leeli».

Mientras bajaban por la pendiente hacia la multitud, la luna comenzó su suave ascenso. Entonces, oyeron el sonido más dolorosamente hermoso de todo Kistamos.

10

Leeli y la canción del dragón

Una nota larga y cálida como el sonido de una montaña bostezando se elevó en el aire y rebotó en el vientre del cielo. El eco profundo fue absorbido por los altos árboles del bosque de Glipwood y fue respondido un instante después por un sonido más alto que parecía una suave lluvia. Incluso Janner se olvidó por un momento de preocuparse por los Colmillos. Se le apretó el pecho y se le llenaron los ojos de lágrimas.

—¡Rápido! —dijo Tink—. ¡Está empezando! —Tink corrió hacia delante, peligrosamente cerca del acantilado. Su miedo a las alturas casi había desaparecido.

—¡Tink! —gritó Janner. Pero no había forma de detener a Tink: el sonido de los dragones lo había cambiado de algún modo. Janner incluso pensó por un momento que parecía diferente, abriéndose paso audazmente por el precipicio.

Janner y Leeli avanzaron tan deprisa como se atrevieron hasta que pudieron distinguir el oscuro grupo de gente que observaba el océano debajo de ellos. El borde de los acantilados estaba repleto de rocas entre manchas de hierba alta, lugares donde uno podía sentarse y observar cómodamente el mar. El Mar Oscuro estaba tan abajo que parecía que si alguien cayera por el acantilado, tendría tiempo de dejar de gritar y echarse una última siesta antes de estrellarse contra él. Las diminutas y silenciosas rayas blancas de la superficie eran en realidad olas caóticas que se estrellaban contra las escarpadas rocas que había debajo, y el rocío poderoso que largaban al chocar solo se veía débilmente, como la nube de polvo de un guijarro caído en la arena.

Janner y Leeli encontraron a Tink sentado en un afloramiento plano de roca que se deprimía en el centro. Todavía estaban a un tiro de flecha de la multitud, lo suficiente como para que Janner se quedara tranquilo de que estaban bien ocultos.

A la luz de la gran luna, Tink se asomó al borde, esforzándose por ver algo en el agua oscura más abajo. *¿Cómo puede ser,* —pensó Janner— *si esta misma mañana Tink estuvo a punto de hacerse encima en el tejado de la casa?*

Desde donde estaban sentados, podían ver las poderosas Cataratas Fingap al norte, rugiendo sobre los acantilados y golpeando el mar. Hacia el sur, los acantilados se alejaban en la distancia, donde acababan curvándose hacia atrás e inclinándose hacia abajo para abrazar Puerto Shard, hogar del Fuerte Lamendron, el mayor puesto de avanzada de los Colmillos en todo Skree. Allí era donde el carruaje negro llevaba a los niños raptados durante la noche.

Janner se estremeció e intentó no pensar en Fuerte Lamendron ni en el carruaje. No era difícil, porque el canto del dragón subía de tono y volumen. Escondido en su hendidura de roca, Janner se olvidó de los Colmillos. Se olvidó de su desesperada necesidad de encontrar a su abuelo y a su madre. Y, al igual que Tink, olvidó la precariedad de los bordes de los altos acantilados mientras se asomaba al aire vacío y sentía que le dolía el corazón.

Tink fue el primero en verlos. Se le cortó la respiración y no pudo hablar. Golpeó a Leeli en la rodilla con el dorso de la mano y señaló. Ella y Janner también lo vieron.

En las agitadas aguas blancas de la base de las Cataratas Fingap, una forma alargada y grácil irrumpió en la superficie. Su piel captó y amplificó la luz de la luna. El dragón marino doblaba fácilmente la altura del árbol más alto del bosque de Glipwood. Su cuerpo rojizo brillaba como un fuego vivo. La cabeza estaba coronada por dos cuernos curvos y sus aletas se extendían tras él como alas. De hecho, parecía como si realmente fuera a volar, pero el dragón giró en el aire y se estrelló contra el mar con lo que debió ser un sonido parecido a un trueno, pero inaudible por encima del rugido constante de la cascada.

En ese momento, la canción del dragón se elevó en el aire con un viento brillante y llenó a las personas reunidas en los acantilados de mil sentimientos: algunos pacíficos, otros estimulantes, todos más vivos que de costumbre.

Un hombre de mediana edad llamado Robesbus Nicefellow, que se había pasado la vida cuadrando registros para el famoso comerciante de botones Osbeck Osbeckson de Torrboro, decidió que no pasaría ni un día más trabajando detrás de un escritorio; siempre había querido navegar. El Sr. Alep Brume, que estaba sentado junto a Ferinia Swapleton (propietaria de la Tienda de flores de Ferinia), se volvió hacia ella y le susurró que la amaba en secreto desde hacía años. El alcalde Blaggus juró en silencio que nunca volvería a hurgarse la nariz.[1] Toda la pasión, la tristeza y la alegría de los que hablaban se fundían en un sentimiento común que a Janner le parecía nostalgia, aunque no sabía por qué; estaba muy cerca del único hogar que había conocido.

Sin embargo, los pocos Colmillos que tuvieron la mala suerte de vigilar los acantilados solo oyeron chirridos, un gemido miserable que les puso los dientes de punta. Les temblaba la piel verde y gruñían y siseaban a los que tenían más cerca.

Tink estaba tan inclinado sobre el borde que parecía que iba a caer al mar. Con los ojos muy abiertos, tenía la mandíbula apretada y los nudillos blancos donde agarraban la roca por los costados. Janner tuvo el extraño pensamiento de que parecía la estatua de un rey, allí posado, tan rígido y sereno en el cálido crepúsculo.

La canción continuó y más dragones estallaron fuera del agua. Giraban en el aire y quedaban suspendidos un instante antes de volver a caer al mar. Decenas de dragones toro con cuernos, de color ámbar y oro

---

1. El alcalde Blaggus rompió su promesa en el camino de regreso a la ciudad.

reluciente, nadaban en círculos alrededor de las hembras, más delgadas y elegantes que salían del agua, y pasaban por encima de ellas siguiendo un intrincado patrón. Ahora ni siquiera el rugido de las Cataratas Fingap era tan fuerte como el choque de los numerosos dragones en el Mar Oscuro. Los acordes de la canción se entrelazaron y se sucedieron hasta que surgió una melodía hechizante. Janner pensó, como pensaba cada verano que venían los dragones, que no podía haber nada más hermoso en todo el mundo.

Leeli estaba quieta como una estatua, con las manos juntas en el pecho. Janner oyó un susurro que se mezclaba con el canto de los dragones mientras los labios de la niña se movían como si intentara recordar la letra de una canción, o como si estuviera orando. Su mirada estaba lejos, posada en algún lugar más allá de los dragones. Una leve y dulce melodía, cuya belleza Janner nunca había oído antes, salió de la boca de Leeli. Janner la miró con asombro. Estaba tan cautivado por su canción que apenas se dio cuenta de que, al cabo de un momento, era lo *único* que oía.

Los dragones se habían callado.

Habían interrumpido su danza y contemplaban los acantilados. Aunque estaban a leguas de distancia y el crepúsculo dificultaba la visión, Janner supo con un escalofrío que los dragones marinos los observaban.

Estaban *escuchando*.

Holoré, ya te puedes esconder
Holoél en la profundidad oscura
Bajo la tierra has de yacer
Vete, holoré, a dormir con soltura

Rápido a dormir
Rápido a dormir
Oscuro holoré en tu profundo existir

Ahora levántate, holoré, nuevamente
Holoél, abundante has de brotar
La rama moribunda reverdece en su fuente
Levanta la roca donde Yurgen se supo desplomar

Levanta la roca
Levanta la roca
Abundante haz de brotar, holoél[2]

Un sonido de jadeos y susurros se elevó entre la multitud. En todos los años que habían venido los dragones, esto era algo nuevo. Tink y Janner miraron asombrados a Leeli, que parecía no darse cuenta de la silenciosa conmoción que estaba causando. El viento arrastraba su voz por los acantilados, de modo que a la multitud le parecía que la canción provenía del propio aire.

Finalmente, su canción terminó. Leeli volvió en sí y se concentró en las brillantes bestias que tenía debajo, en silencio y observando. Por un momento, el único sonido fue el del viento, el mar y la lejana cascada. Entonces, los dragones arquearon sus grandes cuellos, extendieron sus aletas y bramaron una respuesta que hizo vibrar los dientes de Janner.

---

2. Aunque es imposible estar seguro, la mayoría de los estudiosos coinciden en que es probable que esta sea la canción que Leeli Igiby cantó en los acantilados aquella noche. *Holoré* es una palabra antigua con varios significados. Su definición más común es «la sensación de olvidarse de hacer algo sin saber qué es esa cosa». Por ejemplo: *A Foom le invadió el holoré durante todo el viaje, pero cuando volvió a casa y encontró a su mujer esperándolo en la escalera, se dio cuenta de lo que había olvidado.* La palabra *holoré* también se utiliza para describir el olor de las galletas quemadas, y a menudo se aplica a cualquier cosa potencialmente buena que se ha vuelto inesperadamente agria. Por ejemplo: *Cuando Foom se dio cuenta de que se había olvidado de llevar a su mujer a las vacaciones de tres días, el descanso quedó holoré.* El significado antiguo de la palabra, que es como probablemente se utiliza en la canción, se refiere a las piedras que el Creador depositó en las profundidades de la tierra al crear Kistamos. Las piedras, según *Las Leyendas de Kistamos*, están imbuidas de poder para mantener el mundo vivo y en crecimiento, funcionando de forma muy parecida, se supone, al Agua del Primer Pozo. El significado de *holoél* es incierto, pero es muy probable que también tenga que ver con las galletas.

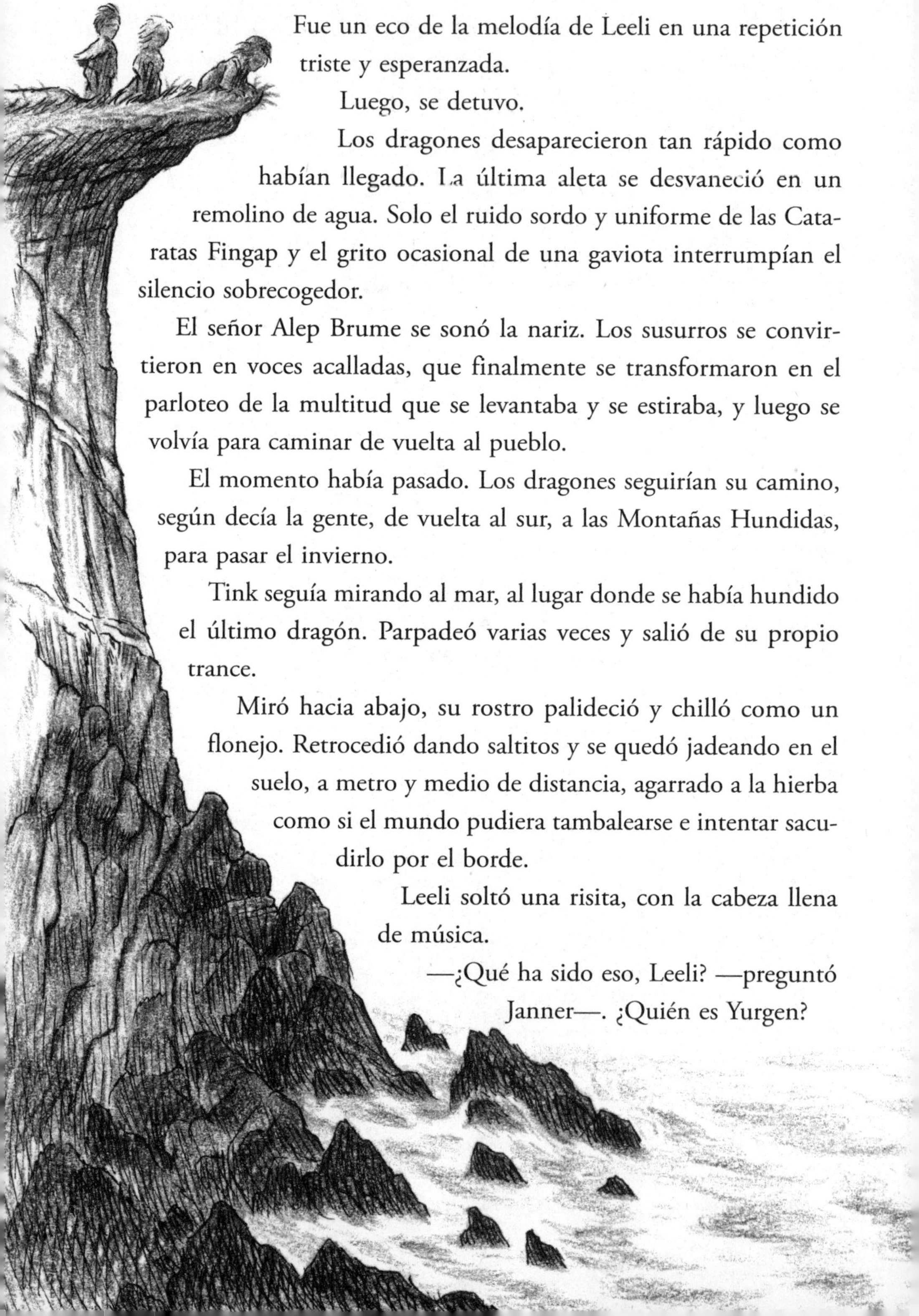

Fue un eco de la melodía de Leeli en una repetición triste y esperanzada.

Luego, se detuvo.

Los dragones desaparecieron tan rápido como habían llegado. La última aleta se desvaneció en un remolino de agua. Solo el ruido sordo y uniforme de las Cataratas Fingap y el grito ocasional de una gaviota interrumpían el silencio sobrecogedor.

El señor Alep Brume se sonó la nariz. Los susurros se convirtieron en voces acalladas, que finalmente se transformaron en el parloteo de la multitud que se levantaba y se estiraba, y luego se volvía para caminar de vuelta al pueblo.

El momento había pasado. Los dragones seguirían su camino, según decía la gente, de vuelta al sur, a las Montañas Hundidas, para pasar el invierno.

Tink seguía mirando al mar, al lugar donde se había hundido el último dragón. Parpadeó varias veces y salió de su propio trance.

Miró hacia abajo, su rostro palideció y chilló como un flonejo. Retrocedió dando saltitos y se quedó jadeando en el suelo, a metro y medio de distancia, agarrado a la hierba como si el mundo pudiera tambalearse e intentar sacudirlo por el borde.

Leeli soltó una risita, con la cabeza llena de música.

—¿Qué ha sido eso, Leeli? —preguntó Janner—. ¿Quién es Yurgen?

Ella se encogió de hombros, ruborizada. —No lo sé. Creo que es una canción que me cantaba mamá cuando era pequeña, o algo parecido. —Arrugó la cara, pensativa—. Es raro —dijo.

—¿Qué?

—Ahora no la recuerdo —dijo Leeli, mirando hacia el Mar Oscuro—. Bueno, era muy… bonita. —Janner no sabía qué más decir.

Estaba a punto de sugerir que buscaran a Podo y a su madre cuando dos manos frías lo agarraron por detrás. Janner giró violentamente y se encontró cara a cara con Slarb el Colmillo, que tenía una herida hinchada y sangrante en un lado de su rostro escamoso.

11

Un cuervo para el carruaje

Los niños Igiby se quedaron helados. Cuatro Colmillos más los rodearon con las espadas desenvainadas.

—Intenten huir si quieren —dijo Slarb con una sonrisa que dejaba al descubierto sus largos y afilados dientes—. Hay un largo camino hasssta el mar. Estoy seguro de que a esos dragones fantasmagóricos les encantarán unos cuantos bocadillos después de su estúpido espectáculo, ¿no creen?

Dos de los Colmillos agarraron a Tink y a Leeli. Con voz grave y áspera, uno de ellos dijo: —¿Qué quieres que hagamos con ellos, Slarb? ¿Los tiramos o los metemos en el corral?

Slarb consideró la primera opción durante un momento. Su lengua bífida y violácea pasó sobre sus colmillos mientras sus fríos ojos iban de los niños a los acantilados situados a unos metros de distancia.

Janner miró por encima del hombro de Slarb a la multitud que se disipaba, rogando que Podo y su madre los descubrieran, estuvieran donde estuvieran. Pero ninguna de las personas de la multitud miraba en su dirección y, por lo que podía ver, ninguna de ellas era Podo o Nia. Janner estaba furioso por haberse dejado distraer de su búsqueda. De todos modos, probablemente habrían estado mejor escondidos entre la multitud.

—El comandante Gnorm me dijo que los llevara, pero este acantilado está tan cerca y estos humanos son tan *apessstosos*, ¿eh, Brak? —su lengua se agitó a pocos centímetros de la cara de Janner.

No había salida. Sería difícil escapar de un Colmillo. De cinco, sería imposible. Lo mejor era mantener la calma y esperar que Slarb siguiera las órdenes. Que te metieran en la cárcel y luego te enviaran en el carruaje negro era horroroso, pero era mejor eso antes que te arrojaran al mar allí mismo. Janner se dio cuenta de que Nugget hacía tiempo que se había ido.

Ahí lo tienes al perro leal, pensó, justo cuando el puño de Slarb le golpeó en el costado de la cabeza, tirándolo al suelo. Era la primera vez que recibía un golpe tan fuerte. Había tenido sus peleas con Tink, pero no se comparaban con la explosión de dolor que sintió mientras gemía y luchaba por ponerse en pie.

Slarb resopló.

—Que te sirva de lección, muchacho. Vuelve a tocarme y te comeré vivo.

Se acercó a Leeli, agarró un puñado de su ondulado cabello rubio y le tiró la cabeza hacia atrás.

—Y lo mismo va para ti, niñita apessstosa —dijo, y la empujó al suelo junto a Janner.

Tink se soltó del Colmillo que lo sujetaba y lanzó un puñetazo a Slarb, pero este lo apartó y le hincó la rodilla en el estómago. Tink se dobló y se desplomó, jadeando. Slarb se inclinó sobre él y desenvainó su cuchillo. Con una mano de escamas verdosas, sujetó la cabeza de Tink contra el suelo mientras pasaba suavemente la punta de la hoja por su mejilla.

—Y tú, cosita essscuálida —gruñó—. Recuerda a Slarb con *esssto*. —Lanzó la daga al aire, la atrapó por la hoja y lo golpeó en la cabeza con el mango. Janner y Leeli se estremecieron al oír el grito de Tink, luego apretaron los dientes y contuvieron las lágrimas cuando una pequeña mancha de sangre surgió del nacimiento de su pelo. Al ver la sangre, los Colmillos se agitaron, siseando y resoplando como si acabaran de servirles la cena.

—Tráiganlos conmigo —dijo Slarb, dándose vuelta.

Jalaron bruscamente de los hermanos para ponerlos en pie y los empujaron hacia delante. Leeli intentó levantarse, pero su pobre pierna torcida se dobló y cayó al suelo. Janner se inclinó para ayudarla a levantarse, pero el Colmillo llamado Brak se interpuso entre ellos, gruñendo.

—En tu lugar, dejaría en paz a la pequeña apessstosa —dijo.

—¡No puede andar sin ayuda! —exclamó Janner acaloradamente, y Brak le enseñó los colmillos.

—Deja que el chico ayude a su hermanita lisiada, tonto. A menos que quieras cargar con esa cosa apessstosa todo el camino de vuelta a la cárcel —siseó Slarb.

Brak crispó la nariz y sus labios escamosos se curvaron de asco mientras miraba a Leeli. Cedió y Janner volvió a ayudarla a levantarse.

El costado de la cara de Janner palpitaba por el golpe, y sobre la oreja de Tink crecía un nudo del tamaño de un huevo. Leeli lloraba mientras cojeaba, buscando a Nugget a su alrededor.

A estas alturas, la mayoría de los turistas se habían dirigido a La Única Posada para cenar o a su campamento, en el extremo opuesto de la ciudad, para cocinar algo que habían comprado ese día en el mercado. Algunas personas se arremolinaban en las calles iluminadas con lámparas, pero cuando vieron la procesión de cinco Colmillos acorazados que llevaban antorchas y empujaban a los tres niños asustados, apartaron la mirada y salieron del camino.

El comandante Gnorm era una cosa gorda y escamosa con los ojos caídos y los colmillos amarillos torcidos. Se pasaba casi todo el tiempo holgazaneando en el porche de la cárcel, afilando una daga y comiendo cualquier cosa que tuviera a mano.

La mente de Janner iba a toda velocidad. Se habían metido en un buen lío. Las decisiones del comandante Gnorm eran tan rápidas como despiadadas, y muy posiblemente, se encontrarían en el carruaje negro camino del Fuerte Lamendron antes de que saliera el sol.[1] Los empuja-

1. Cuando los habitantes de la ciudad infringían la ley o eran señalados sin motivo por los Colmillos, a veces eran llevados a la cárcel, donde Gnorm y sus soldados los apaleaban. Si esto ocurría, los ciudadanos de Glipwood lo consideraban una suerte maravillosa, y al ser liberado el prisionero (si estaba consciente), su familia y amigos lo felicitaban

ron hacia la entrada de la cárcel, donde el comandante Gnorm estaba recostado en una silla, afilando su daga en las sombras.

—Pues que entren —dijo sin levantar la vista.

Los hicieron entrar en una habitación iluminada por una lámpara y pasaron junto a un escritorio lleno de espinas de pescado. En la pared que daba al escritorio, se había pintado una burda diana circular y una veintena de puñales sobresalían de la pared. El que los había arrojado era inquietantemente preciso. Slarb empujó a los niños a otra habitación que estaba tan oscura como una tumba. La luz de la antorcha de Slarb reveló tres celdas enrejadas, con el suelo cubierto de heno y suciedad. Levantó un llavero de la pared, abrió la puerta de barrotes y metió a los niños en una celda. Con una mirada de gran satisfacción, cerró la puerta, volvió a colocar las llaves y se marchó.

Tink y Leeli se acurrucaron junto a Janner en el suelo como si hiciera frío, aunque el lugar era bastante sofocante.

—Déjame ver, Tink —dijo Janner, tomando la cabeza de su hermano entre las manos. Separó el pelo de Tink y entrecerró los ojos en la oscuridad para ver el bulto, aunque no tenía ni idea de lo que buscaba—. No parece tan grave —dijo, intentando parecer mucho mayor de lo que era.

—¿Cómo está esa cara? —preguntó Tink.

—Estaré bien —dijo Janner, haciendo una mueca de dolor al tocarse el moretón que se le estaba formando en la mejilla.

Los hermanos se volvieron hacia Leeli.

—¿Te pondrás bien? —preguntó Janner.

—Todo esto ha sido culpa mía —dijo ella, limpiándose la nariz con el antebrazo—. Siento mucho habernos metido en este lío.

—Entonces, ¿qué fue lo que pasó? —preguntó Janner.

—Mientras ustedes miraban el partido de balonmano, yo estaba lanzando un palo a Nugget cerca del césped, detrás de la multitud. Un

---

y seguían adelante como si acabara de ganar un premio importante. Si uno no tenía la suerte de recibir cárcel y tortura, Gnorm enviaba a un cuervo mensajero para que convocara al carruaje negro.

thwap salió de un árbol, justo delante de él, y Nugget corrió a perseguirlo. Los seguí y, cuando me di cuenta, estaba de vuelta aquí, en la calle principal. Vi a Nugget perseguir al thwap hasta el callejón y, al doblar la esquina, hizo tropezar a ese Colmillo.

—¿Slarb? —preguntó Tink.

—Sí. Eso creo. Y esa cosa (Slarb) tomó a Nugget y estaba a punto de morderlo, así que le di una patada en la espinilla. —Leeli dijo esto como si fuera lo más natural del mundo.

—¿Le diste una patada a un Colmillo? —repitieron los dos chicos.

—Bueno, ¿qué se supone que tenía que hacer?

—No lo sé, pero es lo más tonto que he oído jamás —dijo Janner.

—Y lo más valiente —acotó Tink.

Leeli estaba sentada con la cabeza gacha, su largo pelo casi tocando el sucio suelo.

—Y lo más valiente —asintió Janner al cabo de un momento.

Leeli resopló y se limpió la nariz.

—Ya no te preocupes —le dijo Tink, poniéndole la mano en la espalda—. De todas formas, no fue culpa tuya. Fue tu perro —dijo, intentando hacerse el gracioso. Tink se arrepintió en cuanto salió de su boca. Leeli rompió en llanto.

—No es propio de él huir así —dijo, y enterró la cara en el pecho de Tink—. ¿Y si una de esas cosas horribles lo tiró por el acantilado?

—Escucha —dijo Janner—. *Alégrate* de que Nugget no esté aquí con nosotros. Somos nosotros los que tenemos problemas. O nos van a dar una regia paliza o nos van a enviar a Dang. Prefiero no ver a Dang ni al Castillo Throg ni a Gnag el Sin Nombre esta semana, así que esperemos que nos torturen.

Cuando se abrió la puerta de su celda, entró bamboleándose el comandante Gnorm con Slarb a su lado.

Janner, Tink y Leeli se levantaron y se quedaron rígidos mientras Gnorm los miraba con sus brazos escamosos y verdes cruzados y apoyados en su gran barriga, como si descansaran sobre una mesa. Los miró con ojos negros y caídos.

—Sssí, comandante —dijo Slarb— estos son.

—Y estos niños, de alguna manera, te dejaron inconsciente en un callejón. —Gnorm se volvió hacia Slarb con una mueca de desprecio—. Deben de ser guerreros muy valientes para vencer a *dos* Colmillos de Dang armados —dijo, con voz grave y que sonaba a húmeda.

Como barro burbujeante, pensó Janner.

—Bueno, señor…

—Parece que son curiosssamente incompetentes si se necesitan cinco de ustedes para traer a tres niños. Yo me passso el día sentado sobre mis verdes posaderas, engordando con cada rata que engullo, y creo que podría azotar a esta gentuza con los ojos cerrados. Tienes colmillos, ¿verdad, Slarb, pedazo de renacuajo? Y dices que estas piedras salieron de la nada, ¿verdad? ¿Una piedrecita les golpea el cráneo y se quedan dormidosss como bebés en la tierra? ¿Vino alguna mamita a arroparlos?

Slarb intentó una y otra vez intervenir, pero Gnorm fue ganando impulso a medida que hablaba, hasta que Slarb se quedó callado, con las pálidas mejillas verdes hinchadas. Gnorm tenía la mano en la empuñadura de su daga, ansiando una excusa para desenvainarla y enterrarla en el blando vientre de Slarb.

Sin embargo, Slarb no le dio ninguna oportunidad.

—Le ruego me disculpe, comandante. Mi incompetencia es inexcusable —dijo Slarb agachando la cabeza. Gnorm gruñó, satisfecho con su comportamiento servil. Se dio vuelta para marcharse con un bufido, sin darse cuenta de que Slarb le enseñaba los colmillos a sus espaldas—. ¿Y los niños, ssseñor?

El gordo Colmillo se detuvo en la puerta y miró por encima del hombro a los niños Igiby que estaban en el suelo de la celda. Los consideró un momento con sus ojos negros y caídos.

—¿Qué te gustaría hacer con ellos?

Slarb sonrió maliciosamente.

—Comandante, si le parece bien, me gustaría torturarlos. ¿Los látigos, tal vez?

El corazón de Janner latía con fuerza. Tink apretó más fuerte a Leeli.

—¿Lo harías? —dijo Gnorm con frialdad—. En ese caso, no los toques. Si intentaras azotarlos, probablemente te sssuperarían de todos modos. Haremos que los envíen a Dang esta noche —se rio mientras se daba la vuelta—. Envía un cuervo a solicitar el Carruaje.

12

No es lo mismo que Barcos y Tiburones

La puerta se cerró con un ruido sordo, y Janner sintió que su corazón se desplomaba como una piedra sobre los acantilados y se precipitaba al mar. De repente, un gruñido llenó el aire. Slarb arqueó la espalda y abrió las mandíbulas hasta lo imposible, enseñando los colmillos y apretando los puños. Janner pudo ver los músculos rosáceos de la boca de Slarb, la lengua negra y húmeda retorciéndose como un gusano y, lo peor de todo, aquellos colmillos amarillentos y goteantes. Se estremeció al pensar en aquellos dientes venenosos mordiéndole la piel, en aquellas manos con garras desgarrándole la carne. Era fácil comprender por qué se decía que ningún Colmillo había sido asesinado jamás por un humano. Carruaje negro o no, cualquier destino le parecía mejor a Janner que morir a manos de Slarb.

El Colmillo se acercó al anillo de llaves, jadeando, con un poco de baba venenosa goteando de la comisura de sus labios. Arrancó el anillo de la pared, caminó hacia la puerta de la celda e introdujo una llave en la cerradura, enfurecido cuando la primera llave no funcionó. Tink y Janner deslizaron a Leeli hasta la esquina trasera de la celda, y luego se quedaron de pie frente a ella, preguntándose qué podrían hacer aparte de apretar los dientes y luchar con todo lo que llevaban dentro cuando aquel Colmillo enloquecido irrumpiera por la puerta de la celda.

Pero Slarb no llegó a abrir la celda. La puerta que había detrás de él se abrió, y el fornido Colmillo llamado Brak entró a grandes zancadas.

—Hola, Slarby.

Slarb se enderezó rápidamente y se dio vuelta, ocultando el llavero a la espalda.

—Brak —respondió—, te dije que no me llamaras así.

—Así que nos toca deportarlos, ¿eh? —dijo Brak con una pizca de regocijo—. Me encanta ver cómo se retuercen cuando los metemos en el Carruaje, ¿no, Ssslarby?

Slarb se esforzaba por hablar con voz uniforme.

—Sssí. Hay que deportarlos a todos. —Se limpió la baba con el antebrazo y volvió a colgar las llaves en la pared—. Probablemente sssea peor para ellos a largo plazo —dijo con una sonrisa malvada, volviendo sus ojos negros hacia los niños—. *Mucho* peor a largo plazo.

Los dos Colmillos salieron de la habitación. Janner y Tink se desplomaron en el suelo junto a Leeli.

—Tenemos que encontrar la forma de salir de aquí —dijo Janner, intentando de nuevo parecer mayor de lo que era—. Si algo me enseñó Podo es que siempre hay una salida.

—Pero ese es el abuelo, un hombre con una sola pierna que juega a Barcos y Tiburones[1] con niños pequeños —dijo Tink—. *Esto* no es un juego.

—Ya sé que no es un juego, Tink. Pero no servirá de nada discutir con alguien más grande que tú. Janner dio un puñetazo juguetón en el hombro de Tink.

En el fondo, Janner no tenía la menor idea de cómo iban a salir de este lío y temía que no lo hicieran. Pero como era el mayor, sentía la necesidad

---

1. Barcos y Tiburones es un juego de patio que los mercaderes de los Valles Verdes introdujeron entre los skreeanos. Normalmente, los niños hacen el papel de barcos, y los adultos son los tiburones. El juego comienza cuando el tiburón dice a los barcos: «¡Guaaaaa!», que generalmente se considera el sonido que haría un tiburón si no fuera una criatura marina. Entonces, los barcos corren como locos para escapar del tiburón. Si un barco es superado por un tiburón, se lo hace rodar por el suelo y se le hacen muchas cosquillas. Esta simplicidad brutal es típica de los juegos inventados por los ciudadanos de los Valles. Otro juego popular de los Valles Verdes se llama simplemente Aplasta.

de mantenerlos con buen ánimo. Por lo que había oído, gente mucho más grande y valiente se había visto obligada a subir al carruaje negro, así que ¿por qué no iban a hacerlo ellos? A esas personas más grandes y valientes nunca se las volvió a ver, así que ¿por qué sería distinto para ellos? Lo único que sabía era que era mejor estar en una celda de los Colmillos con un poco de esperanza que sin ella.

Leeli se durmió con la cabeza en el regazo de Tink, y este no tardó en dormirse también. Janner se paseó por la celda durante horas, preguntándose qué estarían haciendo Podo y Nia. A estas alturas, ya debían saber que los niños habían desaparecido, y probablemente supieran por la gente del pueblo que los niños estaban en la cárcel. Se subió a los barrotes de la alta ventana, pero esta daba a la sombría parte trasera de la cárcel. No había nada que ver. La puerta de la celda estaba bien cerrada y las llaves eran inalcanzables. No había nada que hacer salvo esperar. Tink tenía razón; esto no era Barcos y Tiburones, y tal vez no habría salida.

Janner deseaba poder dormir como Tink y Leeli, pero sus ansiosos pensamientos se lo impedían. Intentaba pensar en cualquier cosa menos en el temido carruaje negro que se abría paso por la colina oscura y el valle iluminado por las estrellas hacia Glipwood. Pensó en el delicioso desayuno de aquella misma mañana y en lo cálido que estaba el hogar de la cabaña Igiby, enclavada bajo las ramas de los árboles de Glipwood. Su corazón estaba triste por Podo, su querido y desaliñado abuelo, que había perdido a su esposa en la Gran Guerra. Estaba triste por su madre, a quien la Gran Guerra había dejado viuda. Ahora volverían a estar destrozados, y todo porque él no había vigilado de cerca a Leeli.

Janner suspiró y se apoyó en la pared con la cabeza gacha, pensando en su padre. Deseó más que nunca estar navegando en un barco en mar abierto, y pensó en volver a sacar el dibujo de su padre, pero se dio cuenta de que no habría forma de verlo en la oscuridad. Seguro que su padre sabría cómo escapar de aquella lúgubre celda y del terrible viaje en el carruaje negro. O, si aún viviera, seguramente acudiría en su rescate.

Pero el joven Janner Igiby no tenía padre y tenía muy pocas esperanzas, allí con su hermano y su hermana en aquella celda desnuda y horrible.

Leeli levantó la cabeza y miró hacia la ventana.

«¿Oíste eso?», dijo.

Tink se despertó sobresaltado y dijo: «Grandioso».

«Creo que es Nugget», dijo ella. «¡Nugget! ¿Eres tú, bonito?».

Tres pares de ojos se volvieron hacia la ventana. Los niños se quedaron escuchando. Oyeron un quejido y un sonido preocupado, a medio camino entre un ladrido y un aullido. Janner se sintió feliz, aunque no sabía por qué. No había mucho que un perro pudiera hacer por ellos en su apuro, pero saber que Nugget había vuelto hacía que fuera más fácil sentir esperanza. Entonces, oyeron voces de Colmillos discutiendo en la sala exterior de la cárcel. Una de las voces —tal vez la de Slarb— fue interrumpida por un golpe seco y un estruendo.

El comandante Gnorm gruñó algo sobre obedecer órdenes, y unos pasos se dirigieron hacia la puerta.

La puerta se abrió chirriando para revelar la regordeta figura de Gnorm. Janner pudo ver a Slarb tirado en el suelo detrás de él. Por segunda vez aquel día, por culpa de los niños Igiby, la cabeza de Slarb se había encontrado en la trayectoria de un objeto contundente. Gnorm tomó las llaves de la pared y abrió la puerta de la celda.

—Qué niños más afortunados —farfulló—. Alguien cree que valen unos cuantos brillantes.

Movió los dedos regordetes, mostrándoselos. Llevaba cuatro anillos dorados y enjoyados que antes no estaban allí. Unas pulseras brillantes le cubrían el antebrazo y un medallón dorado con una cadena de plata le colgaba del cuello. Las joyas parecían fuera de lugar en una criatura tan fea. Gnorm abrió de golpe la puerta e hizo un gesto a los niños para que salieran.

—Entonces… ¿podemos irnos? —preguntó Janner tímidamente.

—Sí. Fuera de mi vista —espetó impaciente. Mientras Gnorm admiraba sus nuevas joyas, los niños pasaron a su lado. Pero cuando Janner pasó junto a él, el Colmillo lo agarró por la cara y lo acercó de un tirón. La cara hinchada del Colmillo era lo único que Janner podía ver. Vio su reflejo aterrorizado en los negros estanques sin fondo de los ojos llenos de odio del Colmillo, sintió sus garras clavándose en sus mejillas.

—Vuelve a tocar a uno de mis soldados y ni *mil* cofres de oro te sssalvarán a ti ni a tu familia —susurró Gnorm con voz amenazadora. Empujó a Janner con tanta violencia que este cayó al suelo. Tink lo ayudó a levantarse, sin atreverse a mirar al Colmillo ni a pronunciar palabra. Los varones ayudaron a Leeli a pasar junto a los soldados, junto a Slarb, que ya se había levantado del suelo y hervía de rabia al ver a los niños salir ilesos.

En medio de la tenue luz de la calle estaba su madre, Nia, con el rostro pálido como la luna.

13

Una canción para la Isla Brillante

Janner, Tink y Leeli bajaron los escalones de madera hasta el polvoriento camino, mirando con cuidado de reojo a los Colmillos que acechaban en el porche. Janner apenas podía creer que estuvieran libres. ¿Se trataba de algún tipo de truco?

El comandante Gnorm salió contoneándose y se dejó caer en la silla del porche, todavía admirando las joyas que brillaban en su mano. Con Leeli entre ellos, los chicos caminaron lentamente hacia su madre, cuyos ojos rebosaban de lágrimas.

—Vamos a casa —dijo con voz firme mientras rodeaba a sus hijos con los brazos y se alejaba cuidadosamente de los Colmillos. Avanzaron por la calle en silencio, como si hubieran tropezado con un dragón dormido y tuvieran terror de perturbarlo. Janner quería correr, alejarse de los Colmillos y de la cárcel lo más rápido posible. Todos los niños se sentían así, pero Nia lo percibió y los contuvo.

Guio a sus hijos por la calle vacía de Glipwood con la espalda recta y la barbilla levantada. De La Única Posada salían risas silenciosas, las farolas parpadeaban amarillas y el viento levantaba remolinos de polvo como fantasmas a la luz de la luna.

Cuando ya habían avanzado bastante y estaban fuera de la vista de la cárcel, Nia habló primero.

—No sé qué habría hecho sin ustedes.

Al oír su voz, Janner sintió una oleada de alivio, como si hubiera estado aguantando la respiración bajo el agua y su madre acabara de sacarlo a la superficie.

—Simplemente, no sé qué habría hecho —repitió. Se arrodilló, los atrajo hacia sí y los abrazó con fuerza. Leeli levantó la vista y vio a Nugget corriendo hacia ella. Se le echó encima en un santiamén, gimoteando y moviendo la cola con ferocidad, lamiendo no solo a Leeli, sino a cada uno de ellos donde encontrara algo de piel expuesta. Leeli se echó a reír y se dejó caer hacia atrás mientras apretaba el cuello de Nugget.

—¿Dónde estabas, bonito? —dijo, frotándole el cuello y los lados de la cara—. ¿Por qué nos dejaron así?

—Los buscamos en los acantilados —dijo Nia—. Su abuelo y yo estábamos preocupados. Pero había tanta gente allí. Esperamos a que terminara la canción del dragón y la multitud se hubiera marchado, pero seguíamos sin encontrarlos. Volvimos corriendo a casa, pensando que quizás nos habíamos cruzado... —Nia se inclinó hacia el perrito negro que Leeli tenía en brazos—. Fue entonces cuando el pequeño Nugget nos encontró. Me llevó a la cárcel. —Rascó detrás de las orejas de Nugget—. Hice que el abuelo se quedara en casa. Habría hecho pedazos la cárcel y luchado contra un ejército de Colmillos para traerlos a casa, pero lo único que habría conseguido sería que nos mataran a todos. Así que vine sola.

—¿De dónde salieron esas joyas? —preguntó Janner—. ¿Las de la mano de Gnorm?

Nia miró hacia la cárcel.

—Estaban guardadas por si surgía una emergencia —dijo simplemente. Luego, miró a Janner a los ojos—. Esto era una emergencia.

—Pero ¿de dónde las sacaste? —preguntó Tink—. Era mucho oro.

Nia suspiró.

—De tu padre. —Nia se volvió hacia Janner, claramente deseosa de cambiar de tema—. Tu mejilla. —Ella le tocó el lugar magullado y ensangrentado—. ¿Te pegaron?

Janner asintió.

Nia torció la cabeza de Janner hacia la luz para verlo mejor y le besó la mejilla.

Janner hizo una mueca y se apartó, aunque en secreto disfrutó de la cálida sensación que le produjo. Quería hacer más preguntas sobre las joyas que provenían de su padre, pero su madre ya se había dado vuelta.

—¿Y tú, cariño? —le preguntó Nia a Leeli.

—Estoy bien, mamá.

Nugget estaba tumbado de espaldas en el polvo con la lengua fuera mientras Leeli le frotaba la barriga.

Tink le enseñó a su madre el chichón que tenía en la cabeza, y ella hizo una mueca de dolor por él y se lo besó.

—¿Viste los dragones? ¿Viste cómo se detuvieron y escucharon cuando Leeli empezó a cantar? —dijo Janner.

Nia pareció sobresaltada, pero se recompuso rápidamente.

—¿Esa eras tú, querida?

—Sí, señora.

Nia sonrió a Leeli y le puso una mano en el pelo.

—Estuvo precioso.

—Pero ¿por qué harían eso los dragones? —preguntó Janner. Nia se encogió de hombros—. ¿Y por qué Gnorm no se quedó con las joyas y nos mató de todos modos? —Sentía que cada pregunta llevaba a otra, y la cabeza le daba vueltas.

Nia tomó a Janner por los hombros y lo miró a la cara.

—Porque le dije que podía cocinar el mejor pastel de gusanos de los cuatro mares y que, si te dejaba marchar, se lo cocinaría cada tercer día de la semana, una vez que la carne hubiera tenido tiempo suficiente para supurar. Le dije que tenía una receta secreta que incluía sudor de cerdo. Verás, el oro era solo para llamar su atención. Los colmillos tienen debilidad por las joyas.[1]

—¿Sabes cocinar pastel de gusanos? —preguntó Tink.

—No tengo ni idea. Supongo que será mejor que aprenda —respondió ella, sonriendo—. Ahora, basta de preguntas de los tres. Janner, ¿qué

1. Las mujeres de Skree tenían una debilidad similar por las joyas, pero eran menos propensas a matarse unas a otras por ello.

te pasó en el cuello? Lo giró de nuevo hacia la luz de la lámpara para ver la mancha roja y brillante que tenía en el cuello, donde le había goteado el veneno de Slarb.

—Veneno de colmillo. Del que se llama Slarb —dijo él, tocándose el cuello con la punta de los dedos—. El que atacó a Leeli.

—Así que eso fue lo que pasó —dijo Nia—. ¿Por qué te atacó?

Nia rodeó con un brazo a su hija lisiada, que relató los hechos mientras Janner y Tink añadían fragmentos, a medida que los Igiby continuaban por el callejón. Nia escuchó hasta que Janner contó lo de las dos rocas que golpearon a los Colmillos en el callejón. Entonces, se detuvo.

—¿Y no viste a nadie? ¿Ninguna señal de quién podría haber lanzado las piedras?

—A nadie. —Janner parecía desconcertado. Vio que su madre fruncía el ceño mientras seguían caminando. Su cabeza bullía de preguntas. *¿Dónde había escondido todas aquellas joyas, suficientes para comprar medio pueblo de Glipwood? ¿Y por qué había ocultado el secreto a la familia todos estos años? ¿No podían haber utilizado solo un poco para hacerles la vida un poco más fácil?* Janner nunca había visto tanto oro en un mismo lugar, y pensar que habían pertenecido a su familia todos estos años le hizo… ¿qué? ¿Enfadarse? ¿Sentirse agradecido? Janner no sabía qué sentir, como si su interior fuera tan torpe como su exterior. *Todo aquel oro, todas aquellas piedras preciosas, habían desaparecido. No, no habían desaparecido. Adornaban los dedos y las muñecas del comandante Gnorm.* Janner se preguntó qué necesitaba su familia y no tenía, y se sintió aleccionado al darse cuenta de que no había nada. Tuvo que admitir que su madre y Podo les habían proporcionado todo lo que necesitaban. Las joyas no habrían cambiado nada, salvo que sin ellas Janner seguiría sentado en aquella celda de la cárcel con sus hermanos. *Aun así,* pensó mirando de reojo a su madre, *¿qué más estará escondiendo?*

Pero su tumulto de pensamientos se vio interrumpido por el sonido de alguien que cantaba.

En el césped frente a la casa del viejo Charney Baimington,[2] ardía una pequeña fogata. Varias personas holgazaneaban a su alrededor, escuchando cantar a Armulyn el bardo. El resplandor anaranjado del fuego iluminaba su rostro y proyectaba una gran sombra sobre la casa que había detrás. Armulyn cantaba una canción de Anniera, y sus ojos parecían brillar con luz propia mientras miraba más allá de la oscuridad que lo rodeaba. Era como si pudiera ver ante él la propia isla hermosa, con su reino de marineros y poetas, sus altas montañas verdes y sus valles sombreados, la ciudad luminosa donde una vez reinó un buen rey y la gente cantaba en los campos mientras recogía la cosecha. De algún modo, Janner sintió que era algo más que una canción. Armulyn había puesto música a sus sueños secretos. Janner se sintió atraído por aquellas montañas, y también vio lo mismo en los rostros alrededor de la fogata.

La canción terminó y, por un momento, antes de los aplausos, la pequeña reunión de oyentes guardó silencio. Janner levantó la vista y vio que el rostro de su madre estaba húmedo por las lágrimas y que ella, como el bardo, miraban fijamente a lo lejos.

—¿Por qué lloras? —le preguntó, apretándole la mano.

Nia dio un pequeño respingo, como si acabara de despertarla de una siesta. Le sonrió.

—No es nada, cariño. ¿Y por qué estás llorando *tú*?

Janner no se había dado cuenta, pero sus mejillas también estaban húmedas.

—Hay algo en su forma de cantar. Me hace pensar en cuando nieva fuera, y hay un cálido fuego adentro, y Podo nos está contando un cuento mientras tú cocinas, y no hay lugar en el que preferiría estar; pero por alguna razón sigo sintiendo… nostalgia de casa. —Janner bajó la mirada, avergonzado.

---

2. En los Baimington de Torrboro, que se enorgullecían de tener un antepasado que acuñó la frase «Jugoso como un pastel de turba de dos toneladas». Los Baimington se cuidaban de insertar la frase en todas las conversaciones de las que formaban parte.

Tink y Leeli guardaron silencio, pues Janner también había expresado lo que ellos sentían.

Armulyn, aún descalzo, estrechaba manos y asentía tímidamente con la cabeza en respuesta a los cumplidos de la gente. Tomó su arpa silbante y se despidió de ellos, caminando hacia Janner y su familia. Nia aspiró una bocanada de aire y se apresuró a llevar a los niños por el sombrío sendero.

—Mamá, ¿no podemos saludarlo? —preguntó Tink, mirando por encima del hombro a Armulyn, que se dirigía directamente hacia ellos.

—No, ya es hora de que volvamos a casa. El abuelo estará muy preocupado.

—Mamá, ¿por favor? —rogó Leeli.

—He dicho que *no*. —Nia aceleró el paso. Leeli, aun con la mano de Nia en el brazo, perdió el equilibrio y cayó al suelo. Nia se detuvo para ayudarla a levantarse, disculpándose mientras quitaba la suciedad del vestido de Leeli.

—Me gusta tu perro —dijo una voz amable y áspera desde detrás de ellas.

Los niños se quedaron paralizados. Nia dejó de cepillar el vestido de Leeli y se enderezó. Se giró para mirar la silueta de Armulyn el bardo. Él estaba inclinado, acariciando a Nugget en la cabeza. Janner y Tink se quedaron sin habla.

—Gracias. Se llama Nugget —dijo Leeli, y se acercó a donde estaba Nugget, que movía la cola. Miró la tenue silueta del bardo—. Me gusta cómo cantas.

—Pues gracias, princesita —dijo Armulyn, acuclillándose frente a ella.

Nia seguía extrañamente callada, de pie, un poco alejada de ellos. Armulyn tendió la mano a Leeli.

—Me llamo Armulyn. No me gusta este lugar —dijo con una sonrisa que Janner apenas podía ver en la oscuridad.

Leeli le devolvió la sonrisa, sin inmutarse por el extraño comentario.

—Me llamo Leeli. No puedo caminar muy bien.

Al oír su nombre, la sonrisa de Armulyn se desvaneció y se inclinó un poco más para verle mejor la cara. Miró a Nia y a los chicos, que aún no se habían movido.

—¿Y quiénes son ustedes, amables ciudadanos?

—Somos los Igiby —dijo Nia, con rigidez. Se acercó rápidamente a Leeli y la apartó del bardo—. Le deseamos una buena noche —agregó. Volvió a guiar a los niños hacia su casa, dejando a Armulyn de pie en medio del camino, mirándolos fijamente.

Cuando se acercaron a la cálida cabaña enclavada entre los árboles, pudieron ver lámparas encendidas en las ventanas. Las luciérnagas parpadeaban en el aire nocturno, y Danny (el caballo de carga) resoplaba en el prado. Janner sintió otra oleada de alegría por no estar muerto, o peor aún, atrapado en el carruaje negro.

Antes de llegar a la puerta, esta se abrió de par en par. La forma alta y con una sola pierna de Podo llenaba el umbral. Tenía un garrote robusto en una mano y blandía una cuchara de madera en la otra.

—Por todos los duendes de las cabras, ¿dónde han estado, recorriendo las laderas onduladas mientras yo estaba aquí royéndome las encías? Vengan aquí con esos pies empapados antes de que les saque las tripas y las cueza en…

El torrente de palabras de su abuelo duró al menos dos minutos, y habría durado mucho más, pero los niños se soltaron de Nia y lo avasallaron con abrazos. Su garrote y su cuchara letal cayeron al suelo, y estuvo a punto de desplomarse, pero años de práctica con una sola pierna habían hecho a Podo Helmer bastante ágil.

En un momento, tenía a Tink agarrado por la cabeza y le estaba cosquilleando las costillas con uno de sus dedos nudosos y callosos, mientras Janner y Leeli intentaban tirarlo al suelo. Finalmente, cedió y se desplomó dramáticamente hacia atrás, aullando todo el tiempo acerca de los niños malcriados y su falta de respeto a los mayores. Se revolcaron por el suelo a la luz del crepitante fuego de la chimenea hasta que terminó el combate y el anciano se levantó con un gemido. Sin aliento y sudando, les sonrió y se apartó de los ojos un mechón de pelo largo y blanco.

—Me imagino que querrán un poco de mi sopa de queso y pan de mantequilla, ¿verdad, mis pequeños guerreros? —dijo, jadeando—. Se ha estado cociendo a fuego lento toda la noche, junto con mil oraciones para que volvieran a su Podo sanos y enteros.

Ante la mención de la comida, Tink gimió de placer y desapareció en la cocina, frotándose el estómago.

Podo se subió a Leeli a la espalda y la cargó.

—Has perdido tu muleta, ¿eh? Te prepararemos otra por la mañana —dijo mientras la puerta de la cocina se cerraba tras él.

Janner observó cómo Nia cerraba y atrancaba la puerta principal. La mujer inclinó la cabeza y susurró una oración de agradecimiento.

—Te quiero, mamá —dijo Janner, conteniendo el nudo que tenía en la garganta—. Siento haber perdido a Leeli.

—Shh. Todo está bien —dijo Nia—. Estuviste muy bien, hijo. Y con una sonrisa cansada, lo dirigió a la cocina.

14

Secretos y estofado de queso

Janner se unió a Leeli y Tink en la mesa para engullir el estofado de queso. Después del día que había tenido, aquella le pareció la mejor comida que había probado jamás. Una cuba de sopa humeante llenaba la cocina de un olor rico y mantecoso, y sobre la mesa, había un pan de mantequilla cortado en rebanadas. Janner se levantó para rellenar su cuenco (Tink ya se había comido tres) y oyó un fragmento de conversación entre Nia y Podo en la habitación contigua.

—Por todas las algas malolientes y la ensalada agria, ¿qué les ha pasado a los chiquitines? —preguntó Podo, golpeando el suelo de tablas con su garrote.

—Bueno, papá, esa nieta tuya se fue deambulando y se perdió. Ya te dije que no me parecía bien dejarlos ir solos a la ciudad. Janner y Tink no se dieron cuenta de que se había ido…

—¿Qué? ¡Si se lo he dicho un millón de veces a ese niño! Tiene que vigilarlos…

—Calla, papá. Están a salvo. Eso es lo que importa ahora.

Una larga pausa. Las mejillas de Janner ardieron de vergüenza.

—Sí, sí. Aún no es más que un muchacho. No debería haberlo dejado ir solo a la ciudad, no en un día como este. Entonces, ¿qué pasó?

—Leeli intentó proteger a Nugget de un Colmillo. Le dio una patada.

—¿Al perro?

—Al Colmillo.

—¿De veras? ¿Mi pequeña guerrera tuvo el valor de acorralar a un Colmillo?

Janner no podía ver a Podo, pero sabía que sonreía orgulloso con sus pobladas cejas levantadas. También sabía que la expresión de su madre sería de desaprobación.

En cuestión de segundos, Podo se aclaró la garganta y dijo gravemente:
—¿De veras? Niña imprudente. Debería haber tenido mejor juicio.

—Y los chicos intentaron salvarla —dijo Nia.

—¡Ajá! —tronó Podo, y Janner sonrió. Podo volvió a aclararse la garganta y dijo en un fuerte susurro—: ¡Sabía que esos muchachos tenían fuego en su ser! ¡Dos pequeños luchadores contra los Colmillos de Dang! Te digo que tienen el rugido y la corpulencia del viejo Podo. Si su padre pudiera verlos ahora…

Janner dejó de sonreír y Podo se detuvo en seco.

Un pesado silencio los dividió a todos.

—Lo siento, muchacha —dijo Podo al cabo de un momento. De repente, se mostró tierno de un modo que sorprendió a Janner—. Continúa —instó Podo a Nia—. ¿Qué pasó entonces?

Nia respiró hondo.

—No estoy segura, pero tengo conjeturas. Los niños dijeron que alguien lanzó dos rocas que derribaron a los Colmillos. No vieron de dónde procedían. Luego, corrieron a buscarnos. Recién después de que los dragones cantaran los atraparon y los llevaron a la cárcel.

De nuevo, ninguno de los dos habló durante un momento. Podo rompió el silencio.

—Bueno, por las barbas de mi abuelo, cariño, ¿crees que fue… él?

La voz de Podo había bajado de repente y Janner oyó que su propio corazón se aceleraba. *¿Cree que ha sido quién?* se preguntó mientras se alejaba de la hornilla y pegaba la oreja a la puerta.

—No lo sé —dijo Nia—, pero desde luego parece algo que *él* haría. —Hubo otra larga pausa—. Fuera quien fuera, estoy agradecida. Los niños están vivos.

Por el tono de su madre, Janner se dio cuenta de que la discusión había terminado.

—Jnnnr, trmm msstofdo, prrfvr —dijo Tink desde la mesa, con la boca llena.

—¿Eh? —dijo Janner, dándose vuelta con demasiada prisa.

Tink tragó su bocado de comida y eructó ruidosamente.

—Tráeme más estofado, por favor, ¿eh? Ya que estás levantado.

Sumido en sus pensamientos, Janner llenó el cuenco de Tink y volvió a sentarse a la mesa. Leeli alimentaba a Nugget con trocitos de comida, y Tink solo se fijaba en el humeante cuenco de sopa que tenía delante. Janner repasó cada detalle de aquella tarde y no se le ocurrió ninguna pista sobre quién podría haber tirado las piedras. El callejón era lo bastante profundo como para que quien las lanzara tuviera que ser un tirador excelente. Solo se lanzaron dos piedras, y dieron en el blanco a la perfección… además de llegar en el último segundo. ¿Cómo podía ser? ¿Y cómo era posible que Podo y su madre tuvieran sus teorías sobre quién era el misterioso lanzador de piedras?

De repente, con un estruendo y un gruñido pirata, Podo irrumpió en la habitación.

«¿QUÉ ES ESO QUE HE OÍDO DE QUE UNOS VALIENTES RENEGADOS ESTÁN ATERRORIZANDO A LOS LAGARTOS LOCALES?», rugió. Podo se acercó cojeando a Leeli y se la echó al hombro con uno de sus gigantescos brazos tatuados, mientras ella chillaba y golpeaba juguetonamente su espalda.

«Ahora, vengan aquí, muchachos y muchachas, y cuéntenme una historia que me haga temblar las botas». Podo abrió la puerta de una patada con su muñón de madera y sacó a Leeli de la cocina como a una doncella secuestrada.

Janner y Tink se sonrieron y se apartaron de la mesa, Tink con la boca llena de pan de mantequilla y Janner con la cabeza llena de preguntas.

15

Dos sueños y una pesadilla

Aquella noche, después de contarle la historia a Podo cuatro veces, los niños se durmieron. Tink soñó con dragones marinos y pastel. Leeli soñó con dragones marinos y perros. Janner soñó con dragones marinos y con su padre.

Tuvo una de las pesadillas que tenía a menudo sobre su padre, y lo único que recordaba por la mañana era un barco y fuego. Hubo otro sueño, uno en el que casi podía distinguir el rostro de su padre, un sueño lleno de luz dorada y campos verdes. Aquel sueño luminoso lo llenó de los mismos sentimientos que la canción de Armulyn la noche anterior, sentimientos que de algún modo le dolían y se sentían bien al mismo tiempo.

Pero esta noche, había dado vueltas en la cama con el calor del fuego del sueño rodeándole, rugiendo en sus oídos.

Cuando Janner se despertó, estaba sudando, pero los pájaros cantaban y la luz dorada del amanecer se colaba por las ventanas. Tenía la sensación de que los sucesos del día anterior formaban parte de su pesadilla, y que el mundo de su cálida cama y la vieja y robusta cabaña, tan llena de vida, era el único real. Los Colmillos parecían tan peligrosos como las serpientes de hierba.

Janner se estiró y se sentó en el borde de la cama. Alegres rayos de sol se posaban en el suelo y dispersaban las sombras. Apoyada en la cama de Leeli, había una pequeña muleta recién hecha que Podo debió pasar casi toda la noche fabricando. Tallada en el travesaño con letras pequeñas y pulcras, estaba la inscripción: LEELI IGIBY: PATEALAGARTOS.

Janner podía oír el traqueteo de Nia preparando el desayuno en la cocina, mientras canturreaba por lo bajo. Sonrió para sus adentros, se estiró y se dirigió a la sala, donde se tumbó en el sofá acolchado, bostezando mientras se rascaba la cabeza. Estaba mirando las vigas del techo, dejando que el fuego fresco de la chimenea le diera calor, cuando oyó el familiar *tap-clunk, tap-clunk, tap-clunk* de Podo acercándose a la entrada de la cabaña. Janner lo oyó refunfuñar incluso antes de que se abriera la puerta.

«Roedores podridos y apestosos... ya les enseñaré a tocar mis totatas... suerte que solo tengo una pata, pedazos de comegusanos, chichones del suelo...».

Janner se asomó por encima del respaldo del sofá para ver a Podo cojeando por la puerta con un saco lleno de verduras al hombro, y con la bota y el borde de su pata de palo mojados por el rocío. Los gruñidos se reanudaron cuando Podo atravesó la puerta de la cocina. Janner apenas pudo evitar soltar una carcajada. Cuando la puerta se cerró, el olor a huevos cocidos y tocino entró en la habitación y a Janner le rugió el estómago. Justo cuando se levantaba del sofá, oyó el ruido sordo de Tink bajando de su litera, justo en el momento en que llegaba el desayuno.

Cuando Janner entró en la cocina, se le hizo agua la boca. Sobre la mesa, había tres platos de comida caliente. Su madre le sonrió desde la hornilla, donde estaba friendo más huevos y tocino.

—Buenos días, reo —le dijo. La puerta trasera estaba entreabierta y Podo ya estaba saltando por el campo hacia el jardín, bramando algo indescifrable. Janner se sentó a la mesa y se sumergió en la comida justo cuando Tink entraba a trompicones por la puerta de la cocina y se dirigía directamente a su silla. Nia les dio a ambos un beso en la mejilla.

—¿Viene Leeli? —preguntó. Tink asintió con la boca llena de tocino.

Leeli entró por la puerta y se estiró tanto que el camisón le llegó hasta las espinillas. Nugget trotó junto a ella para salir por la puerta trasera, ansioso por ayudar a Podo a perseguir a los thwaps.

Leeli saludó a sus hermanos con un ligero revés en cada uno de sus hombros mientras pasaba con la muleta de patealagartos que le había hecho Podo. Tink y Janner gruñeron con la boca llena de tocino.

—Veo que tienes una muleta nueva, querida —dijo Nia.

Janner y Tink se interesaron de repente por su hermana y la felicitaron entre trago y trago de leche.

—Los tres han dormido hasta tarde, así que coman rápido y vístanse. El Festival del Día del Dragón ha terminado y hoy la vida vuelve a la normalidad —dijo Nia, colocando un plato de comida delante de Leeli—. Sus tareas y estudios los esperan.

Janner pensó que su madre parecía cansada, lo cual era extraño, pues siempre tenía la sensación de que llevaba horas despierta antes de que él apareciera a los tropezones para desayunar. Había algo en sus ojos —*¿podía ser preocupación?*— y parecía moverse un poco más despacio. Pero cuando ella le puso dos rebanadas más de tocino caliente en el plato y le alborotó el pelo, decidió que probablemente se trataba de su imaginación.

Desde que tenían memoria, Nia había enseñado a los niños lo que ella llamaba T.H.A.G.S.[1] Janner estudiaba escritura y poesía. Tink pasaba el tiempo pintando y dibujando. Leeli aprendió a cantar y a tocar el arpa silbante. Tink había preguntado una vez a su madre qué tenía de tradicional aprender el T.H.A.G.S. cuando ningún otro niño de Glipwood se veía obligado a pasar horas y horas dibujando el mismo árbol una y otra vez desde distintos ángulos.

«Tú eres un Igiby», le dijo, como si eso respondiera a la pregunta.

Ningún otro niño de Glipwood tenía que leer tantos libros antiguos ni escribir tantas páginas como Janner, y ninguna otra niña del pueblo sabía tocar un instrumento. Los tres niños dominaban algo cada uno de

---

1. Tres Honorables Además de Grandiosos Saberes: La Palabra, la Forma y la Canción. Algunos tontos creen que hay una cuarta Honrada y Gran Materia, pero esos matemáticos están muy equivocados.

los T.H.A.G.S., pero pasaban la mayor parte del tiempo perfeccionando uno solo.

Janner recordó con una punzada de pánico que aquel mismo día él y Tink debían ayudar a Oskar N. Reteep en la librería, que estaba justo enfrente de la cárcel. ¿Y si el comandante Gnorm lo veía y cambiaba de opinión? Después de todo, podría mandar llamar al carruaje negro. ¿Y si Slarb volvía a atacar? Entonces, pensó en Libros y Rincones, en todas las historias que había en las estanterías de la tienda, y la cálida emoción de estar allí eclipsó su miedo. Janner tragó lo que quedaba de su desayuno.

—El Sr. Reteep nos ha pedido a Tink y a mí que lo ayudemos hoy con un gran envío. ¿Está bien si vamos a la ciudad?

Nia se tomó su tiempo para dar vuelta los huevos y el tocino en la sartén mientras los niños esperaban una respuesta.

—En realidad, no. No está bien. Nunca es seguro que vayan a la ciudad, sobre todo después de lo que pasó ayer. Los hombros de Janner se hundieron.

—Pero no podemos vivir con miedo —dijo Nia—. *No viviremos* con miedo. —Se volvió y miró fijamente a sus muchachos, limpiándose las manos en el delantal—. Tengan cuidado y manténganse lejos de ese horrible Sorbo.

—Slarb —la corrigió Tink.

—Y no olvides devolver los libros que tomaste prestados, Janner. Los has terminado, ¿verdad? —preguntó Nia.

—Sí, señora.

—¿Qué te parecieron?

—Leí *En la era de los flonejos amables.*[2] Estaba lindo. El otro era mejor —dijo Janner, retirando los platos de la mesa. Había devorado un

---

2. Por Jonathid Choonch Brownman, el explorador conocido por haber sido el primero en encontrar el paso a través de las Selvas de Plontst. Aunque nadie discutió que la expedición en sí tuvo éxito, la gente cuestionó la veracidad de muchas de las afirmaciones de Brownman sobre sus descubrimientos. Cuando se publicaron sus memorias del viaje en 421, se creyó que la mayor parte eran una invención. Esto se debió en parte a la

segundo libro, uno sobre dragones que realmente volaban, y batallas y una banda de compañeros. Estaba lleno de grandes aventuras, y Janner se entristeció cuando terminó, sobre todo porque, en comparación, su vida en Glipwood era demasiado tranquila.

Nia se volvió hacia la hornilla.

—A tu padre le encantaba esa historia.

Janner sonrió al pensar que su padre, quienquiera que fuese, había disfrutado del mismo libro. Con gran alboroto, Podo se acercó haciendo *tap-clunk* a la puerta trasera y la abrió de una patada. Estaba sin aliento y sostenía dos thwaps peludos en un puño extendido para que todo el mundo los viera.

—¡Dos! —rugió, y metió los thwaps en el mismo saco que había utilizado la mañana anterior. El anciano se inclinó sobre Nugget y le frotó la cabeza con fiereza, luego entró.

—Sin miedo, sin miedo, señoras. No los arrojaré por los acantilados —dijo guiñándole un ojo a Janner.

Cuando Podo vio a Leeli, se le iluminó la cara como siempre.

—¡Ahí está mi pequeña patealagartos, Leeli la Valiente! —Apretó la nuca de Tink—. ¡Y tú! ¡Tink el Veloz, que se lanzó a la refriega (sin armas) y le arrebató la dama al hombre serpiente! Ahora, ¿dónde...? —Buscó por la habitación a Janner, que estaba junto a la puerta de la cocina, inconsciente de la sonrisa que se dibujaba en su rostro—. ¡Ah! ¡Janner el Fuerte! Rompe espaldas, que saltó sobre el Colmillo como una vaca colmillo y vivió para contarlo!

—Ay, abuelo, basta —dijo Nia, llenando el plato de Podo—. Ahora, niños, vayan a vestirse —agregó, haciéndoles un gesto con la mano para

---

insistencia de Brownman en que, mientras estuvo en la selva, había vivido durante un tiempo entre una comunidad de flonejos. Brownman insistía en que eran dóciles, a diferencia de los flonejos carnívoros de Skree. Escandalizados, sus lectores lo desafiaron a que fuera a buscar a Plontst uno de los supuestos flonejos domesticados, y Brownman accedió. Fue la última vez que alguien vio a Jonathid Choonch Brownman, aunque a la gente aún le gusta decir su segundo nombre.

que se marcharan y dejando el desayuno caliente de Podo sobre la mesa. Mientras los niños sonrientes salían de la cocina, él gruñó con un brillo en los ojos y lanzó a Nia por los aires y por encima de su hombro. Lo último que vio Janner al salir de la habitación fue a su madre exigiendo que la volviera a «bajar en este mismo instante».

Después de alimentar a Danny (el caballo de carga) y al cerdo, los niños tuvieron que ayudar a Podo a recoger abono (cortesía del cerdo) y esparcirlo por el huerto de verano (para la comida que acabarían comiéndose todos, incluido el cerdo). Esto hizo que Janner pensara todo tipo de cosas sobre la vida, la muerte y el abono.

Leeli se quedó dentro con Nia, preparando la comida, cosiendo un desgarrón en los calzones de Podo y limpiando las cenizas de la chimenea. Cuando terminó, se sentó en la habitación delantera a practicar una nueva canción con su harpa silbante y a memorizar la letra del clásico navideño «Alrededor del zampallo bailaba el mip».

Cada uno se dedicó a sus tareas con alegría, incluso Tink y Janner cuando paleaban los excrementos de cerdo a la carretilla.[3] Era difícil quejarse cuando el sol calentaba y las barrigas estaban llenas, por no mencionar que el día anterior habían escapado tres veces de la muerte y la tortura. Pero si Janner hubiera observado atentamente aquella mañana, habría visto con qué frecuencia su madre se asomaba a la ventana en dirección a la ciudad, y podría haber notado la mirada preocupada de sus ojos. Si Janner hubiera pensado en ello, tal vez se habría preguntado por qué Podo había permanecido tan cerca de ambos chicos toda la mañana, y por qué su fiel garrote permanecía a su lado.

---

3. Lo hacían con una pala que Podo había pedido al alcalde Blaggus a primera hora de la mañana, rellenando el Formulario de Permiso para Palear Excrementos de Cerdo. Ver la página 283 de los Apéndices.

16

En Libros y Rincones

Janner, Tink y Podo se dirigieron al pueblo después de su almuerzo de manzanas y pan de mantequilla. Podo había insistido en acompañarlos, lo que hizo que Janner y Tink se sintieran más seguros. Cuanto más se acercaban a la calle principal, más temían ser vistos por Slarb, Gnorm o cualquiera de los Colmillos que habían tenido la mala suerte de conocer la noche anterior.

Glipwood estaba inquietantemente tranquilo ahora que los numerosos visitantes habían recogido sus pertenencias y abandonado la ciudad; sería otro largo y triste año en la Skree infestada de Colmillos. La silueta larguirucha de J. Bird podía verse dentro de su barbería, barriendo. La tienda de flores de Ferinia tenía un cartel de «Cerrado» en el escaparate. Las ventanas y puertas de La Única Posada estaban abiertas de par en par, y Podo saludó al Sr. y la Sra. Shooster, los propietarios, que estaban ocupados en cambiar la ropa de cama y sacudir las alfombras. Shaggy estaba sentado roncando en un banco fuera de su taberna.

Sin volver la cabeza, Janner echó un vistazo a la cárcel. El comandante Gnorm, para su alivio, dormitaba en su mecedora de la entrada de la cárcel, con las manos regordetas y verdosas cruzadas sobre el pecho. Los anillos de sus dedos brillaban incluso a la sombra. Janner apartó la mirada y se acercó un paso a Podo.

—Chicos, vayan a lo de Oskar —dijo Podo—. Yo los vigilaré desde la taberna. Siento la necesidad de despertar al viejo Shaggy y tomarme un trago.

Janner empezó a protestar, pero se contuvo. Aunque no quería pasar ni un minuto solo tan cerca de la cárcel, también quería que Podo supiera que podía ser valiente y responsable.

—Sí, señor —dijo, enderezando la espalda hasta alcanzar toda su estatura—. Vamos, Tink.

Los hermanos pasaron con cuidado por delante de la cárcel hasta Libros y Rincones, donde Zouzab estaba encaramado como un buitre en el vértice del tejado, con su camisa de retazos ondeando como una bandera en la brisa.

Janner saludó al correcumbres.

—Hola a los hombres Igiby —dijo Zouzab. Su voz era suave y delicada—. Confío en que hayan pasado un lindo tiempo en el festival.

A Janner le sorprendió que Zouzab no pareciera saber nada de su experiencia cercana a la muerte de la noche anterior.

—Sí —respondió—. Fue un día memorable.

—¿Está el señor Reteep? —preguntó Tink.

—Sí, está adentro. Llegaron muchas cajas en carreta no hace ni una hora. Muchos libros nuevos para que los leas, Janner Igiby. —Zouzab era educado, pero Janner siempre tenía la sensación de que detrás de sus ojillos pasaba mucho más de lo que decía su boca.

Zouzab no dijo nada más y los observó entrar en la librería.

Libros y Rincones era un lugar maravilloso. Hileras y más hileras de libros, muchos de ellos andrajosos, chamuscados y de aspecto antiguo, llenaban todos los estantes y rincones hasta casi alcanzar el alto techo. Libros altos, libros flacos, libros sobre pez daga, libros sobre el linaje de los reyes de Skree, libros sobre el auge y la decadencia del uso de las bayas de azúcar en los pasteles, libros de leyendas sobre Anniera, libros sobre libros acerca de otros libros, todos organizados según el tema en un laberinto de estanterías.

Pero no eran solo libros. Rollos de mapas, chucherías y sorpresas sorprendentes yacían aquí y allá entre los muchos volúmenes, a la vista pero fáciles de pasar por alto entre tanto desorden. Por muchas veces que Janner hubiera entrado en la tienda de Oskar, se las arreglaba para perderse al menos una vez antes de llegar a la oficina de la parte trasera del edificio.

Cuando la puerta se cerró tras ellos, Janner sonrió y respiró hondo. Le encantaba el olor a humedad del lugar. Tink solo lo había visitado unas pocas veces, así que sus ojos iban de un lado a otro, tratando de asimilar todo lo que había para ver. Cuando se dirigieron hacia la parte trasera de la tienda, vieron un cuenco de madera lleno de gafas viejas y polvorientas. Junto a las gafas, había un cráneo diminuto y picudo con tres cuencas oculares.

«¡Mira!», susurró Tink.

Janner sonrió, disfrutando del entusiasmo de Tink. En otra estantería, había un tarro de insectos muertos de color naranja brillante, y en otra más había un castillo de madera en miniatura con un ratón que los observaba desde la ventana del capitel. Janner llegó a un callejón sin salida y se detuvo ante una estantería con la etiqueta «Libros sobre herrería y/o pastelería», y Tink, tan concentrado en intentar leer el lomo de cada libro que pasaba, se chocó con él. Los pies de Janner se enredaron entre sí y salió despedido hacia delante. Cayó al suelo, derribando una vela gorda y redonda de la estantería. Mientras fulminaba a Tink con la mirada, Janner recogió la aceitosa vela verdosa y la volvió a colocar en su sitio. Una etiqueta manuscrita en la vela decía: «Cera de mocos». Janner tuvo una arcada y se limpió las manos en la parte delantera de la túnica.[1]

—¿Eh? ¿Quién está ahí? —se oyó una voz apagada procedente de algún lugar cercano. De repente, varios libros de la estantería de la derecha se deslizaron hacia atrás y desaparecieron, sustituidos por el rostro con gafas de Oskar, que los miraba desde el otro lado—. ¡Ah! Janner, Tink, no los había oído entrar —dijo con una sonrisa—. Hay mucho

---

1. La cera de mocos es algo demasiado repulsivo para escribir una nota a pie de página como es debido.

trabajo que hacer, así que no se entretengan. Más tarde, habrá tiempo para echar un vistazo. Síganme.

Los libros volvieron a su sitio y los pasos de Oskar se dirigieron hacia el fondo de la tienda. Después de otros tres callejones sin salida, Janner y Tink encontraron al dueño de Libros y Rincones paseándose por su almacén con una pipa en la boca.

—Chicos, creía que su abuelo les habría enseñado a no holgazanear mientras un viejo como yo necesita su ayuda. ¿Qué rayos estaban haciendo ahí fuera? —dijo.

—Nos equivocamos de camino en Historia de Skree —dijo Janner—, y luego otra vez en Poemas sin sentido y…

—No importa —acotó Oskar con un gesto de la mano—. Creo que fue el gran Chorton el Grande quien escribió: «Preocuparse por hermanos vacilantes no merece la pena cuando acaba de llegar un gran cargamento». O algo parecido.

El amplio escritorio de Oskar estaba atestado de pilas de pergamino, pipas de varios tipos, plumas de ave y frascos de tinta. Una vela casi gastada chisporroteaba en un candelabro de latón e iluminaba un mapa de aspecto antiguo que estaba desenrollado en el centro del escritorio. Tink se acercó para examinarlo.

—Tranquilo, joven Igiby —dijo Oskar, colocándose detrás del escritorio y dándole la vuelta al mapa—. Seguro que tu hermano mayor te

ha dicho que no todo lo que hay aquí es admisible para los ojos jóvenes. Hay misterios en el mundo que deberían seguir siendo un misterio para los jóvenes.

Tink se sonrojó, avergonzado de estar ya metido en un lío. Janner lo miró y le guiñó un ojo para animarlo.

—¿De dónde han salido todos estos libros, señor? —preguntó Tink.

Los ojos de Oskar centellearon al contemplar su tienda con orgullo. Era fácil conseguir que Oskar hablara de sus libros.

—La verdadera pregunta, joven Tink, es de dónde *no* salieron estos libros. Viajé por todo Skree después de la Gran Guerra, rescatando lo que se podía rescatar. No te imaginarías los escombros. Esos horribles Colmillos quemaron nuestros hogares y ciudades hasta los cimientos. Pero como siempre ocurre, el polvo se asentó. Cuando los skreeanos empezaron a desenterrar de nuevo una vida, también desenterraron estos tesoros. Libros. Solo que ya no eran tesoros. No para todos. Sabía que tenía que reunirlos, preservarlos.

Frente a la mención de la Gran Guerra, los pensamientos de Janner volvieron de nuevo a su padre. Nunca le había preguntado a Oskar si había conocido a su padre, o si sabía algún detalle sobre su muerte. Hasta hacía poco, en la cabaña Igiby se evitaba el tema con esmero. Cuando encontró el dibujo en la habitación de su madre, fue como si se formara una grieta en el dique que retenía el recuerdo de su padre; Esben Igiby se estaba filtrando en los pensamientos de Janner, y no había forma de sellar la fuga.

Janner quería preguntarle a Oskar qué sabía, pero Oskar estaba ocupado desempolvando pilas de libros y divagando.

—La mayoría de la gente estaba trabajando tanto en la reconstrucción y en adaptarse a la vida con los malvados hombres serpiente respirándoles en la nuca que no tenían tiempo para libros —murmuró—. Me los regalaban o los vendían por pocos centavos. Como dijo el infame Bweesley el Ladrón de Hojas en sus memorias: «Lo barato es casi gratis».

Miren a su alrededor, muchachos. Esto es lo mejor de la vieja Skree. O al menos, es lo que queda de ella.

Janner y Tink permanecieron en el silencio del estudio. De repente, las pilas de libros y las estanterías desordenadas eran algo más que eso. Lo que Oskar había conservado era el recuerdo de un mundo que había fallecido, con tanta seguridad como había fallecido Esben Igiby. Oskar también parecía perdido en pensamientos sobre el pasado. Acunaba con ternura una pila de libros entre las manos.

—En el Día del Dragón —dijo—, la gente que visita viene a recordar quiénes fueron. Siempre se van tristes.

Janner imaginó en su mente los rostros de la gente del pueblo, con sus sonrisas débiles y sus risas huecas.

—Ahora bien —dijo Oskar, interrumpiendo los pensamientos de Janner—. Esto es lo que necesito de ustedes dos. Yo me sentaré aquí en el escritorio y llevaré un registro de los libros y sus categorías (muy agotador para la mente, te lo aseguro), y ustedes dos descargarán las cajas y las apilarán donde les diga el viejo Oskar Noss Reteep. Tan solo griten el título y el autor. ¿Les parece que podrán con eso?

Los asentimientos de Janner y Tink se detuvieron cuando Oskar abrió la gran puerta doble y dejó al descubierto una pila de dieciocho cajas de madera de distintos tamaños apiladas precariamente sobre el césped. Encima de la caja más alta estaba Zouzab, que sonrió al ver la cara de asombro de los chicos.

—¡Bueno! Yo diría que tenemos mucho para hacer. —Oskar rio entre dientes mientras se sentaba en su escritorio y encendía su pipa—. ¿Qué escribió el gran poeta Shank Po?

—¿Eh? —preguntó Tink.

—Ah, sí —dijo Oskar con una bocanada de humo—. «Poneos a trabajar».

17

El diario de Bonifer Squoon

Janner y Tink trabajaron durante horas mientras Zouzab se paseaba por aquí y por allá, dándoles consejos no deseados sobre cómo debían proceder y, de vez en cuando, cantándoles canciones tristes e inquietantes con su extraña flautita.

Oskar N. Reteep estaba sentado en su escritorio con regocijo, con las gafas en la punta de la nariz, anotando los títulos y autores en un gran tomo encuadernado en cuero mientras indicaba a los chicos dónde apilar cada libro según su tema.

—*El sonido de Sidgebaw*, de… Riva Twotoe —leyó Tink.

—Ah, una buena obra. Muy excepcional. Archívalo en «Utensilios para sentarse», ahí en la esquina, ¿ves? —Oskar señaló por encima de la cabeza de Tink.

—*Vine y lloré como la mariquita que soy*, de Lothar Sweeb —leyó Janner en otro lomo.

—¿Sweeb? Ah, sí, un talento mediocre, pero muy prolífico. Archívalo en «Canciones de tocino», justo detrás del candelabro de ahí.

—*Golpeado*, por Phinksam Ponkbelly.

—Jardinería. Excelente libro.

Horas después, los chicos estaban sudorosos y agotados. El estómago de Tink gruñía constantemente. En dos ocasiones, Oskar le pidió a Zouzab que les trajera agua, cosa que hizo sin chistar antes de volver corriendo a la pila de cajas y saltar al tejado del edificio como una ardilla.

Podo apareció por la fachada del edificio, anunciando su llegada con un eructo estremecedor.

—No son malos modales, solo buena cerveza —aseguró, guiñando un ojo—. Veo que el viejo Oskar los está aprovechando muy bien.

Janner y Tink agradecieron la excusa para descansar un momento.

—Sí, señor —dijo Janner—. Ya casi hemos terminado, y luego el señor Reteep nos dejará llevarnos unos cuantos libros a casa.

—Sí, muy amable de su parte —dijo Podo asintiendo con la cabeza—. Si se encuentran bien, chicos, me voy a la cabaña a buscar la pala. Tengo que entregársela a los malditos Colmillos antes de que se ponga el sol. ¿Estarán bien para volver a casa sin mí?

Janner y Tink se miraron. A Janner aún le inquietaba estar tan cerca de los Colmillos, pero estaba decidido a demostrar a su abuelo que se podía confiar en él.

—Sí, señor, estaremos bien.

—Si pasa algo —dijo Tink—, llamaremos a Leeli y vendrá pateando.

Esto provocó una sonora carcajada del viejo pirata.

—¡Ja! ¡Que los lagartos tengan cuidado con Leeli Igiby y su perro letal! —Podo los miró a ambos a los ojos—. Chicos, no se metan con nadie y vuelvan enseguida a casa, ¿eh? —Y con una palmada en el hombro de Janner que casi lo derriba, Podo se marchó.

La última caja era más pequeña que las demás. También parecía mucho más vieja. En la tapa, había una palabra horrible: Dang.

Janner y Tink dieron un gritito ahogado. Incluso Zouzab, que había estado observando en silencio todo el día, dejó escapar un gritito.

—¡Ajá! Llevo todo el día esperando para echar un vistazo a este, chicos —dijo Oskar, apareciendo detrás de ellos. Miró a derecha e izquierda y susurró—: *Es de Dang.*

—Pero ¿cómo? ¿Quién?… ¿A quién conoce en Dang? —preguntó Tink.

—¡Shh! —Oskar se llevó un dedo a los labios y volvió a mirar a su alrededor—. Hay Colmillos en Skree, por si no te has dado cuenta. ¿Quieres que te metan en la cárcel otra vez?

Era la primera vez que daba muestras de conocer los problemas de los Igiby de la noche anterior, y Janner se dio cuenta.

Tink bajó la voz.

—Lo siento, señor Reteep. ¿A quién conoce en…?

—No conozco a nadie en Dang. Encontré esta vieja caja junto con las demás, pero no quería llamar la atención sobre ella, así que la apilé en el fondo del vagón. La abrí lo suficiente para ver que está llena de libros. Eso es todo lo que sé.

Se frotó las manos como un niño feliz a punto de comerse un trozo de pastel, y luego levantó la tapa. Los hermanos se acercaron un paso a la caja y miraron adentro. Parecían libros corrientes, pero saber que procedían de una tierra lejana de peligro y misterio hacía que contemplarlos resultara fascinante.

—Tráiganmelos de a uno para que pueda registrarlos adecuadamente. —Oskar sonrió y miró los libros con nostalgia—. Quiero leerlos todos esta noche. —Volvió en sí, carraspeó y enarcó las cejas—. Ya casi se ha acabado la tarde, chicos. Puede que estos sean de *ya saben dónde,* pero al fin y al cabo, no son más que libros. Como dijo el gran explorador, Jinto Qweb: «¡Dense prisa! ¡Leer es divertido!». —Oskar encendió su pipa y volvió arrastrando los pies a su escritorio, tarareando mientras avanzaba.

Janner sacó el primer libro de la caja. Estaba gastado y era pesado, y la cubierta estaba decorada con intrincados lazos y nudos. En el centro, unas letras fluidas decían *Rimas de los correcumbres: Poesía de las montañas.*[1]

Zouzab chilló de alegría y saltó al suelo. Volvió al tejado del edificio en un abrir y cerrar de ojos y dejó a Janner allí de pie, con las manos vacías. El libro ya estaba abierto y los labios del pequeño correcumbres se movían mientras leía.

---

1. Según *El azote de los Valles*, de Padovan A'Mally (Ban Rona, Valles Verdes: Grupo Iphreny, 3/111), «los correcumbres son especialmente aficionados a los versos artísticos, aunque su temática es casi exclusivamente frutal. Un correcumbres librepensador llamado Tizrak Rzt escandalizó a la cultura de los correcumbres cuando compuso un poema titulado «El amor, el amor, el amor no tiene fin» y notoriamente no mencionaba la fruta.

—¿Se quedaron dormidos ahí? —llamó Oskar desde su escritorio.

Mientras Janner y Tink corrían a traerle un libro tras otro, Oskar estaba sentado en su escritorio, con el humo de la pipa flotándole en la cabeza, garabateando notas en su libreta y murmurando.

—Mmm. ¡Fascinante! *Disfunción nasal en los males de Shreve...*

Janner se esforzaba por inspeccionar cada uno de los libros mientras los llevaba, y solo se le cayeron cuatro accidentalmente. Algunos estaban escritos en extrañas runas. Otros contenían mapas de tierras de las que nunca había oído hablar. Uno de los libros se titulaba *Cuentos mayormente verdaderos de los piratas de Symia.* Janner pensó en su abuelo y lo abrió. En la primera página, había un dibujo de un elegante barco elevándose sobre una ola inmensa. La cubierta del barco estaba llena de piratas vestidos con ropas extravagantes que empuñaban espadas y dagas. Apenas podía contener el placer que le producía tener aquel libro en las manos, imaginando mares salados y marineros temerarios. Se lo entregó a Oskar de mala gana.

—Todo a su tiempo, muchacho —dijo Oskar, tomando el libro con una mano y apretándose un largo mechón de cabello blanco sobre la frente con la otra.

Tink encontró un libro con dibujos de criaturas que nunca habría imaginado: pequeñas criaturas parecidas a dragones con monturas y hombres a horcajadas sobre ellas, caballos con alas y patas con garras, grandes bestias peludas que caminaban erguidas y tenían dientes tan largos como el brazo de un hombre. Junto a cada dibujo, había notas y detalles sobre los puntos débiles y fuertes de la criatura. Tink caminó despacio hacia el escritorio del Sr. Reteep, embelesado por los dibujos. Oskar sonrió y le tendió la mano.

—*Criatupedia* de Pembrick,[2] hijo. No te preocupes, ese es uno de los que te dejaré mirar. Tendrás tiempo de leer todo lo que quieras.

---

2. Ver Apéndices, página 284, para una muestra de la obra fundamental de Pembrick. Bahbert Pembrick, *Criatupedia de Pembrick* (Ban Rona, Valles Verdes: Graff Editores, 3/221).

Tink aceleró el paso y Janner no tardó en buscar en la caja el último libro del grupo. Más pequeño que el resto, su cubierta de cuero desgastado estaba decorada con la imagen de un dragón con las alas extendidas.

Janner abrió el libro del mismo modo que había hecho con los demás, pero el interior era diferente. Le sorprendió ver letra manuscrita, no impresa:

Este es el diario de Bonifer Squoon
Consejero principal del alto rey de Anniera
Guardián de la Isla de la Luz.
Lee esto sin mi permiso
y te machacaré la nariz.

A Janner se le cortó la respiración. *¿Alto rey de Anniera? ¿Podría ser real?* Todo el mundo había soñado con las hermosas costas de Anniera al menos una vez, incluso aquellos que negaban su existencia. Sin embargo, aquí estaba, con los propios pensamientos del consejero del rey en sus manos. Por supuesto, el diario podía ser un engaño, pero como todo el mundo en Skree, Janner quería creer que tal lugar existía... o había existido antes de que Gnag el Sin Nombre lo destruyera. Janner mostró el libro abierto a Tink, cuyos ojos se abrieron de par en par. Pero justo cuando Janner empezaba a pasar la página, le arrebataron el libro de las manos.

—¡Zouzab! —siseó Janner, y se volvió para mirar no a Zouzab, sino al señor Reteep, cuyo rostro era severo.

—Eso es todo, chicos Igiby. —Oskar se puso el libro bajo un brazo y señaló las cajas con la pipa—. Apilen esas junto a la pila de leña, y podrán entrar y hojear el resto de mis libros todo lo que quieran. Cada uno puede llevarse a casa tres volúmenes, pero debo aprobarlos antes de que se vayan.

Janner y Tink se quedaron quietos, sintiendo el peso de la mirada de Oskar. Janner deseaba desesperadamente saber qué contenía el diario, y se preguntaba por qué el señor Reteep sería tan reservado con él.

—Tink —dijo Oskar—. Te gusta dibujar, ¿verdad? Ven conmigo. Si no recuerdo mal, tengo una amplia colección de libros de arte que quizás te resulten útiles. Y se adentró en el laberinto de estanterías.

Cuando alcanzaron a Oskar, la luz se estaba desvaneciendo y él estaba buscando a tientas faroles para que cada uno los llevara por la tienda.

Los lomos de los libros parecían más ricos bajo el resplandor del farol, y Janner pensó en las palabras de Oskar al principio del día: *«Miren a su alrededor, muchachos. Esto es lo mejor de la vieja Skree. O al menos, es lo que queda de ella».* Estaba ansioso por recorrer la tienda, agonizando sobre qué tres libros tomar prestados.

—Por aquí, joven Tink —dijo Oskar—. Te enseñaré por dónde empezar; luego, te dejo solo. Con una mirada de impotencia hacia Janner, Tink levantó su farol y siguió a Oskar por el pasillo hasta perderse de vista.

En dos ocasiones, Janner y Tink doblaron una esquina y estuvieron a punto de chocar el uno contra el otro, pero al final tomaron su propio camino adentrándose en el laberinto de estanterías.

Tink encontró dos libros de arte: uno de paisajes fantásticos como nunca había soñado, y el otro un libro de anatomía que enseñaba a dibujar un charvo en un sinfín de posiciones.[3] Aún estaba buscando el libro número tres cuando su pie chocó con algo. Vio la vela de cera de mocos en la estantería y se dio cuenta de que estaba justo donde Janner había tropezado antes. Bajó el farol al suelo para mirar más de cerca.

Un estrecho panel se había soltado en la parte inferior de la estantería, donde se unía con el suelo. *El pie de Janner debió chocarlo.* Tink se

---

3. Los charvos son grandes aves no voladoras que viven principalmente en climas fríos. En el asentamiento de Kimera, en las Praderas de Hielo, hay un rancho de charvos en el que se ensilla, embrida y adiestra a estas grandes aves para que funcionen como los caballos en el sur de Skree. Las patas palmeadas de un charvo llevan un grupo de púas retráctiles que le permiten mantenerse en pie en el hielo y la nieve profunda. En raras ocasiones, los machos de charvo nacen con alas lo suficientemente grandes como para realizar vuelos cortos, aunque no se considera prudente montar uno cuando esto ocurre.

agachó para colocar el panel en su sitio, pero su vista captó algo en las sombras de la cavidad inferior. Metió la mano y lo sacó lo suficiente para ver que era un pergamino enrollado, amarillo por el paso del tiempo y polvoriento.

El corazón de Tink se aceleró. Miró hacia atrás por el pasillo, deseando que Janner estuviera cerca. No había nada. Luego, escrutó los pasillos en la otra dirección, pero solo vio hileras de libros que se desvanecían en las sombras.

—¡Janner! —susurró.

Silencio. *Vaya a saber adónde estará*, pensó Tink. Volvió a escudriñar los pasillos. Era su primer día ayudando en Libros y Rincones, y ya tenía la sensación de haber colmado la paciencia del Sr. Reteep. Tink no quería molestar más al propietario, pero su curiosidad era enloquecedora.

Echó un último vistazo en todas direcciones, colocó el farol encima de sus libros de arte y tiró con cuidado del pergamino hasta sacarlo.

Con los dedos temblorosos, Tink lo desenrolló.

18

Un secreto inesperado

El mapa estaba dibujado con mano cuidadosa y era notablemente detallado, aunque plagado de pequeños agujeros. Tink reconoció el Mar Oscuro de las Tinieblas, con pequeños barcos de vela dibujados. Vio un camino que conducía desde unos acantilados a un pequeño grupo de edificios, todos ellos pulcramente dibujados y rotulados. Se inclinó más para leer con el resplandor amarillo del farol: Tienda de flores de Ferinia, Cárcel y Mi librería.

Se dio cuenta con sorpresa de que estaba mirando un mapa de Glipwood, dibujado por el propio Oskar N. Reteep.[1] Con el dedo trazó el camino principal hacia los acantilados y hasta el sendero que llevaba a la cabaña Igiby, y efectivamente, allí estaba. Incluso estaba etiquetada como Igiby.

En la parte superior del mapa, estaba garabateado: «En las inmortales palabras de Loshain P'stane: "Si alguien lee esto sin permiso, será asesinado con toda certeza y brutalidad. O, como mínimo, le cortaré un dedo o dos. O tres"».

Tink se retorció las manos mientras su corazón se encogía de miedo y el pergamino empezaba a enrollarse. Con dedos temblorosos, volvió a alisarlo.

Cerca de la parte superior del mapa, en el linde del bosque, había una casa con el nombre de Mansión Anklejelly. Sobre la casa, había una gran X, y debajo estaba escrito:

---

1. Ver el mapa de Oskar, posiblemente poco fiable, página 285.

Seas amigo o seas rival
Cuidado a todos los que puedan seguir
Pues en las catacumbas de abajo al final
En el hueco se ha de encubrir
Un camino que conduce a un dolor interminable
Tristeza, pena y dolor
Brimney Stupe, el fantasma insaciable
Tragará tus huesos sin temor
Así que piénsalo mucho antes de ir
Y cuando a explorar quieras partir

Tink se sobresaltó al escuchar el temible sonido de los pesados pasos de Oskar N. Reteep que se acercaban. Presa del pánico, enrolló el mapa, se lo metió por la manga de la camisa, tomó el farol y sus libros de arte y buscó un libro al azar en la estantería que tenía delante.

La figura redonda del Sr. Reteep dobló la esquina y flotó hacia la luz del farol justo cuando Tink sacaba el libro de su lugar en la estantería.

—¡Ah, joven Tink! Veo que has encontrado tus libros. ¿Qué tienes ahí? Miró con los ojos entrecerrados los dos libros de arte, y luego el tercero. Tink se quedó quieto como una piedra, rogando que Oskar no se diera cuenta de cómo se le abultaba la manga de la camisa.

El arte de la picazón, leyó Oskar. Miró a Tink por encima de las gafas y enarcó una ceja.

Tink sabía que lo habían atrapado. Se preguntaba si el Sr. Reteep lo mataría de verdad o si tendría piedad y se limitaría a cortarle un dedo. *¿Pero qué dedo?* se preguntó. *¿Y qué clase de instrumento utilizaría el viejo?*

—¿Estás bien? —preguntó Oskar, entrecerrando los ojos hacia Tink—. Estás ocultando algo.

El rostro de Tink palideció y sintió como si fuera a desmayarse.

—Lo comprendo, muchacho —dijo Oskar—. Es algo muy privado. Y, de hecho, no es asunto mío, ¿verdad? —Oskar bajó la voz y se inclinó hacia Tink con una mano a un lado de la boca—. Pero si tienes algún tipo de picor, hay libros mucho más extensos sobre el tema que *El arte de la picazón*. Créeme, los he leído *todos*. —Oskar se aclaró la garganta—. Ya me entiendes.

Tink se sintió tan aliviado que apenas podía hablar. Forzó una carcajada, dejó el libro que acababa de tomar de la estantería y con la mano libre se rascó el vientre y las axilas.

—Oh, sí que sé lo que quiere decir, señor. Ja. Ja-ja-ja.

Janner dobló la esquina con tres grandes libros bajo el brazo, frunciendo el ceño ante el extraño comportamiento de Tink.

Tink dejó de rascarse cuando Oskar se dio la vuelta y aprobó las selecciones de Janner, y antes de que Tink se diera cuenta, se encontró saliendo de la tienda con su hermano, con el mapa en la manga, agradecido por tener todavía los diez dedos.

Era casi de noche cuando Janner y Tink emprendieron el corto camino de vuelta a casa, y Tink apenas podía contenerse. Esperó a que estuvieran algo más lejos de Libros y Rincones y soltó:

—¡He robado un mapa!

Janner se detuvo en la mitad de la calle.

—¿Qué hiciste *qué*?

—No era mi intención. Ahora mismo lo tengo en la manga, así que lo he robado, pero no era mi intención, te lo prometo —balbuceó Tink, mirando a su alrededor.

Janner miró a su hermano sin poder creerlo.

—Sigue andando, asegúrate de que no se te vea esa cosa y cuéntame qué ha pasado.

Caminaron deprisa por la calle principal, pasando por delante de la cárcel donde acechaba una docena de Colmillos, pero no sintieron miedo. Tink estaba demasiado emocionado por contar lo que había encontrado, y Janner demasiado absorto en la historia para darse cuenta de que Slarb el Colmillo los observaba atentamente desde el porche de la cárcel con odio en los ojos.

El comandante Gnorm estaba detrás de Slarb, pero miraba hacia la calle como si esperara algo.

—Acababa de leer que a quien mirara el mapa sin permiso le cortarían los dedos, cuando oí venir a Oskar —jadeó Tink.

—Tiene que haber algún error —dijo Janner—. ¿Te imaginas al viejo señor Reteep cortándole los dedos a alguien?

Ahora fue Tink quien se detuvo en medio de la calle.

—Sí —dijo, con los ojos muy abiertos y asintiendo con la cabeza.

—Pues yo no puedo —respondió Janner—. Es un viejo amable.

—*Tú* no has visto el mapa —dijo Tink, sacudiendo la cabeza—. Cuando lleguemos a casa, lo verás por ti mismo.

Un repentino y constante *clop-clop-clop* de cascos y un traqueteo de riendas y bridas detuvo a los Igiby... el sonido les heló la sangre. Un látigo restalló en el aire oscuro, y los hermanos se volvieron para ver un sombrío carruaje que doblaba la curva del Campo de Dunn, conducido por una figura vestida con una túnica negra.

Janner se agarró al brazo de Tink, corrieron por el lateral de La Única Posada y se achataron contra la pared. Janner cerró los ojos para dejar afuera el mal, pero en su cabeza resonaba el ruido del carruaje que se acercaba. En su mente, podía ver los barrotes de hierro y el brazo pálido del cochero vestido de negro que se abalanzaba sobre él y Tink para encerrarlos en la jaula.

Abrió un ojo y vio a Tink asomarse por la esquina.

—*¿Qué haces?* —siseó Janner.

—¡Mira! Se ha parado delante de la cárcel —susurró Tink por encima del hombro. Janner se quedó quieto—. ¿Qué está pasando? ¿Es el carruaje negro?

—No sabría decirte... espera... el comandante Gnorm está hablando con el conductor...

Janner no pudo aguantar más. Se asomó por la esquina y vio a los dos caballos pisoteando el suelo y resoplando. El conductor encapuchado se dirigió a Gnorm, luego bajó del asiento y abrió la puerta del carruaje.

Janner suspiró. La puerta no era de hierro, sino de madera oscura y pulida. No había cuervos posados en el techo del carruaje ni dando vueltas por encima. *Este no era el carruaje negro.*

Gnorm se encaramó al carruaje y se puso cómodo. La puerta se cerró con un chasquido y, con otro golpe del látigo, los corceles se pusieron en marcha. El carruaje se tambaleó hacia delante, giró y partió tal como había llegado, mientras el resto de los Colmillos observaban desde la calle.

Pero no todos los Colmillos.

«¿Y cómo están tu hermanita coja y ese chucho suyo?», siseó una voz familiar a los oídos de Tink y Janner.

19

Dolor y pena y angustia

Tink y Janner giraron y vieron a Slarb en las sombras, con sus ojos negros como dos pozos vacíos. Gritaron y retrocedieron hacia la calle cuando él emergió de la oscuridad, mostrando los dientes.

«Ha llegado la hora de terminar lo que empecé ayer, chicosss». Slarb chasqueó los dientes con hambre. Ladeó la cabeza y contempló a Janner y Tink durante un largo instante.

Janner pensó que se parecía a la serpiente hocicuda que había visto una vez en el prado. Había echado el cuello hacia atrás e inclinado la cabeza justo antes de matar a un desafortunado ratón de campo. *Así que este es el final*, pensó Janner.

Comandante Gnorm o no, Slarb iba a matarlos allí mismo.

«¡Slarb! ¿Esos son los chicos de la mujer Igiby?», llamó otro Colmillo desde el porche de la cárcel. «¡Gnorm te guisará vivo si te interpones entre él y su pastel de gusanos!».

Slarb miró con desprecio al Colmillo del porche y vaciló. Luego, escupió a los pies de Janner. Pequeños bucles de humo surgieron de la puntera de una bota donde cayó el veneno.

Janner resistió el impulso de gritar y arrancarse la bota.

Slarb gruñó y pareció a punto de saltar pero, con una mirada hosca a los otros Colmillos, se escabulló hacia las sombras detrás de La Única Posada.

Janner y Tink se dieron vuelta y corrieron a casa.

El misterioso mapa de Oskar parecía tener poca importancia. Vivir en una tierra plagada de Colmillos ya era bastante malo; ahora tenían un único enemigo, y lo único que impedía que Slarb los matara era la esperanza de que a Gnorm le gustara el pastel de gusanos de su madre.

Sin embargo, Janner y Tink sintieron que se les levantaba el ánimo cuando llegaron a la cabaña. El fuego ardía, los faroles estaban encendidos y el olor a carne asada llenaba el ambiente. Podo dormía la siesta en el sofá junto a la chimenea, roncando tan fuerte que las ventanas temblaban.

Tink se deslizó sigilosamente hasta su habitación y escondió el mapa bajo la almohada justo cuando Nia llamó para cenar.

Cuando Janner y Tink se sentaron a la mesa cargada de comida, se dieron cuenta de lo cansados que estaban. Hablaron de su día, de la caja de Dang y del diario de Anniera. A Janner le pareció extraño que Nia y Podo estuvieran muy interesados en todo lo que decían los chicos hasta que mencionaron el diario. Janner los vio intercambiar miradas, y entonces su madre cambió bruscamente de tema.

¿Qué podía significar eso? Janner se preguntó si su madre y su abuelo de repente les estaban ocultando secretos, o si ahora empezaba a darse cuenta de algo que siempre había ocurrido.

Leeli interrumpió sus pensamientos.

—¿Has visto algún libro de música escondido en Libros y Rincones? Me gustaría mucho ver uno.

Janner se echó a reír.

—Si Oskar no tiene cien libros de música, me comeré un gusano.

Cuando hablaron de su encuentro con Slarb, Podo hizo varias promesas de matar al Colmillo de diversas formas.

Nia les recordó que cada pocos meses se recolocaban los regimientos de Colmillos.

—No será así para siempre. Solo tenemos que pasar inadvertidos y esperar que mi pastel de gusanos sea realmente horrendo.

—Quizás deberías dejar que el abuelo lo cocinara —dijo Tink, mientras se servía más carne en su plato—. Su puré de totatas convierte mis entrañas en astillas de madera.

Todos, menos Podo, estallaron en carcajadas.

—¿Qué problema hay con mi puré de totatas? ¡Es delicioso! —Sus cejas se levantaron tanto que se confundieron con el resto de su pelo—. ¡Una pizca de hierba, una pizca de pimienta de maíz… ¡VIRUTAS DE MADERA, dices! Cuanto más protestaba Podo, más se reía el resto de su familia.

—¡Delicioso! —volvió a decir Podo con indignación. Cruzó los brazos sobre su pecho de barril y sacó la barbilla. Pero ni siquiera Podo pudo contener la risa. Sus labios temblaron como gelatina, luego se le dibujó una sonrisa en la cara y pronto estaba dando palmadas en la rodilla y rugiendo a carcajadas con el resto.

Janner no recordaba la última vez que se habían reído tanto, y sabía, como todos ellos, que no se reían tanto por el comentario de Tink como porque sus espíritus, cansados del miedo, lo necesitaban como una medicina.

Por fin, como una ráfaga de lluvia que va y viene y lo deja todo húmedo y brillante, las risas cesaron.

—¿Te has traído algo interesante de Libros y Rincones? —preguntó Nia, mientras se secaba los ojos.

La sonrisa de Tink desapareció. Dirigió a Janner una mirada dura y suplicante que le rogaba que no contara lo del mapa robado.

—Tink —dijo Janner, mirando inocentemente a su hermano—. ¿Hay algo que quieras decir? —Tink fulminó a Janner con la mirada, negando con la cabeza tan sutilmente como pudo. Cuando no contestó, todos levantaron la vista de sus platos. Tenía todas las miradas sobre sí.

—Tink, ¿qué pasa? —dijo Nia. Las mejillas de Tink se sonrojaron y fulminó a Janner con la mirada.

—¡Habla, muchacho! Se te está enfriando la carne —dijo Podo.

—Bueno, verás, encontré… encontré… —tartamudeó y bajó tanto la cabeza que el pelo casi se le metió en el plato de asado.

—Encontró un sarpullido que le picaba —dijo Janner, sonriendo mientras llenaba su taza con la jarra de agua—. ¿Ya se te ha extendido a las axilas?

Tink levantó la cabeza.

—¿Qué? No. Todavía no.

Janner le guiñó un ojo, pero Tink no se reía.

Podo exigió que le echaran un vistazo al sarpullido de Tink allí mismo, en la mesa, y para disfrute de Janner, el interrogatorio sobre el sarpullido duró el resto de la comida.

Convencido de que Tink estaba bien, de que probablemente el sarpullido no era más que su imaginación, algo provocado por el estrés, Podo permitió que Tink se fuera a su habitación.

—Es un poco estresante saber que te pueden cortar los dedos —murmuró Tink para sí una vez a salvo en su cama.

—Quizás uno de ellos podría ir en el pan de gusanos —dijo Janner, riendo—. Sabes, tus dedos mugrientos podrían ser una excelente adición a la receta.

—Eso *no* es gracioso —dijo Tink.

Una melodía del arpa silbante de Leeli llegó desde la sala principal, donde estaba tocando una canción de marineros a pedido de Podo.

Janner y Tink subieron a la litera superior y extendieron el mapa. Leyeron y releyeron la inscripción que había junto al edificio etiquetado como Mansión Anklejelly, tratando de imaginar qué podría esconderse allí para que Oskar guardara un mapa secreto.

Tink se estremeció ante la línea del poema sobre el fantasma de Brimney Stupe.

—No me gustan los fantasmas —dijo.

—Vamos, Tink. Los fantasmas no son reales.

—Eso es lo que tú dices. Podo dice que ha visto fantasmas.

—Bueno, nos dijo que vio un barco abandonado en el Mar Oscuro de las Tinieblas con una tripulación de piratas fantasmas —dijo Janner—, y también dijo que había estado despierto tres días seguidos. Ves cosas extrañas cuando no duermes. —Sacudió la cabeza—. Los fantasmas no son reales.

—¿Por qué crees que hay tantos agujeritos por todo el mapa? —preguntó Tink.

—No lo sé. —Janner se encogió de hombros—. Probablemente sean de ratones. O de bichos. ¡Mira! —Janner señaló la imagen de un dragón en la esquina inferior derecha del mapa—. ¿Te resulta familiar?

Tink negó con la cabeza.

—¿Recuerdas el diario de Anniera que había en la caja de Dang? Parece el mismo dragón.

Tink señaló una inscripción que había sobre el dragón. «Las joyas de Anniera», leyó, con cara de perplejidad—. ¿Qué son las joyas de Anniera?

Janner se encogió de hombros.

—No lo sé, pero estoy seguro de que el señor Reteep tiene una buena razón para mantener oculto el mapa. Y para esconder las joyas de Anniera o lo que sea que haya en la Mansión Anklejelly. Una cosa es segura. No pienso averiguarlo. Está demasiado cerca del bosque, e incluso antes de la guerra ese lugar era espeluznante. Lleva años abandonado.

—¿Por qué?

—No lo sé. Leí sobre ello en un libro sobre la historia de Glipwood,[1] y Podo dijo que el lugar estaba encantado, que la gente oía ruidos que venían de adentro. Se ha evitado durante tanto tiempo que nadie recuerda quién la construyó; ni siquiera quién era Anklejelly. Ni siquiera he visto nunca el lugar. Según el mapa, está un poco al norte de la ciudad, justo al borde del bosque.

Tink miró por la ventana hacia la noche.

—Si saliéramos mañana después de comer, tendríamos tiempo de…

—¿Estás loco? —interrumpió Janner.

1. Es probable que Janner se refiera a *Entre el Blapp y la bahía: Un pueblo llamado Glipwood*, de Randolt Mynerqua (Dugtown, Skree: BrookWater Press, 3/404). Era una lectura popular para el municipio de Glipwood, en parte porque solo tenía diecisiete páginas.

Tink miró sin comprender a su hermano, que miró hacia la puerta y bajó la voz.

—De *ninguna* manera. —Janner negó con la cabeza.

A Tink le brillaron los ojos.

—Tú eres el loco. ¿Cómo puedes encontrar un mapa del tesoro y no querer encontrar el tesoro?

—¡En este mapa no dice «tesoro» en ningún lado! En dos días, nos hemos peleado con dos Colmillos, nos han metido en la cárcel y casi nos llevan de paseo en el carruaje negro. ¡Has robado un mapa, y Slarb nos ha informado que piensa matarnos a todos! ¿Y ahora quieres seguir un mapa hasta una casa encantada cerca del bosque por un acertijo que dice que conduce al dolor, la desdicha y la tristeza?

Tink sonrió.

—Sí.

Janner soltó un gemido.

—¡Shh! —Tink hizo una mueca—. Solo digo que hay mucho más en este pueblecito de lo que pensábamos. Nuestra madre tiene un alijo oculto de joyas que desconocíamos. El señor Reteep consiguió un diario de Anniera en una caja proveniente de Dang. Tiene un mapa oculto. Y una persona misteriosa con una puntería perfecta nos salvó la vida ayer.

Janner ladeó la cabeza.

—Tienes razón —admitió—. He oído a Podo y a Ma decir que también creen saber quién nos salvó la vida.

El ceño de Tink se arrugó.

Janner miró fijamente a los ojos de Tink.

—Y hay algo más. Algo sobre nuestro padre.

Tink guardó silencio.

—Se llamaba Esben.

—¿Quién te lo ha dicho? —preguntó Tink en voz baja.

—Se lo oí decir a mamá ayer. Creo que se le escapó.

—Esben —se dijo Tink.

Los hermanos se quedaron sentados en la cama con el peso de la ausencia de su padre hasta que Leeli abrió la puerta.

—¿Qué hacen los dos en la litera de arriba? —preguntó sonriendo y metiéndose en su propia cama, con Nugget a su lado.

—Nada —dijeron Janner y Tink al unísono, y un poco demasiado deprisa.

Pero Leeli no se dio por enterada y pronto ella y Nugget se durmieron.

Janner bajó a su litera, donde permaneció despierto hasta bien entrada la noche, con la cabeza llena de preguntas y el corazón preocupado. La mirada de odio en los ojos de Slarb se había grabado a fuego en su mente. Podía oír la voz siseante del Colmillo, oler su aliento putrefacto y sentir de nuevo el aguijón del veneno que goteaba sobre su cuello; era demasiado consciente de la responsabilidad que tenía de vigilar a su hermano y a su hermana.

Apareció la cabeza de Tink, colgando de la litera superior.

—¿Estás despierto? —susurró Tink.

—Sí.

—Nos vamos justo después de comer —dijo Tink, y volvió a desaparecer.

—¡No! —susurró Janner, pero Tink roncaba fuerte, haciéndose el dormido.

20

A la mansión

Incluso mientras se dirigían hacia la finca de los Blaggus para jugar una breve partida de zibzy, Janner sabía que aquella tarde visitarían la mansión Anklejelly.

Había discutido con su testarudo hermano en acalorados susurros durante sus quehaceres de aquella mañana, pero pronto quedó claro que la curiosidad de Tink superaba ampliamente su miedo y su sentido común.

También superaba los de Janner. No había podido dejar de pensar en aquella misteriosa advertencia del mapa, justo al lado de la atractiva X. Además, se dijo a sí mismo, Tink iría con o sin él. ¿Quién iba a proteger a su hermanito si él no iba?

Así que, a primera hora de la tarde, los hermanos Blaggus ganaron la partida, como de costumbre, y Janner y Tink se despidieron de ellos. Cuando estuvieron seguros de que nadie los veía, echaron a correr por la maleza alta del viejo sendero, doblaron una curva y subieron una colina hasta perderse de vista.

El camino al norte de la finca Blaggus estaba cubierto de maleza. Pocos lo habían recorrido desde que las granjas situadas más allá de la finca de la familia Blaggus habían sido incendiadas y abandonadas en la guerra. Janner no tardó en doblarse con las manos sobre las rodillas, jadeando. Tink se le había adelantado y esperaba varios metros más adelante, observando el paisaje e intentando no parecer agotado. Los robles que daban sombra al camino habían escaseado, y la tierra cubierta de hierba se inclinaba hacia arriba, alejándose de la ciudad y los acantilados, y hacia el oscuro borde del bosque de Glipwood.

Janner se levantó con gran esfuerzo y se secó la frente con la parte delantera de la camisa. Tink señaló, ladera abajo, el tejado de la casa de los Blaggus, que asomaba entre los árboles bajo ellos. Más allá estaba el municipio de Glipwood, un diminuto cordón de edificios a la distancia. La única posada se distinguía fácilmente, pues estaba un piso más alta que los demás edificios, pero hacia el este, el terreno se desvanecía en una extensión gris. El Mar Oscuro de las Tinieblas.

En algún lugar, pensó cada uno de los hermanos, al borde del mar, bajo la sombra de aquellos árboles, estaba la cabaña Igiby.

Durante una hora, Janner y Tink siguieron el antiguo camino lo mejor que pudieron.

Cada vez que el camino empezaba a confundirse con las altas extensiones de brezo y desaparecía, buscaban de nuevo la débil depresión del sendero en la hierba oscilante. La línea del bosque se acercaba cada vez más, y pronto, Janner se encontró señalando la forma de lo que debía de ser la estructura en ruinas de la mansión Anklejelly.

Tink aceleró el paso y pronto estuvieron ante la mansión, cuyo escarpado fondo daba al bosque. Las dos ventanas abiertas del segundo piso hicieron pensar a Janner en las cuencas oculares de una calavera observando su aproximación. Se detuvo ante una puerta de hierro oxidado que colgaba triste y torcida de unas bisagras antiguas. Ninguno de los dos hermanos habló, reacios a admitir que tenían miedo y preguntándose qué insensatez había hecho que venir aquí les pareciera sensato.

Sin duda, la mansión había sido en otro tiempo un lugar hermoso. Varias estatuas altas y enmohecidas de personas en diversas posturas salpicaban el patio. Una era la de un hombre gordo comiéndose una chuleta de cordero (cuya visión hizo gruñir ruidosamente el estómago de Tink, y al oírlo, Janner dio un brinco, sobresaltado). Otra estatua, más cerca de la casa, representaba a una mujer risueña que balanceaba por la pata trasera a un gato aterrorizado. Otra estatua, cubierta de enredaderas, representaba a un hombre lloroso que se rascaba la barriga con un rastrillo. Del mango del rastrillo colgaba un racimo de uvas de piedra.

Hacía tiempo que el tejado de la mansión se había derrumbado, y por todas partes la maleza y las enredaderas habían empezado el lento trabajo de arrastrar las piedras y los maderos envejecidos de vuelta a la tierra.

Janner se volvió y miró atrás por la larga pendiente, hacia la lejana ciudad. «Ya llegamos hasta aquí, ¿verdad?», dijo inseguro. Respiró hondo y atravesó la puerta.

El lugar estaba silencioso como una tumba. Ningún pájaro cantaba. No soplaba el viento.

Janner se estremeció al pensar en las numerosas bestias que vagaban por el bosque. Se preguntó con qué frecuencia esas bestias se aventuraban más allá de los árboles y se adentraban en lugares como la mansión Anklejelly. ¿O será que los animales también temían a los fantasmas?

Tink siguió a su hermano mayor más allá de un viejo banco de piedra en lo que parecía haber sido un jardín de flores bordeado de piedras, ahora cubierto por una maraña de maleza incipiente. En la parte delantera del banco, había una inscripción.

Janner apartó las enredaderas y leyó: BRIMNEY STUPE DISFRUTA DE SU SOPA.

El estómago de Tink rugió.

—¿Trajimos algo de comer? —preguntó, sabiendo que no lo habían hecho.

Janner lo ignoró.

—Echemos otro vistazo al mapa —dijo.

Se sentaron en el banco y Janner examinó el mapa, esforzándose por ignorar la funesta advertencia sobre el lugar en el que estaban a punto de entrar.

El linde del bosque que había detrás de la casa era una enmarañada muralla verde, silenciosa y lúgubre, y cuando Tink clavó los ojos en ella, no pudo evitar la sensación de que le devolvía la mirada.

—¿Hay algo aquí que nos diga exactamente adónde ir? —preguntó Janner—. Dice: «En las catacumbas de abajo al final en el hueco se ha de encubrir». Supongo que eso significa que tenemos que encontrar una forma de bajar. —Señaló los cimientos de la mansión—. Ahí abajo.

Tink contempló largamente la mirada de calavera de la mansión y se estremeció.

—¿Por qué era que estamos aquí?

—Porque tú me convenciste, por eso.

—Sabes, un tentempié nos vendría bien ahora —dijo Tink—. Quizás deberíamos volver y…

—No —dijo Janner con firmeza—. Hemos llegado hasta aquí y no vas a echarte atrás.

—Solo era una sugerencia —dijo Tink, forzando una risita. El sonido de su risa era antinatural allí en las ruinas.

Janner intentó convencerse de que no había fantasmas en la mansión, y de que las advertencias del mapa solo estaban ahí por si caía en malas manos. No importaba que así fuera, argumentó consigo mismo. Pero si ese era realmente el caso, Oskar no había contado con que dos niños lo encontraran. Debía haber olvidado que, en la mente de un niño, una advertencia no es muy diferente de una invitación.

—Vamos —dijo Janner con decisión, y Tink lo siguió.

Avanzaron crujiendo entre las espesas zarzas que rodeaban la mansión de piedra, buscando cualquier señal de una entrada al sótano. Janner percibió el olor rancio de las cosas viejas, y dentro de cada ventana por la que pasaban, veía piedras desplomadas y vigas caídas en la penumbra. Desde la parte trasera de la mansión, él y Tink se asomaron por una puerta que daba a lo que debía ser la cocina. Unas enredaderas cubrían una encimera larga y agrietada con lavabos de piedra. El techo del primer piso se había derrumbado sobre la cocina, lo que permitía que los rayos de sol atravesaran una maraña de madera vieja, ollas y piedras caídas en el suelo.

Siguieron adelante a través de la maleza que rodeaba la mansión y pasaron junto a una fuente seca que albergaba un rosal espinoso en el césped trasero. Más allá de la fuente, el bosque los fulminaba con la mirada.

A Janner se le erizó la piel.

—Volvamos a la parte delantera —susurró.

Tink asintió con gravedad y siguió a su hermano alrededor de la casa. Ninguno de los dos lo admitiría, pero se sentían mejor si había algo entre ellos y los árboles.

Hasta que doblaron la esquina. Los dos hermanos estaban de pie en la entrada principal de la casa, observando las sombras. El aire estaba quieto y pesado por el calor de la tarde.

—Nos vendría bien un farol —dijo Janner, observando la oscura entrada.

Luego, respiraron hondo y cruzaron el umbral uno al lado del otro, adentrándose en las ruinas de la mansión Anklejelly.

21

Los sabuesos cornudos

Al principio, Janner y Tink solo veían oscuridad. Luego, se dieron cuenta de que estaban en una sala amplia y vacía, con paredes de piedra. Una escalera que en otro tiempo había sido elegante conducía hacia arriba, a la luz del nivel superior sin tejado. El suelo estaba cubierto de escombros, viejas vigas de madera y maleza rala. Hacía tiempo que todo lo de valor había sido saqueado, pero la desvaída gloria de la mansión era evidente. No era difícil imaginar cenas de antaño con hombres y mujeres bien vestidos subiendo y bajando por la amplia escalera, o risas espeluznantes resonando en las enormes habitaciones vacías... o a Brimney Stupe, quienquiera que fuese, paseando de noche por los pasillos de la mansión con una vela sujeta por encima de la cabeza.

No era difícil imaginar, en otras palabras, que había fantasmas.

—¿Dijiste algo? —preguntó Janner, con su voz nerviosa resonando en la habitación.

—No, ¿escuchaste algo? —susurró Tink.

—No, ¿y tú?

—Solo a ti, preguntando si había dicho algo.

—Entonces, ¿por qué preguntaste?

—Porque tú preguntaste.

Janner atravesó con cuidado los escombros de la sala principal y se asomó por las puertas que conducían al interior de la casa. Dirigió el camino de vuelta a la zona de la cocina, donde el techo había desaparecido y la luz del sol los hacía sentirse mucho más cómodos. Tink hurgó en los armarios vacíos mientras Janner echaba un vistazo bajo las vigas caídas, con la esperanza de encontrar algún indicio del tesoro que Oskar había cartografiado.

Justo cuando Janner empezaba a relajarse y Tink empezaba a pensar que le gustaría visitar el lugar más a menudo, sonó un crujido al otro lado de la ventana de la cocina.

Los hermanos Igiby se quedaron helados.

Era el mismo sonido que habían hecho al caminar entre las zarzas que rodeaban la casa. Había algo afuera, y cada vez estaba más cerca.

Janner contuvo la respiración y se llevó un dedo a los labios. Hizo un gesto a Tink para que lo siguiera. Silenciosos como ratones, volvieron de puntillas a la entrada principal de la mansión y se asomaron a la puerta.

Al otro lado del patio, una criatura gris olfateaba el banco donde se habían sentado. Era exactamente igual que un perro, salvo por los dos colmillos que sobresalían de su hocico y el peligroso cuerno que coronaba su cabeza, y porque era al menos tan alto como Janner.

Un sabueso cornudo, se dijo Janner.

—No te muevas —susurró.

Tink permaneció inmóvil. Pero hacía horas que no comía. *Deberíamos haber traído algo para comer*, pensó. La vista del banco de piedra le recordó a Tink la inscripción que había en él, lo cual le recordó a Brimney Stupe disfrutando de su sopa, lo cual a su vez le recordó que no había comido nada desde que habían salido de la cabaña aquel día. Le rugió el estómago. Con fuerza.

Janner se quedó helado de espanto cuando el sabueso miró directamente a los chicos que estaban de pie justo dentro de la casa. El sabueso levantó la cabeza cornuda y lanzó un aullido desgarrador y hambriento. Luego giró y se lanzó hacia ellos.

—¡Rápido! —dijo Janner, saliendo por una puerta a su izquierda. A lo lejos, un horrible coro de aullidos respondió al primero. A Janner no se le ocurrió otra cosa que adentrarse en la mansión y esperar encontrar algún lugar donde esconderse de los sabuesos.

La puerta conducía a un largo pasillo, por el que de vez en cuando se abrían agujeros en el techo que dejaban pasar delgados rayos de sol. El pasillo estaba bordeado de puertas a ambos lados, así que Janner eligió una al azar y tiró de Tink tras él. Afuera, los aullidos crecían en volumen y número.

—¡Psst! ¡Hay otra puerta! —dijo Tink. En la parte trasera de la habitación había una puerta, más pequeña que la primera, que conducía a una oscuridad aún más profunda.

—¡Vamos! Está oscuro, así que quédate cerca —dijo Janner, corriendo hacia la puerta. La atravesó y entró… al aire vacío. Tink agarró a Janner por la camisa y tiró de él hacia atrás. Janner jadeó y se apoyó en el marco de la puerta. Tink se arrodilló y metió la mano por la abertura, esperando encontrar escalones o una escalera.

No había ninguno.

—Es un callejón sin salida —dijo Janner—. ¡Vamos!

Pero el camino estaba bloqueado. En la puerta por la que habían venido estaba la tenue figura de un sabueso cornudo. El único sonido de la habitación era el jadeo de la criatura. Sus ojos hambrientos brillaron en la oscuridad y un gruñido grave llenó la habitación. El sabueso se adelantó y dos más de las bestias cornudas aparecieron en la puerta tras él.

—Así que esto es lo que quería decir el mapa sobre el dolor interminable, ¿eh? —dijo Tink, con la voz temblorosa como una hoja en una tormenta.

Janner pensó en su deber como el mayor. Hacía solo unos días, Leeli estuvo a punto de morir a manos de un Colmillo porque él no había prestado atención. Y ahora esto. *¿Por qué no puedo ser como nuestro padre?*, se preguntó. *Murió en la Gran Guerra, intentando proteger a los que amaba.* Durante un vergonzoso instante, Janner sintió un destello de ira contra Tink por haberlo convencido de que viniera a la mansión Anklejelly. *¿Por qué debería arriesgar la vida por mi hermano menor cuando, para empezar, es culpa suya que estemos aquí?* Janner estaba cansado de cargar con la responsabilidad de la insensatez de su hermano, y quería olvidarse de Tink y huir para salvar su vida. Tal vez pudiera abrirse paso entre los sabuesos y encontrar un lugar mejor para esconderse en la mansión. Tal vez…

La idea de huir solo fue un breve pensamiento. Janner sabía que no dejaría atrás a su hermano pequeño… no podía hacerlo. La voz áspera de Podo resonaba en su mente. *«Parte de ser un hombre es cuidar mucho de los que amas»*.

El primer sabueso de la puerta se crispó.

Más que verlo, Janner lo sintió, y supo que estaba a punto de saltar. Sin pensarlo dos veces, se interpuso entre Tink y las bestias, hizo girar a su hermano pequeño y lo empujó a través de la puerta.

Tink gritó al caer, y Janner oyó a las bestias abalanzarse, su aliento caliente sobre su cuello, mientras él también saltaba a la negrura.

22

Las catacumbas de abajo

La cabeza de Janner palpitaba. El mundo le daba vueltas y se sentía como si hubiera estado dormido durante días. Cuando consiguió abrir los ojos, vio un rectángulo de luz tenue sobre él, y las formas de las bestias frenéticas llenaban la puerta, gruñendo y ladrando. Una de ellas chilló y retrocedió. Janner miró a su derecha y pudo entrever cómo Tink lanzaba una piedra contra los sabuesos cornudos.

La piedra no dio en el blanco y atravesó el techo de madera podrida como si fuera de papel. Un rayo de sol penetró en la habitación. Janner se sacudió el mareo y se puso en pie para ayudar a su hermano.

Una roca tras otra volaban hacia los sabuesos cornudos, y cuando daban en el blanco, los sabuesos aullaban como cachorros y retrocedían. Los hermanos empezaron a divertirse como solo pueden hacerlo los chicos cuando lanzan piedras, y empezaron una competencia para ver quién golpeaba al último sabueso.

El mayor de todos los sabuesos, tan alto como Janner, gruñía y mostraba los colmillos, yendo y viniendo alrededor de la puerta. Tink levantó una roca, se echó hacia atrás y, con un poderoso rugido, la hizo volar. La piedra golpeó a la última bestia de lleno en el ojo y el sabueso se desplomó en el suelo, con la cabeza caída sobre el borde.

Los hermanos se doblaron con las manos sobre las rodillas, jadeando.

Janner sonrió a su hermano.

—Buen tiro.

Tink le devolvió la sonrisa.

—¿Estás bien?

Janner se llevó una mano a un lado de la cabeza.

—Yo… creo que sí. ¿La caída no te ha hecho daño?

—No, pero si alguna vez piensas volver a empujarme por el borde de algo, avísame antes. Casi me hago pis del susto.

Janner miró alrededor de la habitación, pero podía ver muy poco en la penumbra. Tomó otra piedra.

—¿Qué haces? —preguntó Tink.

Janner lanzó la piedra a través del frágil techo, dejando entrar otro rayo de luz solar, y luego arrojó varias piedras más hasta que pudieron ver con claridad lo que los rodeaba.

En el lado del sótano opuesto a la puerta alta, había un montón de cajas viejas y madera seca, pero por lo demás, la habitación estaba vacía. La única salida era por donde habían entrado; la puerta era el doble de alta que Janner, y las paredes demasiado lisas para escalarlas. Janner hurgó entre la pila de madera, con la esperanza de encontrar algo que pudiera apoyar en la pared y trepar. Pero todos los tablones que habrían sido lo bastante largos eran demasiado frágiles para sostenerlo. La mayor parte de la madera vieja estaba podrida y carcomida.

—Tink, súbete a mis hombros. Quizás puedas alcanzar la puerta.

—Oh, no lo sé —dijo Tink, mirando la puerta que había sobre ellos—. Está muy arriba.

—Soy más alto que tú y no puedes sostenerme. Además, te acabas de caer de ahí arriba y estás bien. Ahora, vamos.

Janner se agachó y ,con muchos gruñidos, consiguió ponerse de pie con los pies de Tink sobre sus hombros. Tink tembló y se esforzó, pero no pudo alcanzar la puerta. *Aunque pudiera alcanzarla*, pensó Janner, *ese sabueso cornudo podría seguir vivo.* Tink bajó y Janner se paseó por el suelo del sótano intentando pensar qué hacer, y cuanto más pensaba, más frustrado se sentía por estar allí. Aquel asunto de la búsqueda del tesoro era una tontería, y Janner tenía que llevar a su hermanito a casa. Si no volvían pronto, Podo y Nia serían al menos tan aterradores como los sabuesos cornudos.

Tink estaba en el otro extremo de la recámara, hurgando con los pies en la pila de leña.

—¡Janner! —gritó Tink—. ¡Una escalera!

Gracias al Creador —pensó Janner—. *Podemos salir de aquí.* Cruzó la habitación y miró, y sus hombros se desplomaron.

Tink sonreía, señalando un estrecho pasadizo que descendía hacia las sombras.

—No, Tink —dijo Janner.

—¿Qué quieres decir?

—¿Qué quieres decir con «qué quieres decir»?

—Estamos tan *cerca*, eso es lo que quiero decir. ¡No podemos irnos a casa!

Janner se quedó sin habla. *¿Cómo pueden esperar que vele por mi hermano si no es consciente del peligro que corremos?* Hacía solo unos instantes casi se los había comido una manada de sabuesos cornudos, y ahora Tink estaba más preocupado por husmear en un sótano que por su propia vida.

Tink dio los primeros pasos hacia el pasadizo para verlo mejor. «¡Ajá!», dijo, de una manera muy similar a su abuelo. Volvió a aparecer con un farol de aceite y una caja de cerillas cubierta de telarañas. Soplando el polvo del farol, Tink lo encendió y empezó a bajar la escalera sin decir nada más.

Janner volvió a mirar alrededor de la habitación, deseando desesperadamente que apareciera otra puerta, pero no había ninguna. No tenía elección. Con un suspiro, siguió a su hermano pequeño a lo más profundo de las entrañas de la mansión Anklejelly, intentando no pensar en la advertencia del mapa: *Pues en las catacumbas de abajo al final en el hueco se ha de encubrir un camino que conduce a un dolor interminable, tristeza, pena y dolor.*

Cuanto más descendían, más frío y pesado se volvía el aire. Las telarañas colgaban del bajo techo del pasadizo, y los oídos de Janner estaban llenos del sonido de su propia respiración y del eco de los pasos sobre la piedra.

Tras bajar varios escalones agrietados y rotos, Tink y Janner llegaron al final de la escalera. El pasadizo era más una cueva que un túnel; las paredes ásperas y húmedas. El suelo estaba lo bastante húmedo como para que ni Janner ni Tink quisieran arrastrarse, pero el techo era demasiado bajo como para permitirles caminar sin agacharse.

Avanzaron encorvados e incómodos, Tink sosteniendo el farol y mirando hacia delante, hacia la negrura más allá de la luz de la lámpara; Janner apenas podía ver nada más que el trasero de Tink.

Ninguno de los dos había pensado en la posibilidad de que hubiera fantasmas desde que escaparon por los pelos de los sabuesos cornudos de carne y hueso, y Janner sonreía a su pesar. No podía negar la emoción de arrastrarse por un pasadizo secreto en el sótano de una casa antigua, y sabía que Tink también sonreía. Janner rompió el silencio con un susurro.

—¿Qué tal se ve ahí arriba?

—Todavía no hay nada que ver; espera, el pasadizo está girando un poco…

El pasadizo giró a la derecha y el techo se elevó lo suficiente como para que los chicos pudieran mantenerse erguidos. Gimieron de alivio y estiraron la espalda. La tensión, el miedo y el entusiasmo salieron a la superficie en forma de risas nerviosas. Caminaron unos metros más, despacio, y el pasadizo se ensanchó lo suficiente como para que los dos pudieran caminar uno al lado del otro. Ninguno habló mientras se adentraban en el pasillo.

Por fin, llegaron al final del pasadizo, donde una puerta de hierro oxidado les cerraba el paso. Sus bisagras estaban incrustadas en la roca del túnel, y estaba colocada tan rígida y sólida como si siempre hubiera estado allí. Fuera quien fuera el que hubiera colocado la puerta allí tenía la intención de mantener alejados a los intrusos. En el centro de la puerta, había una placa metálica con varias filas de botones redondos del tamaño de un nudillo. No había ojo de cerradura.

Tink probó la manilla y la encontró cerrada.

—Por supuesto —dijo Janner con decepción.

Pasó un momento, ambos chicos estudiaban la puerta.

—Espera —dijo Tink. Pulsó uno de los botones oxidados. Con un sonoro *clic*, se hundió en la puerta—. Janner, mira. Creo que esto es una cerradura. Solo tenemos que averiguar la combinación correcta de botones que hay que pulsar, y la puerta se abrirá. ¿Ves? —Pulsó otro botón—. Hay... diez filas de... ocho botones cada una. Son solo ochenta botones.

—Eso es ridículo. —Janner sacudió la cabeza—. No tenemos ni idea de cuántos botones hay que pulsar, ni en qué orden. Estaríamos aquí el resto de nuestras vidas, que no pienso pasar aquí. —Hizo una pausa—. Además, podría ser una trampa.

Tink respiró hondo y puso una mano en el picaporte.

Janner sintió un momento de pánico.

—No lo hagas.

Tink le guiñó un ojo a Janner y volvió a probar el picaporte. La puerta no se movió, pero los botones que Tink había pulsado volvieron a salir, al ras junto con el resto. Janner se preparó para algo terrible. Pero no ocurrió nada. Intentó una vez más convencer a Tink de que se rindiera, pero su hermanito siguió ignorándolo mientras Janner se hundía en el suelo y esperaba. Seguramente Tink se aburriría pronto y se rendiría por su cuenta.

Sin embargo, no lo hizo.

En cambio, Tink desenrolló el mapa y lo examinó a la luz del farol.

—Tiene que haber algo aquí...

—Tink —Janner suspiró, exasperado—. Si hay una cerradura en la puerta, quizás debería permanecer cerrada.

Tink ignoró a su hermano, concentrado en el mapa. Murmuró: «Algún tipo de código...». Extendió el mapa con una mano y levantó la lámpara con la otra, proyectando la sombra del mapa sobre la pared del túnel.

Justo antes de que Tink se diera por vencido y empezara a enrollar el pergamino, Janner lo vio: puntos de luz en un patrón irregular proyectado por los diminutos agujeros del mapa. La frustración de Janner desapareció.

—Tink, desenrolla el mapa.

Tink miró confundido mientras Janner iluminaba el mapa con la lámpara y guiaba con cuidado las manos de Tink para colocar el mapa delante de los botones de la puerta. Al principio, los puntos de luz estaban demasiado agrupados, así que Janner retrocedió unos pasos. Entonces Tink también lo vio, claro como la luz del día: cuatro de los puntos de luz se alineaban con las cuatro esquinas de las filas de botones, y el resto iluminaba siete más, aproximadamente en forma de letra W.

Janner mantuvo el mapa y la lámpara firmes mientras Tink pulsaba cada uno de los botones correspondientes. Tink volvió a tomar la manivela.

—Espera... —dijo Janner, poniendo una mano en el antebrazo de Tink.

Tink miró a Janner como si estuviera loco.

—¿Estás seguro de esto? —preguntó Janner.

Tink puso los ojos en blanco.

—Bueno, al menos abre la puerta despacio —dijo Janner.

Respirando hondo, Tink giró el picaporte que, con un clic, se destrabó. Luego abrió la puerta con un fuerte crujido.

23

El fantasma gimiente de Brimney Stupe

Janner y Tink se encontraron en una gran habitación del tamaño de toda su cabaña. A su alrededor, había montones de objetos de formas extrañas cubiertos por una gruesa capa de polvo. Al principio, ninguno de los dos podía decir en qué consistían los montones, así que Janner se dirigió al más cercano, a unos metros a la derecha de la puerta, para verlo mejor. Se inclinó cerca de una de las formas polvorientas y, sin advertencia, estornudó violentamente.

La erupción esparció el polvo en una nube, y la luz de la lámpara se reflejó en una pieza plana de metal pulido.

Janner nunca había visto un hacha de guerra. Podo había vuelto a menudo de la ciudad con un hacha de leñador prestada, pero esta no se le parecía en nada. El arma era de doble filo, y las dos hojas combinadas eran tan anchas como el pecho de Janner.

Tink se paró a su lado con la boca abierta. «¿Qué es?», preguntó en voz baja.

Janner no respondió, pero pasó el dedo por el borde brillante de la hoja.

Tink sopló el polvo de otra forma que había a su lado, revelando una espada. En la empuñadura brillaban rubíes y gemas, y una inscripción en un idioma que ninguno de los dos reconocía recorría toda la hoja.

Janner encontró otra espada, más robusta y menos ornamentada, pero pulida y fina. Se volvieron lentamente, con los ojos muy abiertos por el asombro. A su alrededor, había montones y montones de espadas, hachas, escudos y dagas. Armaduras se erguían como centinelas a lo largo de la muralla. Había armas suficientes para un pequeño ejército, ocultas en el sótano de la mansión Anklejelly durante quién sabe cuántos años.

Tras la conmoción inicial, se apresuraron a recorrer la habitación, soplando y limpiando el polvo de las armas. Tink encontró una espada corta y se puso un pequeño escudo de madera. Janner intentó sacar el hacha del montón, pero era tan pesada que, en cuanto la cabeza quedó libre, repiqueteó contra el suelo. Se preguntó si algún hombre podría levantarla, y ni hablar de blandirla en una pelea. Encontró una daga que le servía. Se ató la vaina al cinturón y sacó la hoja varias veces, clavándola en el aire. Tink se puso un casco de pinchos demasiado grande para su cabeza, y cuando Janner lo vio, rugió de risa.

«¡Mira esto!», gritó Tink, tirando el casco a un lado. Había encontrado cientos de flechas con punta de acero y, junto a ellas, un montón de arcos sin cuerda apoyados en un rincón.

Janner descubrió un rollo de cuerda, que le recordó que estaban atrapados. Habían estado tan cautivados por las armas que se había olvidado de los sabuesos cornudos y de la inalcanzable puerta del sótano. Janner echó un buen vistazo a su alrededor, al tesoro de armas. *¿Serán estas las joyas de Anniera?*, se preguntó. ¿Qué tenía que ver el viejo Oskar N. Reteep con estas armas? Se estremeció al pensar lo que les harían los Colmillos si alguna vez descubrían este secreto. Oskar había viajado por todo Skree coleccionando libros y curiosidades. Seguramente, consiguió las armas al mismo tiempo y las escondió aquí. *Pero ¿por qué?* La mente de Janner giraba con todas las preguntas sin respuesta que recientemente habían encontrado un hogar allí. Pero ya tendría tiempo de pensar en todo esto más tarde; ahora sabía que él y Tink tenían que llegar sanos y salvos a casa.

—Tink, tenemos que irnos.

Tink levantó la vista de la sobredimensionada coraza que intentaba abrocharse y, tras pensarlo un momento, asintió. Incluso Tink se dio cuenta de que no podían quedarse en la cámara para siempre.

Janner levantó la cuerda.

—Quizás esto ayude.

—Bien. Me muero de hambre. Quizás el abuelo prepare más estofado de queso.

Janner se sintió aliviado de que, por una vez, Tink no discutiera.

—Deja todo aquí. Lo último que necesitamos es que nos atrape un Colmillo…

—O Mamá —dijo Tink.

—… con un arma.

Se rieron juntos, echaron un último vistazo a la habitación resplandeciente y cerraron la puerta con un ruido metálico. Todos los botones pulsados volvieron a salir, sellando la cámara para que nadie pudiera entrar sin el mapa. Volvieron a toda prisa por el túnel bajo, Janner con la cuerda colgada del hombro, pensando cómo la utilizaría para escapar.

De repente, de la oscuridad que había tras ellos llegó un sonido que les heló la sangre.

De la cámara de armas salía un gemido amenazador y sin palabras.

Habían despertado al fantasma de Brimney Stupe.

24

El camino a casa

Janner y Tink se detuvieron en seco y miraron a sus espaldas, pero más allá de la luz de la lámpara, nada. El gemido volvió a flotar hasta ellos, y las manos de Tink temblaron tan violentamente que dejó caer la lámpara al suelo húmedo, donde se apagó.

Tink no pudo soportarlo más. Chillando como un mip, se escabulló por el túnel.

Janner se apresuró a seguirlo, con el frío miedo temblándole en las venas. Imaginó mil dedos huesudos arañándole la espalda y subió las escaleras de dos saltos.

Tink ya estaba arriba, empuñando peligrosamente una de las viejas tablas.

Janner se preguntó qué pensaba hacer Tink con la tabla si el fantasma de Brimney Stupe se le echaba encima, pero admiró las intenciones de su hermano y tomó su propia tabla, corta y de aspecto robusto, del montón de leña.

El largo gemido volvió a surgir de la boca del pasadizo mientras Janner ataba frenéticamente la cuerda al centro de la tabla. *Por favor, que funcione*, pensó. Apuntó y lanzó la tabla a través de la puerta, notando vagamente que el sabueso cornudo ya no estaba allí. Tiró de la cuerda, pero la tabla cayó al suelo con estrépito. Al segundo intento, Janner tiró de la cuerda de modo que la tabla quedó trabada contra el marco de la puerta. Rogando que las bestias se hubieran ido y la tabla resistiera, trepó por la pared y atravesó la puerta.

Janner extendió la mano por la abertura.

—¡Tink, vamos! —gritó por encima de los gemidos que resonaban en la negra habitación.

Tink apartó los ojos de la abertura del túnel para ver que estaba solo en el sótano.

—¡Aaah! —gritó mientras arrojaba la tabla a un lado y se deslizaba por la cuerda como una ardilla loca. Esquivó la mano de Janner y se lanzó por la puerta, donde ambos se desplomaron en el suelo, jadeantes.

Janner arrojó el tablón y la cuerda de vuelta al sótano, pensando que lo mejor sería eliminar todos los rastros de su presencia que pudieran. El mero hecho de estar fuera del oscuro sótano hacía que Brimney Stupe pareciese menos aterrador, pero ahora tenían que enfrentarse a los sabuesos cornudos.

Los hermanos regresaron sigilosamente a la casa y se asomaron a la puerta principal, entrecerrando los ojos por la claridad. El sol de la tarde era tan cálido y agradable como la vida misma.

Janner escrutó el linde del bosque en busca de cualquier señal de movimiento.

—No los veo —susurró.

El rostro de Tink estaba pálido.

Otro gemido escalofriante llegó hasta ellos desde las entrañas de la mansión Anklejelly.

—¿Estás preparado?

—Nunca he estado tan preparado —exhaló Tink.

—*¡Corre!*

Los hermanos Igiby corrieron más allá del banco de piedra, atravesaron la verja de hierro, bajaron por el largo sendero que se alejaba de la mansión Anklejelly y bordeaba el bosque, y no se detuvieron hasta llegar al campo que había justo detrás de la finca Blaggus.

Incapaces de dar un paso más, se tumbaron sudando en la hierba alta hasta que pudieron volver a respirar. Entonces, se levantaron para volver a casa, incapaces de creer que seguían vivos y jurando solemnemente no volver a pisar aquel horrible y asombroso lugar.

Janner y Tink se acercaron a la cabaña a última hora de la tarde, justo cuando Podo caminaba por el sendero con un saco retorciéndose sobre el hombro.

—¡Chicos! Parece que los hermanos Blaggus les han vuelto a dar una buena paliza, ¿verdad? Podo miró sus ropas sucias y sudorosas.

Janner y Tink respondieron con una risa forzada.

—¿Adónde vas? —preguntó Janner, cambiando de tema.

Podo se inclinó más y se llevó una mano al costado de su boca.

—No se lo digas a tu madre (a menos que pregunte, claro), pero todos esos thwaps que he estado atrapando... Mira, los atrapo y los tiro en el patio del viejo Willie Buzzard, al otro lado de la ciudad. ¡Je, je! —Podo se rio, mientras se daba palmadas en la rodilla—. Ese bribón nunca me dio un momento de paz cuando éramos chiquillos aquí en Glipwood, por no hablar de cómo cortejó a la dulce Merna Bidgeholler delante de mis narices. Y además —las blancas cejas de Podo se fruncieron—, sus totatas y sus bayas de azúcar siempre se ven mejores que las mías. —Se rascó su salvaje cabellera y murmuró—: No sé cómo lo hace. —Extendió el saco y lo golpeó alegremente, provocando un coro de parloteo en su interior—. ¡Así que los veré para cenar!

Podo se alejó cojeando hacia lo de Willie Buzzard, silbando y haciendo girar el saco mientras avanzaba.

Janner y Tink se quedaron un momento observando a Podo hasta que se perdió de vista. Luego, regresaron a la cabaña, agradecidos de estar de nuevo en casa.

Pero no eran los únicos que observaban. Desde atrás de un árbol del jardín trasero, Slarb el Colmillo observó con los ojos entrecerrados cómo Janner y Tink entraban en la cabaña. Había estado todo el día merodeando alrededor de la casa de los Igiby, con cuidado de no ser visto. Había observado con agonía, llevándose las manos a los lados de la cabeza, cómo Leeli practicaba el arpa silbante en el porche. Había visto con repugnancia cómo Nia lavaba la ropa en la parte de atrás. Y varias veces, cuando Leeli jugaba con Nugget, Slarb había necesitado toda su fuerza de voluntad para no atrapar al perro de una vez por todas.

Incluso ahora, chasqueando los dientes a la sombra de un árbol, deseaba hincarle el diente a cualquier Igiby que fuera lo bastante desafortunado como para acercarse.

25

En la sala del general Khrak

Mientras tanto, en la ciudad de Torrboro, el comandante Gnorm acababa de llegar al Palacio Torr tras viajar durante la noche y la mayor parte del día. Según los viejos mapas, Torrboro estaba a dos días de viaje de Glipwood por la carretera principal, pero los Colmillos no se detuvieron a descansar ni a comer mientras conducían sus caballos sin piedad por las áridas praderas hasta la ciudad.

La ciudad de Torrboro se extendía por la orilla sur del río Blapp y bullía de actividad. Nadie que viviera allí parecía saber adónde iban los demás ni por qué, y muchos tenían muy poca idea de adónde iban ellos mismos en un momento dado. La gente caminaba, empujaba carros, conducía carruajes, guiaba ovejas, llevaba sacos de totatas, cargaba carros con pescado; vendía, compraba, gritaba, hablaba… todo sin sonreír ni pensar demasiado en nada.

Al acecho entre la gente había Colmillos acorazados de diversos tamaños y formas.

Entre los Colmillos, acechaban los trols, y un solo trol apestaba más que cien Colmillos. Si un trol rozaba a algún desafortunado transeúnte, el pobre apestaba su casa durante semanas; así que, por donde iban los trols, la gente se dispersaba como hojas arrastradas por el viento.

Los ciudadanos de Torrboro apenas recordaban los días anteriores a la guerra, cuando los Colmillos y los trols eran solo rumores del otro lado del Mar Oscuro de las Tinieblas. Ahora, la visión de monstruos caminando entre ellos parecía tan normal como las gaviotas que se abalanzaban y parloteaban en el aire sobre la ciudad.

El comandante Gnorm empezó a abrir la puerta del carruaje, pero se detuvo al ver las joyas que brillaban en sus gordos brazos y dedos. Se quitó apresuradamente los brazaletes y los anillos y los guardó en su bolsa, aliviado de haberse acordado de ocultarlos. No quería peleas por sus brillos recién adquiridos.

Gnorm salió del carruaje con un largo gruñido y se quitó los trozos de flonejo que tenía entre los dientes. Había estado comiendo durante el viaje. Los caballos, exhaustos, resollaron y se tambalearon mientras el regordete comandante subía la larga escalera que conducía a la entrada en forma de boca del Palacio Torr.[1] El castillo, que alguna vez había sido hermoso, se alzaba alto y afilado contra el cielo gris, las ventanas de sus agujas negras, sus estandartes hechos jirones y ondeando sin fuerza en el aire espeso, como si guardaran luto por su antigua gloria. Dos guardias trols vigilaban la puerta principal, y miraron a Gnorm y al cochero.

—¿Qué negocios tienes con el general? —dijo uno de ellos con una voz atronadora que hizo vibrar la armadura de Gnorm.

—El mismo negocio que tuve la última vez, y la anterior, y la anterior, gusano de caballo. —Gnorm frunció el ceño. El trol eructó y se apartó, indicando al otro que abriera la gran puerta de madera.

—Zoquetes —siseó Gnorm al traspasar el umbral y entrar en el palacio.

El vestíbulo principal estaba lleno de huesos y basura. El hedor habría enfermado a un humano, pero a Gnorm le olía a cena. Colmillos

---

1. A Thorn el Torr, el rey guerrero que construyó el palacio a principios de la Tercera Época, le encantaban los gatitos. En cada aguja del palacio Torr, había estatuas de gatitos en posturas variadas. Desde un risco de la orilla norte del Blapp, se veía claramente que el propio palacio había sido construido para parecerse a un gatito feliz y agazapado. La aguja más alta era la cola, el rastrillo parecía un diente y el puente levadizo tenía una innegable forma de lengua. Durante siglos, la dinastía Torr alimentó una inquietante afición por todo lo relacionado con los gatitos. Entonces, llegó la Gran Guerra, cuando los Colmillos capturaron al rey Oliman el Torr y lo obligaron a ver cómo las estatuas de los gatitos eran derribadas y destrozadas, una a una. Cuando todos los gatitos del reino fueron colocados en una balsa y dejados a la deriva en el río Blapp, Oliman el Torr cayó muerto de pena. Para los ciudadanos de Torrboro, sin embargo, fue lo único bueno que hicieron los Colmillos.

holgazaneaban aquí y allá, durmiendo en el suelo o apoyados contra las paredes. Algunos levantaron la vista cuando entró Gnorm, pero luego volvieron a sus asuntos.

Gnorm miró un momento a su alrededor, sonriendo. *Siempre es bueno volver al medio de la acción*, pensó. Avanzó pesadamente por el centro de la sala hasta los centinelas Colmillos apostados fuera de la sala del trono.

—Saludos, comandante Gnorm —dijo uno de los Colmillos, levantando su lanza para que pudiera pasar.

—Bla —respondió Gnorm, y entró en la sala del trono del Colmillo más poderoso de todo Skree.

A diferencia del vestíbulo principal, la sala del trono estaba vacía, salvo por el general Khrak y un sirviente de los Colmillos que estaba llenando su copa de lodo negro. Gnorm se inclinó tanto que su escamosa tripa casi tocaba el suelo, y esperó un largo rato. Sabía que muchos comandantes habían perdido la cabeza por levantarse sin permiso. Por fin, oyó al general gruñir y Gnorm se levantó de su inclinación con mucha dificultad.

—Gnorm —dijo Khrak, y su voz resonó en la sala vacía. Bebió un sorbo de su copa. El techo era alto y una luz pálida entraba por unas ventanas estrechas. La sala estaba desprovista de muebles, salvo el trono dorado, ahora cubierto de mugre. El general era uno de los sirvientes más antiguos de Gnag el Sin Nombre. Fue Khrak quien dirigió el ejército que destruyó Anniera, y quien hizo navegar a la horda de Colmillos a través del Mar Oscuro hasta Skree. Fue Khrak cuyas órdenes enviaban al carruaje negro a recorrer la tierra para secuestrar a los niños skreeanos, y a quien temían incluso los Colmillos.

Su torso y abdomen eran largos y ágiles, y aunque sus brazos y piernas eran más cortos y delgados que los de la mayoría de los Colmillos, ningún otro era rival para la destreza de Khrak. Sus dientes eran más largos y afilados que los de Gnorm, y se decía que su veneno podía matar a un dragón marino.

—¿Qué noticias trae de Glipwood? —preguntó el general.

—Ninguna noticia, señor. Una escaramuza el día que vinieron los dragonesss de mar, pero se resolvió rápidamente.

Gnorm se rascó distraídamente la barriga. Normalmente, las reuniones con el general Khrak eran breves, y tenía hambre de unas famosas vísceras de pescado de Dugtown en una taberna llamada Gárgaras y Sorbos. La ciudad de Dugtown se agazapaba en la orilla norte del río Blapp y era la vecina mugrienta de Torrboro, un laberinto de edificios decrépitos plagado de ladrones y mendigos. Gnorm odiaba tener que viajar tan lejos para una conversación tan breve, pero al menos podía escabullirse a Dugtown durante unos días.

—Acérquese, comandante Gnorm. Tengo noticiasss del Castillo Throg.

Gnorm se acercó, esperando que el general no tardara demasiado. Imaginó en su mente las gloriosamente mugrientas calles bajas de Dugtown, donde pronto estaría engullendo escarabajos mientras jugaba a los dados.

—El Sin Nombre ha comunicado —dijo Khrak, saboreando la noticia— que está reuniendo otro ejército. Dice que será un ejército mayor que cualquiera que Kistamos haya conocido jamás.

Khrak hizo una pausa y dejó que el anuncio flotara en el aire.

—¿Y qué piensa hacer nuestro señor con este gran ejército?

—El Sin Nombre me ha ocultado sus propósitos, pero creo que planea marchar hacia el oeste, hacia las tierras desconocidas. Como sabe, aún busca las joyas de Anniera. Ya no cree que estén en Skree, sino más allá de ella, más allá de los bordes de todos los mapasss.

—Señor, ¿por qué busca el Sin Nombre esas joyas? —Gnorm se inclinó ligeramente—. Si se me permite preguntar, señor.

La cola del general se enroscó alrededor del reposabrazos del trono. Jugueteó con su extremo mientras hablaba. Un gordo ciempiés amarillo se retorció entre el fango en un intento desesperado por escapar de la copa, pero la lengua de Khrak salió como un látigo y se metió a la criatura en la boca. El Colmillo cerró los ojos y tragó con cuidado.

—Cuando saqueamos... *Anniera* —dijo la palabra como si le supiera vil en la boca—, se encontraron muchos escritos del rey Wingfeather. En ellos, hablaba de las joyas de Anniera y del antiguo poder que encierran, un poder que podría destruir al Sin Nombre y devolver a Anniera su gloria.

Gnorm se lo había imaginado. Durante años, a Gnag lo había consumido la idea de encontrar las joyas, aunque Gnorm se había preguntado a menudo cómo podrían localizar algo que era tan fácil de ocultar. Además, ¿qué poder podría vencer al poderoso Gnag y a su ejército?

—¿Cree que las joyas están escondidas… más allá de los mapas? —preguntó Gnorm, aunque estaba perdiendo rápidamente el interés. Cada momento que pasaba allí era un momento que no pasaba en Gárgaras y Sorbos, cenando cerebros de charvo.

—Las ha bussscado en Skree todos estos años —dijo Khrak— y se está impacientando. Los skreeanos no tienen conocimiento de lo que hay al oeste de las llanuras, pero si allí hay pueblos que conquistar, estoy seguro de que piensa hacerlo. No nos corresponde a nosotros saber lo que pretende la gran mente de nuestro amo —dijo con un gesto de la mano. Khrak se inclinó hacia delante—. Pero sí requiere algo de usted, comandante Gnorm.

—Lo que sea, mi señor —respondió Gnorm con una leve reverencia. Podía saborear las colas de rata, sentirlas deslizarse deliciosamente por su garganta.

—El Sin Nombre necesita que se envíen más prisioneros a Dang. Voy a ordenar a los comandantes de todos los sectores de Skree que dupliquen los arrestos. Ya no solo los niños, sino familias enteras. Llenaremos el carruaje negro de skreeanos y los enviaremos por montones a nuestro señor Gnag el Sin Nombre. —Khrak bebió otro largo sorbo de lodo y sonrió—. Confío en que esto resulte de su agrado.

—Oh, sí, señor. Muy de mi agrado. —Gnorm sonrió satisfecho, pensando a qué ciudadanos de Glipwood apresaría primero. Luego volvió a pensar en las tabernas de Dugtown y preguntó—: ¿Eso es todo, general?

Khrak se acarició la cola y fulminó a Gnorm con la mirada.

—Sssí, comandante. Retírese.

Gnorm volvió a inclinarse, y al hacerlo, un medallón de oro en una cadena de plata se deslizó desde donde lo había metido en su coraza. El collar brilló a la luz y colgó de su cuello de forma tentadora.

—Un momento —dijo el general, deslizándose fuera del trono y bajando los escalones. El chasquido de sus garras sobre el suelo de mármol resonó en toda la cámara—. ¿Y dónde ha conseguido esta baratija?

Gnorm sintió que un sudor húmedo se filtraba por entre sus escamas. No se atrevió a moverse.

—De uno de los habitantes del pueblo, señor. Una mujer. Es sssuyo, si le agrada —tartamudeó.

El general arrebató el medallón del cuello de Gnorm con un siseo y regresó al trono despidiéndolo con un gruñido. Miró el medallón con satisfacción.

—Me gusta cómo dessstella —se dijo el general mientras se lo ponía—. Ahora, váyase. Gnorm se levantó y salió de la sala del trono. Atravesó furioso el vestíbulo donde seguían holgazaneando los trols y los Colmillos y volvió a subir a su carruaje.

—Llévame a Dugtown —gruñó—. ¡Ya!

El cochero se apresuró a subir al carruaje y condujo al descontento comandante por las calles empedradas hasta el transbordador a Dugtown, donde se daría un festín de vísceras y ahogaría su rabia por haber perdido su botín favorito.

26

Problemas en la librería

A la mañana siguiente, Podo se alegró de encontrar más thwaps en el jardín. Le gustaba tanto oír a Willie Buzzard quejarse de ellos en la taberna que Podo había empezado a desear levantarse cada mañana al amanecer para pillar a los ladronzuelos; parte de su rutina diaria consistía en colarse en el patio trasero de Willie Buzzard, echar sacos llenos de thwaps y ver cómo se dispersaban. Para ser justos, después de soltar a los thwaps, Podo se escabullía hasta la puerta principal y le entregaba a Willie una cesta de verduras, cortesía del floreciente huerto de Igiby.

Janner, Tink y Leeli estaban haciendo sus tareas matutinas y estudiando sus T.H.A.G.S. Tink estaba entusiasmado porque los dos libros de arte que le había prestado Oskar eran útiles y rebosaban de bellas imágenes. Leeli se dedicaba a memorizar la letra y la melodía de varias melodías antiguas que Nia conocía de la infancia. Pero Janner estaba sentado en los escalones de la entrada con su diario en el regazo, mirando más allá de los árboles. Nia le había pedido que escribiera un informe sobre *La edad de los flonejos amables*, pero por mucho que lo intentara, Janner no podía pasar de las primeras palabras sin pensar en el mapa de Oskar.

Oskar N. Reteep era un hombre bastante diferente de lo que Janner había pensado, que ocultaba mapas secretos y atesoraba armas en una mansión encantada. Janner sacudió la cabeza y sonrió irónicamente, pensando en todas las joyas que su madre había guardado en secreto. Ella tampoco era exactamente quien él pensaba. *¿Acaso todos los adultos tienen algo que ocultar?*

—Janner, ¿ya has terminado? —la voz de Nia lo sobresaltó. Estaba detrás de él, frunciendo el ceño ante la página en blanco que tenía sobre el regazo.

Las mejillas de Janner enrojecieron. Llevaba allí sentado casi toda la mañana y no tenía nada que mostrara su progreso.

—Solo tengo… demasiadas cosas en la cabeza como para escribir sobre flonejos y las Selvas de Plontst —balbuceó. Se quedó mirando al suelo, preguntándose por qué de repente sentía la necesidad de llorar. Esperó algún tipo de reprimenda, pero en su lugar, sintió que su madre le apretaba el hombro.

—Entonces escribe sobre eso. Te hará bien —dijo, volviéndose para irse—. Y prometo no leerlo.

Janner miró la pluma que tenía en la mano y recordó el tacto de la espada que había blandido en la sala de armas. Se había sentido bien, como si ya no fuera un niño impotente en una ciudad aburrida, sino alguien cuya vida podía significar algo, como la de su padre. Todas las lágrimas que se habían acumulado en él hacía unos instantes se convirtieron en palabras, y empezó a descargarlas en su diario.

Cuando terminó de relatar los detalles de las aventuras de los dos últimos días —la cabeza llena de preguntas que habían suscitado y el corazón lleno de emociones que habían despertado—, le dolía la mano y el frasco de tinta estaba casi seco.

Nia llamó a almorzar ensalada de carne de gallina y pan redondo, y Janner cerró su diario con una sensación de ligereza en el pecho, como si hubiera estado cargando un saco de forraje sobre los hombros durante dos días y acabara de tirarlo al suelo del granero. Pero su mente seguía dando vueltas.

Tink apareció y trató de avanzar hacia la puerta de la cocina, pero Janner le agarró el codo.

—Carne de gallina y pan redondo —dijo Tink, dándose palmaditas en el estómago—. ¿Qué pasa?

Janner bajó la voz.

—Tenemos que devolver ese mapa.

El rostro de Tink se puso serio y escondió las manos detrás de la espalda, pensando en lo mucho que deseaba mantener los dedos pegados a ellas.

—¿Tenemos que hacerlo? ¿Y si el señor Reteep se entera?

—Se enterará pronto, y si se da cuenta de que falta, seguro que sospechará que lo hemos tomado. Creo que nuestra opción más segura es intentar devolverlo cuando no esté mirando. Confía en mí. Lo haremos hoy, cuando vayamos a la librería.

Engulleron el almuerzo y salieron, con Leeli y Nugget a cuestas. Una vez más, Podo los acompañó a la ciudad hasta la Taberna de Shaggy.

«Después de roer un par de huesos con Shaggy, me voy a casa a cuidar del jardín. Volveré a buscarlos al atardecer». Con la advertencia de que tuvieran cuidado y se mantuvieran unidos, los envió, quejándose en voz alta de su sed desbordante.

Leeli no había vuelto a la ciudad desde el Festival del Dragón Marino y estaba ansiosa. Pero el sol brillaba y la gente de la ciudad parecía la de siempre, así que pronto se animó y se puso a canturrear mientras cojeaba detrás de sus hermanos. Saludaron a los hermanos Blaggus, que empujaban una carretilla llena de herramientas de jardinería que acababan de adquirir tras pasar la mañana rellenando una pila de Formularios de Uso de Herramientas.

Los Colmillos estaban en su lugar habitual, delante de la cárcel, riéndose perversamente entre ellos y burlándose de los ciudadanos de Glipwood que pasaban.

Janner se sintió aliviado al no ver ni rastro de Slarb ni del comandante Gnorm.

Zouzab estaba sentado en el tejado de Libros y Rincones con las piernas cruzadas, haciendo malabarismos con tres piedras y observando a los niños que se acercaban.

—Hola, niños —dijo en voz baja—. ¿Han venido a… devolver algo?

—Janner y Tink se miraron. ¿Sabía Zouzab que se habían llevado el mapa? Janner se dijo que era su conciencia culpable. Lo saludaron con la mano. Janner intentaba ser lo más agradable posible con el pequeño y extraño correcumbres, aunque siempre le resultaba difícil. Los ojos de Zouzab parecían estudiarlo de un modo que a Janner le resultaba familiar, aunque no sabía por qué.

—Hemos venido a ver si Leeli puede tomar prestados algunos libros —dijo Janner.

—Seguro que será un placer —respondió Zouzab con bastante amabilidad mientras se escabullía hacia atrás, perdiéndose de vista.

Janner observó cómo desaparecía el correcumbres y se acordó de Nicolás, el gato de Ferinia Swapleton. Normalmente, se lo veía holgazaneando a la sombra de la entrada de la tienda de flores, lamiéndose las patas. Pero a veces, cuando una mariposa rebotaba en el aire delante de él, el gato se ponía en pie de un salto y observaba al insecto con una intensidad fría y atenta. Janner se dio cuenta de que cuando Zouzab lo observaba, se sentía como la mariposa. Se estremeció y se apresuró a entrar en la librería para encontrar a Oskar en su despacho, encorvado sobre un enorme volumen en su escritorio.

—¡Los tres Igiby! Pasen, pasen. —Extendió los brazos y les hizo señas para que entraran. Sin embargo, su expresión se tornó en una de horror cuando vio que Nugget caminaba junto a Leeli. —¡Oh! Nada de perros, muchacha. Lo primero que hará será roer algún libro viejo y único. —Echó a Nugget por la puerta trasera, para decepción de Leeli. Al darse cuenta, la expresión de Oskar se suavizó, pero solo un poco—. Como escribió el gran adiestrador de animales Yakev Brrz, eh, a ver... ¿cómo era que decía? —Oskar cerró los ojos con un dedo en el aire—. ¡Ah! Ya está. «Te guste o no, el perro se queda afuera». Yakev era un tipo sabio.[1]

1. Yakev Brrz aborrecía todo tipo de maltrato animal, sobre todo la costumbre de referirse a las mascotas como «bebé» y atribuirles características humanas. La primera esposa de Yakev, Zaga, estimaba tanto a sus dos Beckitt Terriers que insistía en que se sentaran a la mesa con ellos durante la cena y en que durmieran a los pies de su cama. Yakev, cuya capacidad de comunicación con todo tipo de animales era inigualable, no consiguió

Leeli hizo un gesto a Nugget para que la esperara junto a la puerta de carga de la parte trasera, donde habían estado las cajas llenas de libros.

Oskar acompañó entonces a Leeli por la tienda hasta encontrar la sección de música. Janner y Tink deambularon por el laberinto de estanterías durante media hora antes de que Tink encontrara el panel suelto justo debajo de la estantería rotulada REMEDIOS Y ANÉCDOTAS DE ZARPULLIDOS. La vela de cera de mocos seguía en su sitio.

—¿Está cerca? —preguntó Tink, mirando arriba y abajo por el pasillo. Janner caminó hasta el final, se asomó por la esquina y negó con la cabeza.

Tink soltó el panel, se sacó el mapa de la manga y lo deslizó bajo la estantería. Mientras volvía a colocar el panel, oyeron una voz tranquila por encima de ellos.

—¿Se te ha caído algo? —dijo Zouzab. Estaba encaramado a una estantería alta, encima de ellos, y sonreía.

Janner y Tink intentaron devolverle la sonrisa. Tink le dijo que había visto un ratoncillo correteando y que intentaba atraparlo antes de que estropeara alguno de los libros de Oskar.

—Ah, sí, veo ratoncillos por aquí todo el tiempo —dijo Zouzab—. Yo tan solo... —rápido como un rayo, Zouzab se escabulló por la estantería y fingió arrebatar algo— me acerco sigilosamente y los agarro antes de que se den cuenta de lo que ha pasado.

Tink y Janner sonrieron incómodos, aún sin saber qué pensar de Zouzab Koit.

---

convencer a Zaga de que sus «bebés» detestaban las prácticas alimentarias de los humanos y preferían no ponerse el pijama de encaje color lavanda a juego para dormir en su cama humana. Una fatídica noche, cuando Zaga dormía profundamente, Yakev se acercó de puntillas a los pies de la cama, tomó a Schpoontzy y a Kiki cuidadosamente en brazos, los llevó fuera, sacó de la manga un cuchillo afilado y acabó con su sufrimiento. Es decir, cortó el pijama de encaje de lavanda de los perros oprimidos y los dejó correr libres a la luz de la luna, para que nunca volvieran. Se dice que una vez que la noticia de la liberación de los perros a manos del poderoso Yakev Brrz se extendió entre la raza canina, por dondequiera que pasaba Yakev, todas las razas de perros aullaban y se revolcaban respetuosamente sobre sus lomos. No se sabe nada más de Zaga.

Zouzab se escabulló de nuevo por la estantería y volvió a desaparecer.

Janner le dio un codazo a Tink e hizo un gesto con la cabeza hacia la entrada. Durante otros quince minutos, dieron una vuelta equivocada tras otra, intentando encontrar a Leeli y Oskar.

Al final encontraron a Oskar, muy satisfecho de sí mismo, con una pila de al menos diez grandes volúmenes, todos sobre el tema del arpa silbante.

—¿Dónde está Leeli? —preguntó Janner.

—¿Eh? —dijo Oskar, mirándolos a través de sus gafas—. ¡Ah! Fue a ver a su perrito hace un rato.

A Janner le dio un vuelco el corazón. Era la primera vez que iban a la ciudad desde el incidente que casi los mata, y ya había perdido otra vez a su hermana. Se dijo que estaba exagerando, pero la sensación de náuseas en el estómago lo hizo correr y gritar su nombre, dejando a Tink y Oskar estupefactos.

Janner corrió de un lado a otro por los enloquecedores vericuetos de los estrechos pasillos, intentando encontrar el camino de vuelta a la oficina. Dobló una esquina y patinó hasta detenerse justo delante de Oskar y Tink, que no se habían movido. Estaba donde había empezado.

«¡Tengo que encontrar a Leeli!», estalló Janner.

Oskar parpadeó, sorprendido por el tono de voz de Janner, pero dejó caer los libros al suelo en un montón y avanzó arrastrando los pies, encabezando la marcha lo más rápido posible con Tink detrás. Janner pasó a su lado cuando vio la oficina delante e irrumpió por la puerta trasera, rogando que Leeli estuviera sentada allí, en la hierba, rascándole la barriga a Nugget.

Sin embargo, no se la veía por ninguna parte.

La zona de atrás de Libros y Rincones estaba vacía, salvo por la pila de cajas viejas apiladas allí dos días antes. Junto a las cajas estaba la nueva muleta PATEALAGARTOS de Leeli.

Janner sintió que su interior se estremecía. No podía creer que ya hubiera fracasado en su intento de proteger a su hermana, y tenía la sensación de que esta vez no saldrían ilesos. Fue débilmente consciente de que Tink gritaba el nombre de Leeli lo más fuerte que podía y de que Oskar se arrastraba por la esquina del edificio, llamando también a Leeli.

Janner cayó de rodillas, al borde de las lágrimas. Se le mezclaban sentimientos de rabia hacia Leeli por haber salido sola, de enojo hacia Oskar por haberla dejado aunque fuera un momento, y de culpa por haber fallado una vez más a Podo, a Nia y, sobre todo, a Leeli.

Oskar volvió por la esquina.

—No está aquí —dijo, ajustándose las gafas con preocupación.

De repente, apareció Nugget, cojeando y gimoteando.

—¡Nugget! —gritó Tink, y corrió hacia el perrito—. ¿Dónde está Leeli, chico? ¿Leeli? —Nugget señaló con el hocico el campo que había detrás de la tienda de Oskar y ladró.

—Ahí —dijo Zouzab desde arriba de ellos. Estaba una vez más en el tejado y señalaba al norte, hacia un grupo de árboles—. Veo algo que se mueve… allí.

—¿Es ella? —preguntó Janner, poniéndose en pie.

—Parece ser un Colmillo… y… sí, está llevando algo a cuestas. Creo que es ella —terminó Zouzab, con un dejo de tristeza en su voz.

Con un rugido, Janner se puso en pie de un salto y corrió tan rápido como pudo hacia su casa. Su único pensamiento era que tenía que encontrar a Podo, porque él sabría qué hacer.

Janner y Tink gritaron su nombre durante todo el camino hasta la cabaña, y Podo, que había estado cavando en el jardín, dejó caer la azada y corrió, con pata de palo y todo, a su encuentro.

—¿Dónde está mi nieta? —bramó.

Entre jadeos, Janner le contó lo sucedido, y a mitad del relato, se echó a llorar. Se sentía como un tonto, pero no pudo contener las lágrimas por más tiempo.

Tink se quedó a su lado torpemente, mirando al suelo y rogando que Podo no fuera demasiado duro con su hermano mayor.

Sin decir palabra, Podo se dio la vuelta y corrió hacia el granero.

—Abuelo, ¿qué hacemos? —gritó Tink tras él.

Podo salió del granero, de repente a horcajadas sobre su viejo caballo de carga, Danny, pero tanto Podo como Danny parecían distintos. Danny galopaba como un caballo de guerra, con las crines sacudiéndose como si estuvieran ardiendo, y allí, sobre su lomo desnudo, estaba sentado Podo, con el pelo blanco y salvaje al viento, la espalda encorvada hacia delante mientras apremiaba al caballo.

Janner pensó que su abuelo parecía diez años más joven y el doble de fuerte.

—Quédense aquí —gruñó Podo.

—Pero… —replicó Janner.

—¡QUÉDENSE AQUÍ! —rugió Podo. Se le erizaron las venas del cuello y su cara se puso roja como una ciruela. Se alejó al galope por el camino hacia el pueblo, dejando a sus nietos mirándolo atónitos.

27

Una trampa para los Igiby

Leeli estaba pasando un momento horrible. Slarb se la había colgado del hombro como un saco de raíces de trullo. Desde su posición boca abajo, apenas podía ver otra cosa que su cabello rubio rebotando sobre su cabeza y las escamas verde grisáceas del hombro y la espalda del Colmillo.

La fría piel de Slarb era suave y húmeda, como las hojas a última hora de la mañana, solo que la humedad de sus escamas seguramente no era para nada agradable como el rocío matutino. Apestaba, un olor penetrante que a Leeli le recordaba a la pila de compost que había junto al jardín, donde a menudo la enviaban con peladuras de verduras y restos de comida.

Por insólito que pudiera parecer, Leeli llegó a sentir lástima por Slarb. Probablemente no tenía amigos, pensó, y fuera donde fuera tenía que olerse a sí mismo, a menos, claro, que se acostumbrara, pero descartó esa idea por imposible.

Sin embargo, la compasión que sentía por el Colmillo desapareció en cuanto le habló.

«Jamás—te—saldrás—con—la—tuya», dijo entre rebote y rebote. «Mis—hermanos—y—mi—abuelo...».

Slarb gruñó y apretó con más fuerza sus manos llenas de garras alrededor de las piernas de la niña hasta hacerla gritar. Leeli no dijo nada más.

Los chicos no tardarían en darse cuenta de que había desaparecido, y Nugget aún no la había defraudado.

Al cabo de un rato, empezó a pensar que morir sería preferible a aquel horrible hedor.

Se dio cuenta de que habían subido poco a poco en dirección al bosque de Glipwood, pero no podía hacer nada. Si de algún modo se liberaba, no podría huir; se le había caído la muleta cuando Slarb la agarró, y aunque la tuviera, no había ninguna posibilidad de dejar atrás a un Colmillo.

Finalmente, se detuvieron. Slarb llevaba media hora caminando por los campos y el único ruido que había hecho fue gruñir a Leeli cuando intentó hablar con él. Se detuvo en un grupo de árboles al principio del bosque, olfateando el aire.

Leeli guardó silencio y esperó a ver qué hacía. Seguro que no pensaba llevarla al bosque. Incluso los Colmillos sabían que entrar en el bosque de Glipwood significaba una muerte segura.

Slarb rio para sí, un sonido nauseabundo, y tiró a Leeli al suelo. La caída la sacudió y se mordió la lengua con fuerza suficiente para extraer sangre. Podía saborearla en la boca mientras luchaba contra las lágrimas. Pero Leeli se apartó el pelo de los ojos y miró ferozmente a Slarb.

El extremo de su cola revoloteaba y crujía sobre el suelo frondoso, el único sonido que Leeli podía oír aparte de su respiración entrecortada. Sus ojos negros la miraban sin emoción.

«Creo que tus hermanitosss no tardarán en llegar», dijo, y se escabulló hacia un árbol cercano y se apoyó en él, con una sonrisa de satisfacción en su rostro escamoso.

Leeli se tumbó en el suelo, pensativa. Sabía que Slarb tenía razón. Conocía a sus hermanos y sabía que vendrían por ella, pero esta vez no quería que lo hicieran. Si Slarb no los mataba, era muy probable que lo hicieran las criaturas del bosque. No quería que cayeran en una trampa. Leeli miró a su alrededor y vio un gran árbol nudoso a unos metros detrás de ella. Retrocedió para apoyarse en él.

Slarb oyó su movimiento, giró la cabeza hacia ella y siseó. Su lengua larga y bífida se deslizó fuera de su boca y sobre sus colmillos. Leeli volvió a apoyarse en el árbol. Sabía que Slarb no necesitaba demasiadas razones para matarla, así que se movió con cuidado. «No voy a ninguna parte, señor Colmillo, solo me apoyo en el…».

«¡Sssilencio!», ladró. «Lo único peor que el olor de ussstedes, los humanos, es el chirrido de sus voces».

Leeli asintió, con el corazón latiéndole con fuerza.

Durante los minutos que pasaron, Slarb permaneció en silencio, escuchando. Se apoyó en un árbol, aparentemente preparado para esperar durante días si era necesario.

La mente de Leeli seguía acelerada, pero por más que lo intentaba, no se le ocurría nada que pudiera hacer. Un pensamiento acudía una y otra vez a su mente. *Sal de aquí. Cojea tan rápido como te permita tu pierna torcida. No te quedes aquí sentada esperando a ver morir a tus hermanos.* Era inútil, pero no podía soportar no hacer nada.

Leeli avanzó con suavidad. Slarb no se dio cuenta. Había ladeado la cabeza, escuchando algo. Justo cuando Leeli se armó de valor para darse la vuelta e intentar escabullirse, oyó un estruendo en la maleza, a su derecha.

¡No! pensó. Leeli estaba segura de que eran Janner y Tink, que venían a buscarla. Slarb se escabulló hacia el bosque en dirección al sonido. Utilizando el tronco del árbol como apoyo, Leeli se puso en pie tan rápido como pudo.

«¡Corran! —gritó—. ¡Es una trampa! ¡Corran!». Luego se dio la vuelta y se adentró en la maleza, saltando lo más deprisa que pudo, esperando los gritos de sus hermanos detrás de ella. *Quizás me oyeron a tiempo,* pensó. *Tal vez pudieron escapar, o pudieron esconderse el tiempo suficiente para que Slarb se alejara en la dirección equivocada.* Pero quizás ya estaban muertos.

Leeli salió del grupo de árboles y cojeó hacia el sur en la dirección en la que la había llevado Slarb. Detrás de ella, oyó un gruñido frustrado y luego el sonido de Slarb persiguiéndola, chocando entre la maleza. Siguió adelante, pensando solo en que tenía que alejarse de la bestia que la perseguía. Maldijo su pierna torcida, los Colmillos y la hierba alta que la ralentizaba. Su vestido se enganchó en la rama de un arbusto de flor de pato y se detuvo de golpe. Frenéticamente, Leeli se afanó por soltar el enganche y miró hacia atrás a tiempo de ver a Slarb volando hacia ella con los colmillos amarillos al descubierto. Se hizo un ovillo, cerró los ojos con fuerza y oró al Creador para que aquello acabara pronto.

28

Al bosque

Los chicos corrieron hacia la cabaña sin decir palabra. Nia abrió de golpe la puerta principal y corrió a su encuentro.

«¿Dónde está tu abuelo? ¿Dónde está Leeli?», preguntó.

Entre jadeos, le contaron lo ocurrido. Nia le lanzó a Janner una rápida mirada de decepción que le perforó el corazón. El muchacho sentía el estómago hueco y frío; no podía hacer otra cosa que esperar.

Nia se lo dijo. Janner se dio cuenta de que estaba preocupada por la forma en que permanecía de pie, con la espalda recta y los hombros erguidos. Cuanto más asustada estaba, más dura parecía.

Nia condujo a los chicos a la casa, con las manos sobre sus hombros. Los hermanos se sentaron en el sofá frente a la chimenea vacía sin hablar durante un buen rato. Los ojos de Janner recorrieron la habitación, y todo lo que veía le recordaba a su hermana pequeña: el almohadón de Nugget en el suelo junto a la chimenea, el arpa silbante de Leeli sobre la repisa. Pensó con vergüenza en las muchas veces que se había sentido frustrado con su hermana por retrasarlo, como si hubiera sido elección suya haber nacido con una pierna torcida. Pensó en las veces que se había burlado de ella por alborotar tanto a Nugget, el perro que la había cuidado mejor que él mismo. Se imaginaba su bonita voz llenando la casa de música, y la echó de menos.

Janner se arrellanó en el sofá y se quedó mirando el techo de madera, esforzándose por no llorar.

Slarb voló por el aire hacia Leeli, con los colmillos al descubierto, en un gruñido feroz. Demasiado asustada para moverse, Leeli se obligó a alejar los pensamientos de los largos dientes del Colmillo hundiéndose en ella, el veneno corriendo por sus venas. En ese momento, pensó en la cálida cabaña, el único hogar que había conocido. Se sintió triste porque nunca volvería a verlo.

Leeli se imaginó a Janner, Tink, Podo y Nia de pie en el jardín delantero saludándola con la mano. Y pensó en Nugget. Esperaba que Janner y Tink se acordaran de darle de comer y de rascarle la barriga de vez en cuando.

De repente, el gruñido de Slarb se interrumpió. Temblorosa, Leeli abrió los ojos y vio las garras del Colmillo agarrándose desesperadamente a un brazo que le rodeaba la garganta.

No podía ver la cara de la persona, solo un mechón de pelo blanco que asomaba por detrás del hombro de Slarb, pero el brazo que rodeaba la garganta de Slarb tenía un calcetín de punto sucio subido hasta el codo.

Los ojos negros de Slarb giraron en sus órbitas mientras arañaba y escarbaba en el brazo calcetado, pero no sirvió de nada. El brazo se mantuvo firme. Slarb retrocedió tambaleándose y se apartó de Leeli, dejando al descubierto al larguirucho Peet el Calcetín, el cual, o bien era lo bastante valiente o lo bastante tonto (o quizás ambas cosas) como para atacar a un Colmillo con tan solo sus manos... o, según resultó ser, sus *calcetines*.

Peet tenía los ojos cerrados mientras se agarraba desesperadamente al Colmillo. Los dientes de Slarb estaban expuestos y rezumaban un veneno amarillento, pero sus movimientos se ralentizaban.

Leeli empezó a albergar la esperanza de que tal vez viviría para volver a ver a su familia y a Nugget. Peet gruñía, esforzándose por mantener agarrada a la bestia que se retorcía; y aunque la sangre empapaba el calcetín donde las garras de Slarb se clavaban en su antebrazo, Peet no mostraba ningún signo de dolor.

Slarb giró sobre sí mismo, tan rápido que los pies de Peet salieron volando detrás de él. El Colmillo se tambaleó de un lado a otro, su cola azotando la maleza. Finalmente, cayó primero sobre una rodilla y luego al suelo, inconsciente.

Peet yacía encima de Slarb, jadeando. Al cabo de un momento, aflojó el agarre y deslizó con cuidado el brazo por debajo del cuello de la criatura. Cuando Peet vio a Leeli, se relajó y se levantó, sacudiéndose como si estuviera avergonzado. Leeli seguía agazapada entre la maleza, al borde de los árboles, mirando con recelo a su salvador.

«Gracias —dijo tímidamente—. Eso fue muy valiente».

Peet la observó sin hablar, todavía sin aliento por su lucha.

Leeli sintió como si estuviera hablando con un animal asustado, y su corazón se compadeció de él, como se había compadecido de Nugget cuando lo encontró mientras era un cachorro. Había algo en su cara que le resultaba familiar, algo que nunca antes se le había ocurrido. Lo había visto dando tumbos por la ciudad, pero nunca se había parado a mirar a aquel extraño hombre. Sabía que solía decir sandeces a las farolas y atacar las señales de tráfico, pero nunca había hablado con él. Nadie lo hacía. El municipio de Glipwood lo ignoraba como a un perro callejero.

Leeli sintió que debería estar asustada, pero no lo estaba. No solo había un Colmillo que seguía vivo, tendido a pocos metros de ella, sino que estaba en el límite del bosque de Glipwood. También estaba en presencia de un hombre que, aunque acababa de salvarle la vida, se suponía que estaba tan loco como el Mar Oscuro era negro.[1] De algún modo,

---

1. De *El ancho terreno* de Stawburn: «El Mar Oscuro de las Tinieblas no era más oscuro que cualquier otro océano por el que haya navegado. Así que no estoy seguro de dónde sacó su nombre, a menos que quizás sea por la sensación que tienes cuando estás ahí fuera, en medio de él. Tienes la sensación de que te puede engullir cualquiera de los bichos gigantes que viven bajo la superficie. Puede que su nombre se deba a todas las tormentas que surgen de él y te golpean a ti y a tu barco como a un niño con una pelota. Todas las noches hay una niebla que se traga las estrellas y te deja flotando a ciegas en la oscuridad. Llegas a sentir que nunca llegarás a casa y que ni siquiera tus mejores compañeros de la nave te conocen realmente ni quieren conocerte, como si nunca se dieran cuenta si te desplomaras sobre la barandilla y cayeras de bruces. Ahora que lo pienso, quizás el agua *era* más oscura de lo normal».

sin embargo, sintió una paz que la sorprendió. Salió cojeando de detrás de la maleza. Peet chilló y retrocedió a trompicones.

«No pasa nada», dijo Leeli, de nuevo como si estuviera calmando a un cachorro asustado. Los ojos de Peet iban y venían como los de un animal atrapado. Se detuvo frente a él y sonrió al hombre alto y harapiento. «¿De verdad te llamas Peet?».

Sus ojos desorbitados se posaron por fin en los de ella. Leeli vio que el miedo agitado desaparecía por un momento y detectó una tristeza en sus ojos que no había notado antes. El hombre alargó una mano enfundada en calcetín para tocarle el pelo alborotado, y Leeli volvió a sentir miedo de repente. Retrocedió un paso de un salto, tropezó con la cola de Slarb y cayó con fuerza al suelo. Peet retiró la mano y jadeó como si hubiera tocado un carbón caliente. La fiereza volvió a sus ojos.

Slarb gimió y se esforzó por levantarse del suelo. Uno de sus ojos negros se abrió y miró a Leeli.

Ella gritó y se alejó, pero Slarb todavía no iba a ninguna parte. Peet le propinó una fuerte patada que le estampó la cara escamosa contra el suelo, y volvió a dejar inconsciente al Colmillo. Luego, con un movimiento de barrido, Peet se acercó a Leeli y la tomó en brazos. Pero ella vio con horror que Peet el Calcetín no la llevaba a casa. La llevaba a lo más profundo del bosque de Glipwood.

Podo encabritó su caballo al borde de los árboles. No había entrado en el bosque de Glipwood desde que era un niño, cuando cazadores y guardabosques mantenían a raya a los animales peligrosos. Ahora estaba aquí, un anciano con una sola pierna y sin armas, y el bosque rebosante de todo tipo de bestias hambrientas. Nugget jadeaba y miraba ferozmente hacia el bosque sombrío.

El rastro de Slarb había sido fácil de localizar. Salía de la ciudad y pasaba junto a varias casas y granjas. Cuanto más se acercaban Podo,

Danny y Nugget a la frontera del bosque, más deterioradas y abandonadas estaban las propiedades. Las viejas vallas estaban caídas. Tristes cascarones de casas se alzaban carbonizados y desamparados en los campos, donde antes las familias trabajaban, vivían y amaban. Estas casas abandonadas se erguían como lápidas esparcidas por la pradera. Mientras conducía a Danny hacia el norte, Podo recordó sus buenos y verdes años de niño en Glipwood, mucho antes de que nadie hubiera oído hablar de Gnag el Sin Nombre.

Los recuerdos lo escocían y lo llenaban de rabia.

«Sí, Nugget, Leeli está ahí dentro». Podo asintió en dirección a los árboles oscuros y palmeó el hombro de Danny, el caballo de carga. «Creo que deberíamos ir a buscar a nuestra niña». Chasqueó la lengua y Danny se puso al galope.

Aunque el crepúsculo se había instalado en la cabaña Igiby, no ardía ningún fuego en el hogar. No había faroles encendidos. Janner, Tink y Nia estaban sentados sin hablar en la casa cada vez más oscura, esperando, como habían hecho durante horas.

—¿Mamá? —dijo finalmente Janner. Nia lo miró desde la silla en la que había estado sentada con la cabeza inclinada—. Lo siento. Siento haberla perdido otra vez.

Janner no pudo continuar sin llorar, así que apartó la mirada.

Nia cruzó la habitación y encendió un farol. Lo colocó en el alféizar de la ventana y luego se sentó junto a su hijo mayor.

—Basta, ya. Todo irá bien. No sirve de nada preocuparse por lo que ya ha ocurrido. Lo que importa es el ahora. Tanto el pasado como el futuro están fuera de nuestro alcance.

—Temo que no vuelva —dijo Tink.

—Tienes que pensar mucho en lo que tienes delante, querido. En nada más. Pensar demasiado en lo que podría ocurrir es cosa de tontos.

Ahora mismo, para su Podo, lo que tiene ante sí es encontrar a Leeli, no pensar en cómo ocurrió ni en quién tiene la culpa. Y lo que tenemos ante nosotros es esperar en esta vieja cabaña sin perder la esperanza. Aunque por la noche la esperanza no sea más que una pequeña brasa, por la mañana aún se puede encender un fuego.

Janner no pudo contenerse.

—¿Por eso tú y el abuelo nunca hablan de nuestro padre? ¿Porque «el pasado está fuera de nuestro alcance»? —Los ojos se le llenaron de lágrimas—. Si Leeli no vuelve nunca, ¿haremos como si nunca hubiera existido, como hacen ustedes con Esben?

Nia se puso rígida.

Janner miró al suelo y jugueteó con el dobladillo de la camisa. Odiaba la tensión que sentía en la habitación, pero no podía disculparse. Sabía que Nia tenía razón sobre la esperanza. La sentía en los huesos. Pero no podía soportar la forma en que su madre y Podo habían enterrado los recuerdos de su padre, fuera quien fuera.

—Janner.

El niño miró a su madre. Era la viva imagen de la fuerza. Tenía su elegante mandíbula rígida, la cabeza erguida y una postura firme. Pero sus ojos se agitaban con emociones contradictorias. Parecía que en cualquier momento iba a romper a llorar de pena o de rabia.

—Sé que te resulta difícil, pero tienes que confiar en mí —dijo—. Hay cosas que no entiendes.

Él puso los ojos en blanco y apartó la mirada, pero ella le tomó la barbilla con mano firme y le volvió la cara hacia la suya.

—Algún día, sabrás por qué no hablamos de tu padre. Los dos lo sabrán —añadió, mirando a Tink—. Pero él lleva muerto muchos años, y tu hermana aún vive… espero. —Nia miró por la ventana hacia la oscuridad cercana y se llevó una mano a la boca—. Viene alguien.

Janner se levantó de un salto y abrió la puerta de un tirón. Vio la forma sombría a caballo que subía por el sendero hacia la casa. Nadie se atrevía a respirar. Finalmente, Janner vio que, en efecto, se trataba de

Podo, cabalgando sobre el viejo Danny y Nugget trotando a su lado, pero no se veía si Leeli estaba allí. Janner tenía la terrible sensación de que aquel día en casa de Oskar sería la última vez que vería a su hermana.

Tink corrió al encuentro de su abuelo y los demás lo siguieron. Cuando aún estaba a un tiro de piedra, oyeron la voz de Podo llamando en la luz mortecina.

—La tengo —dijo—. Está bien.

Tink gritó de alegría y corrió a ayudar a Leeli a bajar del cansado caballo.

Janner casi se desmayó de alivio. Miró a su madre, que estaba de pie en el umbral de la puerta con las manos juntas y apretadas contra el pecho. Sus ojos captaban la última luz del atardecer, brillando como brasas humeantes hasta bien entrada la noche.

29

Ratociélagos y topoespines

Adentro, cada Igiby se ocupó de Leeli y la ayudó a sentarse con un Nugget muy contento. Janner se puso a hacer fuego. Él y Tink colmaron de preguntas sobre los detalles a Podo y Leeli, que se estaba riendo. Pero Nia les dijo que dejaran descansar a su pobre hermana y a su abuelo.

Podo se acomodó en su silla con un gemido y apoyó una pierna en el reposapiés mientras Nia llevaba a los chicos a la cocina para que la ayudaran a preparar la cena.

Al rato, sacaron en una bandeja humeantes cuencos de sopa de gallina. Se sentaron alrededor del fuego y sorbieron el caldo, los chicos angustiados por haber tenido que esperar tanto tiempo para la historia. Podo carraspeó y la habitación quedó en silencio, salvo por el crepitar del fuego.

—Nunca encontré al Colmillo chupatripas que se la llevó —empezó Podo con un suspiro. Saboreó la expectación y sorbió la sopa, gimiendo de placer y asintiendo a Nia con la cabeza—. Pero este pequeño Nugget… —acarició la cabeza del perrito—. Nugget encontró las huellas del apestoso, ¿verdad, muchacho?

Nugget movió la cola y ladró.

—Fue Slarb —dijo Leeli, y todos los ojos se volvieron hacia ella—. Me arrebató de detrás de la casa del señor Oskar y me llevó al bosque, con la esperanza de que todos vinieran a buscarme.

Nia miró bruscamente a Podo, que contó cómo había llegado al linde del bosque y encontrado señales de una riña y dos grupos de huellas que se alejaban el uno del otro. Optó por seguir las huellas humanas, y estas lo condujeron más adentro del bosque de lo que nunca había estado.

Janner pensó en los sabuesos cornudos y se estremeció.

Tink preguntó si Podo había visto alguna vaca colmillo.

—No, muchacho, y gracias al Creador que no las vi. Pero un ratociélago me atacó. Era alto como un árbol —declaró Podo— y tenía garras como cuchillos. Pero el viejo Danny le dio una buena patada en la mandíbula, y el ratociélago chilló y se escabulló.

Tink preguntó cómo podía «escabullirse» algo tan alto como un árbol, pero Podo continuó como si no lo oyera.[1]

—El camino era más duro cuanto más me alejaba. Al principio, solo eran unos pequeños barrancos por los que Danny podía bajar sin problemas, pero al cabo de un rato, empecé a pensarlo dos veces antes de espolearlo. Eran profundos, y yo solo tengo una pierna, ¿sabes? —dijo mientras se golpeaba frustrado el muñón—. Y entonces, oí un ruido —susurró. Se inclinaron hacia él, incluso Nia.

—Estábamos... —empezó Leeli, pero Podo la hizo callar.

—Espera, cariño; tienes que crear suspenso, verás... —hizo una pausa, y Leeli intentó no reírse.

—Oh, sigue con ello —dijo Nia.

—¿Puedo contar la historia aquí? —preguntó Podo, ofendido.

—Pues no lo sé —dijo Nia—. *¿Puedes?*

—Puedo si no tengo más interrupciones —gruñó Podo, murmurando algo sobre que la gente de hoy en día no reconoce una buena historia aunque la pique en la rabadilla—. En fin, escuché cantar a alguien, pero no era nuestra Leeli. Eso es suficiente para asustar a un viejo hasta la muerte, oír una canción en el vientre de un bosque oscuro cuando lo

1. La presencia de ratociélagos —o ratociélagos de cueva, como se los conoce— en el bosque de Glipwood puede sorprender al lector diligente, debido a la habitual ausencia de cuevas en un bosque propiamente dicho. Se llaman así porque sus grandes ojos grises y su semblante carnoso son tan desagradables que es frecuente que uno piense, al encontrarse con uno: «Ojalá estuviera en una cueva, para no tener que mirarlo».

único que ha oído en la última hora es el resoplido de un caballo y sus propios gorjeos.

Nia puso los ojos en blanco y apoyó la cara en las manos.

—Así que empiezo a mirar a mi alrededor, pensando que debo haber oído mal, cuando vuelve a sonar: una voz cantando. De repente, Nugget ladra con furia, y yo lo miro y está ladrando a un árbol. Al principio, pienso: *¡No es el momento de preocuparse por thwaps!* Pero justo entonces, un topoespín del tamaño de una cabra sale de la nada y empieza a enseñar los colmillos y a dar vueltas. Tenía las púas levantadas y empezó a chillar como un halcón, y pensé: *Menos mal que me he traído el trinchante de casa; si no, no tendría con qué luchar.* Así que supe que no tenía mucho tiempo antes de que salieran volando las púas del topoespín, y lancé mi trinchante tan fuerte como pude…

Se detuvo, bajando la mirada de forma dramática.

—¿Y? —preguntó Janner, mordiendo el anzuelo.

Podo volvió a mirar hacia arriba, disfrutando del suspenso.

—Y fallé —dijo, encogiéndose de hombros, mientras se echaba atrás en la silla—. La porquería se clavó en el suelo unos treinta centímetros por delante del bicho. «Brillante», dije, preguntándome qué hacer a continuación. El bicho siseó, saltó hacia atrás y se volvió para lanzar sus púas. Pero justo antes de que lo hiciera, vi lo último que esperaba.

Podo disfrutó de un largo y ruidoso sorbo de sidra mientras los Igiby esperaban al borde de sus asientos.

—Columpiándose en una liana de alguna parte, aparece ese loco del pueblo, Peet el Calcetín.

Janner notó que los ojos de Nia y Podo se cruzaban al mencionar a Peet, como si hubieran mantenido toda una conversación en ese instante.

—Me salvó —intervino Leeli, hablando rápido—. Luchó contra Slarb y me llevó a su casa en el bosque. Fue maravilloso, aunque olía como una baya de cebolla podrida.

—Así que volvamos al topoespín —dijo Podo con impaciencia—. Peet el Calcetín bajó con un bastón y golpeó tan fuerte al animal que le dio vuelta, y mientras se escabullía, Peet sacó una piedra de una bolsa y la lanzó al menos un kilómetro y medio y le dio de lleno en la cabeza.

Janner se quedó boquiabierto.

—¡Fue Peet! —dijo—. Fue Peet quien lanzó las piedras a los Colmillos que atacaron antes a Leeli, ¿no? Todos lo miraron.

—Bueno, podría haber sido —dijo Nia—, pero nadie lo vio, así que no podemos saberlo con seguridad, ¿verdad?

—Bueno, no, pero quién más…

—¿Qué pasó después, abuelo? —dijo Nia secamente.

Podo se aclaró la garganta.

—Como te decía, estábamos debajo de una casita en lo alto de un árbol y, efectivamente, allí estaba la pequeña Leeli, sana y salva, saludando al viejo Podo como si estuviera de vacaciones.

—¿Entonces el Hombre Calcetín no intentó hacerte daño? —preguntó Tink—. Siempre me da asco.

—¡No! —respondió Leeli—. Luchó contra ese Colmillo él solo y me llevó a su casa del árbol. Tiene muchos libros y una escalera de cuerda, y solo necesita amigos. Mamá, ¿podemos llevarle comida? Solo come animales del bosque. Guardó el topoespín y dijo que se lo comería más tarde —y, por cierto, no estaba dado vuelta—, pero pensé que quizás podríamos ayudarlo…

—Ya veremos —dijo Nia con un gesto de la mano—. Ya basta de hablar de este personaje del Hombre Calcetín. Me alegra que te haya salvado, querida, pero está claro que no está bien de la cabeza. Es hora de que se vayan a la cama. Necesitan descansar.

Nia asomó la cabeza por la puerta del dormitorio de los niños. Se quedó pensativa un momento y oyó la respiración profunda de los tres. Solo Nugget se movió. Acurrucado junto a Leeli, levantó la cabeza, la ladeó y movió lentamente la cola para Nia. Nia asintió a Nugget, sonrió y cerró la puerta.

Podo estaba casi dormido en su silla, con la pata apoyada en el taburete. Se había quitado la pata de palo y el muñón de madera yacía en el suelo a su lado.

—El fuego está bajando, muchacha —dijo bostezando.

Nia se sentó en el sofá y también bostezó. Se quedó mirando las llamas y pensó largo rato antes de hablar.

—No puede acercarse a ellos, papá.

—¿Eh? —dijo él, rascándose la cabeza y sofocando otro bostezo.

—Peet.

—Ah. Podo se despertó un poco y miró también al fuego. Volvieron a quedarse en silencio durante un buen rato.

—Mañana por la mañana hablaré con los niños —dijo Nia—. Les prohibiré que vuelvan a hablar con él. —Suspiró y se soltó el pelo del moño—. Estos últimos días han sido los más largos que he vivido desde que llegamos aquí, papá, y le pido al Creador para que el peligro pase pronto. Si mi pastel de gusanos es bueno, y si podemos aguantar hasta que ese Colmillo, Sloop…

—Slarb.

—… sea trasladado a otra aldea, creo que estaremos bien. Al menos estaremos juntos. Y estaremos vivos.[2]

—¡Pero esto no es vida, muchacha! —dijo Podo—. No como debe ser. ¿Ves cómo inclina la cabeza la gente? ¿Ves el miedo que se les escapa y se asienta sobre este pueblo como la niebla sobre el mar? ¡Bah! Ya han olvidado lo que es vivir. Pero tu Podo no. —Sonrió al fuego y cerró los ojos—. Hoy, cuando cabalgaba por el bosque, recordé lo que era tener

2. Aunque los skreeanos no estaban seguros de por qué, los soldados Colmillos rotaban de ciudad en ciudad con regularidad, y cada regimiento navegaba desde Fuerte Lamendron de vuelta a Dang durante unas semanas cada año. Los Colmillos que regresaban a Skree se jactaban de haber «descansado mucho» y eran más malos de lo habitual durante los primeros meses.

el viento en el pelo y el mundo desenrollándose ante mis ojos. —Podo miró fijamente a Nia—. Si Esben siguiera coleando, tendría un par de cosas que decir sobre estos Colmillos que respiran su veneno en nuestras nucas. Tendría algo que decir sobre ese carruaje que sube traqueteando por estas colinas para llevarse a los jóvenes…

—Basta, papá. No está aquí. Y esa imprudencia es exactamente lo que hizo que lo mataran.

—No, muchacha —dijo Podo—. Los Colmillos fueron los que hicieron que lo mataran.

—Pero si hubiera huido, si hubiera venido con nosotros y se hubiera escondido, ahora estaría aquí… —Nia se interrumpió. Estaba a punto de llorar—. Ahora estaría aquí —repitió para sus adentros.

Podo le puso una de sus viejas y curtidas manos en el brazo.

—Está bien, muchacha. Y no te preocupes por hablar largo y tendido con los chiquillos sobre el viejo Peet el Calcetín. Sabes tan bien como yo que, para los jóvenes, una advertencia es lo mismo que una invitación. No podrán dejar de pensar en él si haces eso. Yo digo que lo dejes pasar. —Su voz se volvió peligrosa—. Y yo me ocuparé del viejo Peet. No te preocupes de que vuelva a acercarse a los niños. Yo diría que ya ha hecho suficiente.

Nia no dijo nada mientras miraba con tristeza el fuego moribundo, que luchaba por arder.

30

La prematura muerte de Vop

Mientras Nia y Podo se daban las buenas noches, Slarb volvía cojeando a la cárcel con la cara hinchada y una gran herida sangrante en la pierna. Se había despertado en el claro del bosque con un horrible dolor de cabeza y un ratejón mordiéndole la pierna. Slarb lo había agarrado, le había hundido los colmillos en el cuello con un gruñido y había arrojado a la criatura inerte al bosque. Pasaron varios segundos antes de que recordara lo que había estado haciendo en el bosque. Pero mientras regresaba a la ciudad, Slarb se imaginó comiéndose uno a uno a los niños Igiby y a su perrito.

El *clop* de los cascos que se acercaban interrumpió su ensoñación. Slarb se dejó caer en la hierba alta justo a tiempo para ver pasar a Podo Helmer trotando en la dirección de la que acababa de llegar. Cuando vio a Nugget junto al caballo, Slarb casi saltó de su escondite. A estas alturas, su odio por el perrito indestructible era igual al odio que sentía por los niños que lo habían humillado tanto.

Pero la humillación para Slarb el Colmillo no había hecho más que empezar.

Era bien sabido que los Colmillos de Dang rara vez resultaban heridos. Desde luego, no corrían mucho peligro ante los skreeanos, que no llevaban armas y parecían tener muy poco valor. La única vez que un Colmillo resultaba herido era cuando un compañero le infligía la herida durante una refriega por un brazalete de oro o un cuenco de papilla de mocos.[1]

---

1. La receta de las papillas de mocos, según fuentes de Dugtown, es sencilla: dos tazas de harina, una cucharadita de albahaca machacada y un galón de materia nasal viscosa de

Slarb subió cojeando los escalones de la cárcel, con la esperanza de encontrar una venda para su herida. Los demás Colmillos dejaron de hacer lo que estaban haciendo y se quedaron boquiabiertos a su paso. Slarb tenía la cara horriblemente hinchada, estaba cubierto de suciedad y la pierna le sangraba sin parar por la mordedura del ratejón. Los Colmillos se echaron a reír y le preguntaron qué había pasado.

Slarb el Colmillo se sentó en la sala principal de la cárcel y se curó la herida bajo la avalancha de desprecio de sus compañeros Colmillos. Pero solo pudo soportar las burlas durante un tiempo. Terminó de vendarse la pierna y, sin previo aviso, arremetió contra el Colmillo más cercano, un bruto llamado Vop.

Se revolcaron, gruñeron y rompieron todos los muebles que había en la habitación delantera de la cárcel. Rodaron por el suelo, dándose puñetazos, arañazos y mordiscos mientras los demás observaban y vitoreaban a Vop.

Con un grito, Vop volteó a Slarb por encima de su cabeza y lo estampó contra la pared, en la diana donde estaban clavadas las numerosas dagas arrojadizas. Varias dagas cayeron al suelo.

Slarb se puso en pie, loco de rabia, y tomó una de las dagas. Le lanzó una a Vop, que estaba recibiendo las felicitaciones de los soldados que lo observaban por haber ganado la refriega. Con un crujido repugnante, el cuchillo se enterró en la espalda de Vop. Los Colmillos dejaron de reír y observaron conmocionados cómo caía sin vida al suelo.

Slarb estaba solo, respirando con dificultad y con una sonrisa de satisfacción en la cara.

A los Colmillos ya les caía mal Slarb. Ahora había apuñalado a uno de ellos por la espalda.

—Ha matado al viejo Vop —dijo uno, mirando a Vop con sorpresa.

—Vop era un buen Colmillo para echarse unas risas —dijo otro.

---

cualquier animal que tengas a mano. Remuévelo a fuego lento hasta que espese. (El método de recogida de dicha mucosidad no está claro).

—Y tampoco fue él quien empezó la pelea —acotó Brak, que entrecerró los ojos hacia Slarb—. Fue Slarb quien empezó, y el viejo Slarb lo atacó mientras no miraba.

—Conozco a Vop desde que vinimos de Dang —dijo uno, resoplando—. Quemamos muchos pueblos juntos, él y yo. Arrojé a mi primer mocossso gritando al Carruaje con él.

—El comandante Gnorm le tenía mucho cariño al viejo Vop. Decía que era como el sssobrino que nunca tuvo —dijo otro, sacando su espada de la vaina.

Cuanto más miraban a Slarb, más miraba este a la puerta. La banda de Colmillos furiosos dio un paso colectivo hacia él, con las manos extendidas y las armas desenvainadas, mientras Slarb corría hacia la puerta. Pero era demasiado tarde. Los Colmillos lo buscaron, pero Slarb se retorció, gritó y, en un instante, se encontró saltando por los escalones de la cárcel en medio de una lluvia de insultos y maldiciones.

Slarb corrió y corrió, salió de Glipwood y subió por la larga carretera hacia Torrboro, aunque no sabía adónde iba. Ya no sentía la herida de ratejón en la pierna ni el bulto en el costado de la cabeza donde Peet el Calcetín le había dado una patada. Sabía que el comandante Gnorm ordenaría su ejecución cuando volviera y encontrara a Vop apuñalado por la espalda. Pero eso tampoco le importaba ya.

La fría y blanca luna lo iluminaba con desdén mientras Slarb corría, con una mueca loca, sin que su retorcida mente pensara en nada en absoluto.

Excepto, claro está, en su odio hacia los Igiby.

31

El medallón de Khrak

A la mañana siguiente, mientras desayunaba tocino y totatas fritas, Janner tuvo la sensación, por primera vez en una semana, de que todo iba a salir bien. El desayuno estaba delicioso, el sol brillaba, nadie estaba herido y tenía tres libros nuevos para leer. Con suerte, Slarb había captado el mensaje de que interferir con los niños Igiby no era una buena idea. En los últimos días, por lo que Janner sabía, Slarb había quedado inconsciente por el impacto de una roca, había sido aporreado por el comandante Gnorm y casi estrangulado por Peet el Calcetín. Puede que incluso se lo comiera entero alguna bestia hambrienta del bosque.

Aun así, Podo y Nia habían decidido que todos debían permanecer cerca de la casa durante unos días hasta que todo se calmara. Había sido una semana llena de acontecimientos, y ni Podo, ni Nia, ni Leeli sabían nada del encuentro de Janner y Tink con los sabuesos cornudos y las armas del sótano de la mansión Anklejelly.

Podo se alegró de haber recogido y entregado otros cinco thwaps de jardín para su viejo rival, Willie Buzzard. Era como si el pirata hubiera encontrado un nuevo propósito en coleccionar y depositar thwaps en su vejez. Aunque se había arrepentido de sus salvajes días en el mar, cacareaba con regocijo mientras se escabullía al jardín de Willie para soltar los thwaps.

Los niños, bajo la tutela de Nia, trabajaban duro en sus T.H.A.G.S.

Janner se afanaba en un poema que Nia le había ordenado componer. El tema era el Festival del Dragón Marino, y él estaba sentado intentando pensar en algo que rimara con «festival» que no fuera «especial».

Tink, descalzo y recostado en el tronco de un viejo árbol, estaba dibujando una paloma desarreglada que había anidado en el hueco de un roble cercano. Era su tercer intento de hacerlo bien, y entrecerraba los ojos y ladeaba la cabeza.

En la puerta trasera de la cabaña, Leeli practicaba el arpa silbante mientras Nugget dormitaba a sus pies.

La vida en la cabaña Igiby parecía volver a la normalidad.

—Ah, la «danza de Dougan»,[1] una antigua melodía de los Valles Verdes —se complació en informar Oskar N. Reteep a Leeli desde la esquina de la cabaña—. Espléndido.

Se había acercado para ver cómo estaba Leeli y disculparse profusamente por haberla perdido de vista. Llevaba su pequeña muleta bajo el brazo.

---

1. Dougan dol Rona de los Valles Verdes. A la gente del Valle se la conoce principalmente por dos cosas: la fruta y la lucha. Los Valles Verdes son un país de valles ondulados y viñedos, cuidados con cariño por sus ciudadanos. La fruta de los Valles es más gorda, jugosa y sabrosa que la de cualquier otro lugar de Kistamos, en parte porque la tierra es muy fértil y en parte por los miles de años de sabiduría sobre la fructificación que solo conocen los habitantes del lugar. Los Valles Verdes también son conocidos por su festival anual de juegos, llamado Fynneg Durga. Los hombres de los Valles son notoriamente bulliciosos, dispuestos a luchar en cuanto se ríen, y consideran un concurso de puñetazos un entretenimiento del más alto nivel, sobre todo si significa la pérdida de un diente o la rotura de la nariz. Las mujeres de los Valles son conocidas por su belleza y sabiduría, lo cual probablemente sea la antigua causa de la cultura de lucha entre los hombres. Cualquier forastero que deseara casarse con una mujer de los Valles Verdes era objeto de burlas violentas (pero afables), y estaba obligado a participar en una versión especialmente brutal de los juegos, el Banick Durga, para ganar la mano de la mujer. Tanto si el aspirante superaba la prueba como si no, se lo premiaba con abundante fruta. Dougan dol Rona pidió la mano de Meirabel Lannerty de los Valles y se vio obligado a competir en el Banick Durga por su mano. Sorprendentemente, venció a los hombres de los Valles en los diez combates, pero mató accidentalmente al hermano de Meirabel en un combate de boxeo con un golpe mal asestado en la sien. La melodía «La danza de Dougan» (compositor desconocido) capta en la canción tanto la pena de Dougan por no casarse nunca con Meirabel como la rapidez con la que huyó para salvar su vida de los hombres de los Valles.

—En palabras del famoso ladrón de zapatos Hanwyt Moor: «Lo siento mucho. No volverá a ocurrir». —Le tendió la muleta—. Y tú debes de ser la patealagartos, supongo.

Leeli abrazó al Sr. Reteep por la cintura.

—¿Puedo seguir yendo a tomar prestados libros de vez en cuando, señor? —preguntó.

—Por supuesto. ¡Por supuesto, joven princesa! Ahora más que nunca.

Nia sonrió y recibió a Oskar con una copa de sidra.

Justo cuando estaban sentados, Podo regresó de su recado en el jardín de Willie Buzzard, y saludó a Oskar con rigidez.

Oskar se retorció bajo la mirada de Podo.

—Podo, debes saber cuánto lo siento —dijo Oskar con la mirada en el suelo. Se pasó nerviosamente un mechón de pelo blanco por la frente—. Si hubiera sabido… si hubiera sabido que el Colmillo estaba cerca, nunca habría… —se interrumpió, intentando pensar en un autor al que citar.

Podo se ablandó y se encogió de hombros con un gesto de la mano mientras se sentaba a la mesa junto a Nia.

—No pasa nada —dijo, con lo que intentó que fuera un ligero puñetazo en el hombro de Oskar. Oskar se sacudió de tal manera que las gafas le quedaron colgando de una oreja. Podo no se dio cuenta.

—En la Taberna de Shaggy se dice que el comandante Gnorm ha vuelto de Torrboro y que no está contento —dijo Podo—. Blaggus dice que lo oyó gritar a todo pulmón sobre algo relacionado con Slarb. Dijo que había oído que Slarb había matado a otro Colmillo.

Oskar se frotó el hombro y se enderezó las gafas.

—¿Un Colmillo muerto? Creo que nunca he visto uno de esos.

—No son la gran cosa —dijo Podo—. Puro polvo y huesos.

Oskar enarcó una ceja.

—Al menos, eso he oído —añadió Podo.

—¿Y Slomp? —preguntó Nia.

—Slarb, querida —la corrigió Oskar.

—Bueno, eso es lo raro —dijo Podo—. Shaggy dice que no se lo ha visto desde que mató al otro. Dice que huyó y nunca volvió. Creo que si volviera, Gnorm lo mataría como al otro. —Podo miró por la ventana—. Tengo la sensación de que podríamos librarnos de ese apestoso de una vez por todas.

—Hasta que no estemos seguros, no quiero que los niños vayan solos a la ciudad —dijo Nia.

—Sí, mantendremos un perfil bajo por unos días —convino Podo—. Pero no tiene sentido escondernos como ratociélagos el resto de nuestras vidas, muchacha. Además, ahora que ha terminado el festival, todos menos unos pocos volverán a Torrboro. Las cosas volverán a la normalidad muy pronto.

—Y te aseguro —declaró Oskar con seriedad— que los niños estarán a salvo en Libros y Rincones, si decides volver a confiarme su compañía. Se miró las manos.

—Hombre, ¿no has oído lo que he dicho? ¡No pasa nada! Y ya está. Podo se inclinó con una sonrisa y volvió a golpear juguetonamente a Oskar en el hombro; esta vez, haciendo que sus gafas cayeran al suelo.

Esperando evitar más muestras de amistad por parte de Podo, Oskar se despidió de ellos. Salió de la cabaña y encontró a Tink apoyado en el árbol, dibujando en un pergamino. Oskar le hizo un gesto a Tink para que se acercara y le susurró: «Y esto es para ti, muchacho. A mí también me resultó muy útil».

Le dio a Tink un librito y se aclaró la garganta. Con una palmada comprensiva en la cabeza del muchacho, Oskar se alejó por el sendero.

Tink miró el libro que tenía en las manos. *Remedios caseros para el sarpullido: Un estudio sobre la incomodidad.*

El general Khrak estaba cansado de reunirse con los comandantes Colmillos. Llevaba toda la semana sufriendo su descaro, sus lloriqueos y su humillación, aunque la humillación lo complacía y aliviaba considerablemente su sufrimiento. El sol estaba bajando en Torrboro, y él miraba la lluvia por la alta ventana del Castillo Torr, ignorando al comandante Plube, un Colmillo con la costumbre de reírse de sus propias bromas. Khrak estaba considerando la posibilidad de ejecutarlo por su mal sentido del humor.

«Un humano entra en una taberna y le dice al cerdo de dos cabezas: "¿Quién ha soltado las cabras?". Y el cerdo dice: "Yo lo hice, ¿y qué?". Entonces, el humano dice: "Ah, nada", y toma al cerdo por la cola y...».

Plube se detuvo en seco cuando Khrak se levantó de su trono y descendió los escalones, clavándole una mirada alarmante. La sala estaba vacía, salvo por el general Khrak y Plube. La sonrisa grasienta se desvaneció de su rostro cuando Khrak se acercó hasta que sus narices casi se tocaron. Plube temblaba en su armadura. Ni una sola vez durante sus reuniones había abandonado Khrak su trono, y mucho menos había bajado los escalones.

Plube cerró los ojos y esperó la muerte que sin duda llegaría. Siempre le había parecido que Khrak disfrutaba con sus bromas e historias. En su opinión, hacían que informar sobre su aburrido recinto de Skree fuera mucho menos monótono, y Khrak siempre parecía tan falto de humor. Solo intentaba ayudar.

El general Khrak no dijo nada. Se limitó a mirar fijamente, esperando a que Plube abriera los ojos. Un párpado se abrió, luego el otro. Plube se relajó un poco y se rio con recelo.

—Vete. Y no quiero volver a oír otra historia sobre un cerdo en una taberna. Jamás.

—S-sí, ssseñor —balbuceó débilmente Plube mientras retrocedía. En su precipitación, se enredó y tropezó, y cuando cayó, el general Khrak se rio por primera vez en toda la semana. La puerta se cerró tras él y Khrak bostezó. Tenía hambre.

«¡Esssclava!», llamó, y una anciana vestida con ropas andrajosas entró arrastrando los pies en la habitación, sin dejar de hacer reverencias. «Haz que me traigan un plato de ensalada de cola de ratejón a mis aposentos. ¡Y asssegúrate de que esta vez la lechuga esté perfectamente marrón!». La mujer salió de la habitación entre murmullos y disculpas, y el Colmillo se dirigió a sus aposentos a través de unos pasillos llenos de mugre.

Se dejó caer en una silla y esperó su comida. Partiría la próxima luna nueva hacia el Castillo Throg, y siempre tenía que prepararse mentalmente para ese viaje. Gnag lo había convocado, lo que significaba que pasaría cuatro semanas cruzando el Mar Oscuro de las Tinieblas; después, una larga y seca travesía por los áridos Infortunios de Shreve hasta la Cordillera de la Muerte, donde el Sin Nombre tenía su hogar. Odiaba hacer el viaje. Aquí, en Skree, era el general Khrak, soberano de la tierra; pero en el Castillo Throg, era él quien se arrastraba; era el esclavo. No importaba. Era un pequeño precio a pagar por el poder que ejercía en Skree.

Gnag tenía planes para ampliar su reino, para construir un ejército mayor, y si seguía satisfecho con su servicio, entonces sería él, el general Khrak, quien dirigiera el gran ejército hacia el Lejano Oeste. Cerró los ojos y se deleitó con la destrucción que causaría en los pueblos de más allá de los mapas. Quería ese mando. Era un Colmillo de Dang, hecho para la guerra, pero aquí estaba, en Torrboro, malgastando sus días con tontos como Plube.

Es cierto que disfrutaba de la comida y de la suciedad del lugar, y de los halagos que recibía. Pero sentía que si tenía que pasar mucho más tiempo escuchando a los comandantes de distrito parlotear sobre los humanos de sus míseras ciudades, se roería su propio pie. Khrak se levantó y se paseó. Si solo pudiera encontrar las joyas de Anniera. Eso lo cambiaría todo. Gnag lo dejaría hacer lo que quisiera.

La anciana entró con un cuenco de colas de ratejón que aún se movían, sobre un lecho de lechuga marrón y viscosa. Las colas de ratejón parecían fideos vivos y peludos, gordos como dedos. Khrak tomó el cuenco, se lo acercó a la cara y aspiró su aroma rancio.

«Y su salsa de sudor favorita, señor», dijo la mujer, con un ligero temblor en la voz. Que Khrak la hubiera dejado marchar sin herirla era señal de que estaba satisfecho con la comida.

Khrak se sentó, sorbió su primera cola de ratejón y suspiró, encorvándose de nuevo en la silla.

Por costumbre, su mano se dirigió al medallón que colgaba de su cuello. Su joya más reciente, cortesía de... ¿quién era? Ah. El comandante Gnorm, el gordo, unos días antes. De Glipwood.

Khrak mojó otra cola en la salsa de sudor y la masticó pensativo mientras jugueteaba con el medallón. Lo miró de cerca por primera vez, admirando los rubíes que adornaban sus bordes, acariciándolo con sus dedos escamosos. Engulló otra cola mientras daba la vuelta al medallón y examinaba el reverso... y se atragantó.

Khrak saltó de la silla y escupió la cola de ratejón al suelo. Atravesó la habitación hasta un farol que ardía en un candelabro de la pared y acercó el medallón a la luz. Allí, grabado en el reverso del medallón, había un dragón con alas.

El Sello de Anniera.

¿Podía ser? se preguntó, mientras su mente daba vueltas. *¿En Glipwood? ¿Después de tantos años?*

El general Khrak rio por segunda vez aquel día.

32

Cómo se hace un pastel de gusanos

A medida que aumentaban los problemas con los Colmillos, Nia supo que había llegado el momento de dedicarse a preparar el pastel de gusanos de Gnorm.

Puso dos trozos de carne de gallina en la pila de compost, donde seguro los encontrarían los bichos. Cuando comprobó la carne al día siguiente, estaba podrida y sudando. Asintió para sí e intentó pensar en otros ingredientes repulsivos.

Durante la cena, anunció que todos los miembros del clan Igiby debían cortarse las uñas y colocarlas en un cuenco junto a la puerta de la cocina durante el resto de sus vidas, o hasta que Gnorm fuera trasladado a otra ciudad. Nugget olfateó un nido de chinches de fuego en la base de un árbol, y Nia hizo una pasta espesa machacando un puñado de esos bichitos con una piedra. Nunca lo habría admitido, pero estaba disfrutando del intento de hacer una comida lo más asquerosa posible.

Luego, llovió durante dos días. La lluvia mantuvo a los niños dentro y en la miseria, así que no tuvieron más remedio que trabajar en sus T.H.A.G.S. durante horas. Pero Nia se alegró de que lloviera, porque la lluvia sacó gusanos del suelo. Les pidió a Tink y Janner que recogieran cuencos llenos de gusanos y los añadieran a la pasta de bichos.

Al tercer día, la lluvia amainó y el sol volvió a brillar. Nia se puso un par de guantes, se envolvió la cara con un pañuelo y recogió la carne de gallina estropeada del montón de abono. La carne estaba blanquecina, húmeda y, para alivio de Nia, repleta de gusanos. La horneó hasta formar una hogaza regordeta y húmeda, y la adornó con una pizca del pelaje de Nugget.

Nia colocó el pan rezumante en una fuente y lo cubrió con un trapo; luego, ella y los niños salieron por el camino hacia la ciudad. Un olor nauseabundo los seguía como una nube negra y convocaba a las moscas. Los niños debían esperar en la librería de Oskar mientras ella entregaba la hogaza a Gnorm en la cárcel.

«Si tan solo descubro que Slarb no ha regresado, les permitiré pasar la tarde en lo de Oskar», dijo Nia, sosteniendo el pan de gusanos a cierta distancia. «Hagan lo que hagan, manténganse alejados de los Colmillos. Y permanezcan juntos».

Miró a Janner, que asintió. No volvería a perder de vista a Leeli ni a Tink, pasara lo que pasara.

Anduvieron el resto del camino sin hablar; el único sonido era el zumbido de las moscas que flotaban bajo la tela.

Una vez en la ciudad, Janner llevó a Tink y a Leeli a Libros y Rincones, desde donde observaron por la ventana. Zouzab colgaba boca abajo, como una araña, de una viga, y también se asomó. Con valentía, Nia subió los escalones de la cárcel y, con una ligera reverencia, presentó su sórdida comida al comandante Gnorm.

Janner, Tink y Leeli se movieron para ver con más claridad. Nia les daba la espalda y solo podían ver a Gnorm sentado en su mecedora, afilando su daga, con las botas apoyadas en la barandilla del porche. Nia permaneció ante él durante lo que parecieron horas, mientras los niños y Zouzab la observaban en un tenso silencio. Finalmente, se dio la vuelta y se alejó. Miró directamente a la ventana de Libros y Rincones y asintió con una sonrisa tensa. Janner, Tink y Leeli suspiraron al unísono, aliviados. Podían ver a Gnorm engullendo entre una nube de moscas, con la cara hundida en el pastel de gusanos.

«Parece que su madre ha complacido al Colmillo», dijo Zouzab. Se subió a las vigas, saltó a un estante alto y sonrió a los niños. «¿Quizás ahora nos visiten más a menudo?», dijo, y sin esperar respuesta, desapareció.

Janner sintió que lo invadía una oleada de alivio. El asentimiento de Nia significaba que Slarb se había ido. La vida podría volver a su lento ritmo normal y, para sorpresa de Janner, eso lo alegró. Pero tenía preguntas, y muchas de ellas sobre el larguirucho de los calcetines en los brazos, que ahora rodaba patas para arriba por la polvorienta calle que tenían delante. Janner estudió a Peet como nunca antes lo había hecho. Antes, solo pensaba en Peet cuando lo veía saltando por el pueblo con un palo en la boca o haciendo malabarismos con cubos junto a los acantilados. Ahora, Janner no podía evitar observarlo y preguntarse por él.

—Háblanos de su casa del árbol —dijo Janner, mirando fijamente a Peet.

—Y de su olor —añadió Tink.

—Y de sus libros —dijo Janner.

Leeli miró molesta a sus hermanos.

Janner tiró de ella y de Tink hacia el suelo, cerca de la ventana, donde podían acurrucarse, mientras observaban a Peet a la distancia. Afuera, Nugget movía la cola y miraba fijamente a la puerta, esperando pacientemente a Leeli.

—¿Dijo algo durante todo el tiempo que estuviste con él? —quiso saber Tink, entre mordiscos a un trozo de tafita.

—No, ya te lo he dicho —respondió Leeli. Su actitud defensiva hacia Peet le recordó a Janner cómo era su hermana con Nugget antes de que aprendiera a no levantar la pata dentro de casa—. Cuando me subió por la escalera de cuerda y me metió en la casa del árbol, dijo que estaba a salvo. Aparte de eso, se quedó sentado en un rincón, como si me tuviera miedo. Intenté hablar con él, pero se quedó sentado, enrollando y desenrollando un trozo de cuerda alrededor de la muñeca. Empezó a mecerse de un lado a otro y a tararear algo, y creo que era la canción más bonita que he oído nunca. Me dio sueño, así que me acurruqué contra la pared. Supongo que me quedé dormida. Como he dicho, lo siguiente que oí fue un chirrido horrible.

—El topoespín —dijo Tink.

—Sí, y eso fue todo. Llamé al abuelo cuando lo vi, y luego Peet me llevó en brazos. Al abuelo no parece gustarle mucho Peet, pero le dio las gracias. Luego salimos del bosque tan rápido como pudimos.

—¿Pero qué clase de libros eran? —insistió Janner.

Leeli resopló.

—No sabría decirlo. Tenían tapas de cuero con dibujos. Había un viejo baúl en un rincón y un montón de trastos. No estuve allí mucho tiempo antes de quedarme dormida. —Sonrió para sí—. Y cuando me desperté, me había puesto una manta encima.

Al cabo de un momento, Tink susurró:

—¿Crees que podrías volver a recordar cómo llegar a su casa del árbol?

Leeli lo miró como si estuviera loco.

—Aunque pudiera, no te lo diría. El abuelo iba a caballo, y aun así lo atacaron un ratociélago y un topoespín. ¿Y si lo hubiera atacado una vaca colmillo? El lugar está a kilómetros dentro del bosque. No seas tonto.

—No he dicho que fuera a ir —dijo Tink, dando otro bocado a la tafita.

—Entonces, ¿por qué preguntaste?

Tink se encogió de hombros.

Janner se quedó callado, mirando en dirección al bosque.

—¿En qué estás pensando? —preguntó Leeli.

Janner reflexionó un momento antes de hablar.

—Ya van dos veces que Peet viene a rescatarnos: primero con las rocas en el callejón y luego contigo en el bosque. Creo que nos está cuidando.

—No sabes si fue Peet quien tiró esas piedras —dijo Leeli, mirando al techo. Luego, bajó la voz—. Podría haber sido Zouzab. Podría haber sido cualquiera.

Janner miró por la ventana para ver a Peet doblando la esquina de la barbería de J. Bird.

—Solo digo que es un poco extraño.

—Leeli, ¿a qué distancia estaba ese topo chasqueante cuando Peet le lanzó la piedra? —preguntó Tink.

—No sé, quizás... de aquí a... —Leeli entrecerró los ojos hacia el edificio de enfrente—. De aquí a la cárcel.

—Hay algo que no te he contado —dijo Janner, bajando la voz—. La noche que salimos de la cárcel oí hablar a mamá y al abuelo, como si supieran quién había tirado las piedras y no quisieran que lo supiéramos.

—Mira. —Leeli señaló por la ventana a su abuelo, que avanzaba por la calle Principal.

Podo caminaba a paso firme, con los brazos en alto y el ceño fruncido. Se detuvo y miró calle arriba y calle abajo antes de girar por el estrecho callejón de la barbería de J. Bird, el mismo callejón por el que acababa de pasar Peet.

—¿Qué está haciendo? —preguntó Janner, mientras miraba por encima de Tink y Leeli.

Unos instantes después, Peet el Calcetín dobló la esquina, llorando como un niño y con el labio sangrando. Corría como un animal asustado, y a Leeli se le partió el corazón por él.

Podo reapareció en la esquina y se sacudió antes de marchar en dirección a la cabaña.

—¿Qué fue todo eso? —se preguntó Janner en voz alta—. ¿Acaso el abuelo acaba de pegarle?

—Lo voy a seguir —dijo Tink, mirando en la dirección en la que había corrido Peet.

—¡No! —respondió Leeli.

—Voy a seguir a Peet —repitió Tink, limpiándose las manos cubiertas de tafita en la parte delantera de la camisa—. Puedes quedarte aquí si quieres, pero quiero saber adónde va. —Antes de que nadie pudiera impedírselo, Tink se apartó de la ventana, abrió la puerta principal y echó a andar calle abajo.

—¡Tink! —gritó Janner—. ¡Tink!

Pero Tink siguió caminando.

—Vamos —gruñó Janner—. Tenemos que alcanzarlo.

—¿Y el señor Reteep? —preguntó Leeli.

Janner se detuvo.

—Espera aquí. —Salió disparado por el pasillo que creía que podía llevar al escritorio de Oskar y regresó unos minutos después, sin aliento—. Vámonos. Le acabo de decir que habíamos terminado y que nos íbamos. Ni siquiera levantó la vista de su libro.

—Pero…

—Sé que es ridículo, pero no puedo dejar que Tink se vaya solo. Tenemos que quedarnos juntos. —Janner le entregó la muleta a Leeli y le sujetó la puerta—. Siéntete libre de intentar disuadirlo, pero ya conoces a Tink. Seguirá a Peet, no importa si vamos o no.

Cuando lo alcanzaron, Tink estaba asomándose por la esquina de La Única Posada.

—Creía que no llegarían nunca —dijo guiñando un ojo.

—No es buena idea —replicó Leeli—. Sabes, mamá dijo…

—Ahí va —susurró Tink, mirando por encima del hombro de Leeli, y desapareció.

Leeli vio a Tink trotar hacia el norte, por el Camino Vibbly. Nugget gimoteó, ansioso por correr.

Con un suspiro de resignación, Janner tendió un brazo a su hermana.

—Después de ti.

33

Puentes y ramas

Tink corrió por la leve subida del terreno, pasando por delante de las últimas casas de Glipwood, con Janner, Leeli y Nugget a pocos pasos por detrás. De vez en cuando, vislumbraba el pelo blanco de Peet corriendo por el campo, y aceleraba el paso para no perder de vista al Hombre Calcetín.

A Janner no le gustaba cuánto se estaban acercando al bosque. No estaban tan lejos de la ciudad como en la mansión Anklejelly, donde el bosque era más viejo y salvaje, pero aquí los árboles eran cada vez más espesos y ponían nervioso a Janner.

Al cabo de varios minutos, Tink se detuvo ante una casa destartalada, carbonizada y sin techo, que se alzaba entre un grupo de robles musgosos. Janner y Leeli lo alcanzaron y los tres se detuvieron, jadeantes, en medio del polvoriento camino.

—¿Lo viste? —preguntó Janner, con la esperanza de que hubieran perdido a Peet.

Los tres Igiby miraron a través de las ramas que cubrían el camino hacia el edificio.

—Probablemente, deberíamos volver. —Janner observó nerviosamente el bosque—. Creo que te olvidas de nuestro pequeño incidente con los *ya-sabes-qué* en el *ya-sabes-dónde*.

—¿De qué estás hablando? —preguntó Leeli.

—¿En la mansión? —preguntó Tink, escudriñando el patio en busca de señales del Hombre Calcetín—. Ah, pero esto ni se parece. Además —miró a Janner—, si estás tan seguro de que Peet nos cuida, no deberíamos tener nada de qué preocuparnos, ¿verdad?

Leeli golpeó el suelo con su muleta.

—¿*Qué* mansión?

—Te lo diré más tarde —dijo Janner, y ella resopló, cruzando los brazos sobre el pecho.

—¡Mira! —exclamó Tink—. A poca distancia a su derecha, Peet corría entre los árboles detrás de la vieja casa. Pero tan repentinamente como lo habían visto, Peet desapareció.

—¿Cómo lo hizo? —se preguntó Tink en voz alta.

Silencio, salvo por el canto de unos pájaros extraños y un gruñido ocasional del estómago de Tink.

—Vamos —susurró Janner, aunque él también estaba escrutando la zona en busca de Peet—. No se sabe adónde ha ido. Ahora, vamos.

Tink se quedó mirando las copas de los árboles, sin prestar atención a Janner.

—Bien, entonces —dijo Janner—. Vamos, Leeli. Vamos a casa.

Leeli no discutió.

Janner la tomó de la mano y se dieron la vuelta para marcharse, con la esperanza de que Tink desistiera y los siguiera en cuanto viera que tenían intención de irse. Pero a los diez pasos, Janner se dio cuenta de que la amenaza de dejar solo a Tink no funcionaba.

El niño seguía escrutando los árboles, buscando a Peet.

—Tink, hablo en serio —dijo Janner.

—No seas tan bobalicón —dijo Tink por encima del hombro, sin apartar los ojos de los árboles—. Solo quiero ver si puedo averiguar cómo ha desaparecido así. Puede que tenga un túnel o algo así. Ahora vuelvo.

Y sin decir una palabra, Tink echó a correr. Otra vez.

—¡Tink, no! —gritó Janner.

Janner observó desde el lateral de la vieja casa cómo Tink corría de puntillas entre las raíces y los troncos retorcidos de los árboles. Se volvió y saludó a Leeli con una amplia sonrisa, mientras Janner sacudía la cabeza y le hacía señas para que volviera. Tink se dirigió hacia los árboles, más cerca del borde del bosque.

Con un suspiro frustrado, Leeli se dejó caer junto a Nugget.

De repente, Nugget se puso tenso y se erizó. Miró hacia el bosque y gruñó.

—Oh, no —gimió Janner.

Se acercaba algo, y por lo que parecía, algo grande.

Janner y Leeli agitaron los brazos frenéticamente, intentando llamar la atención de Tink sin hacer ruido. Janner quería correr y agarrarlo, pero tenía miedo de dejar sola a Leeli.

Tink, agazapado, no les prestó atención. Estaba investigando algo en el suelo, pero entonces, también lo oyó.

Del bosque, llegaba un ruido seco, el sonido de algo grande que se movía rápidamente. Leeli y Janner estaban demasiado aterrorizados para moverse. Vieron a través del nudo de árboles una criatura oscura del tamaño de un caballo que iba directamente hacia Tink.

Janner había oído a Podo hablar de las vacas colmillo y había leído la descripción en uno de los libros de Oskar.[1] Janner sabía, por el tamaño y la velocidad de la criatura, que la bestia oscura que ahora estaba a solo unos metros de su hermanito era igual a la del libro.

Tink no tenía forma de escapar.

Giró la cabeza a tiempo para ver a la temible vaca que se le echaba encima, con los largos dientes enseñados y la barriga temblorosa.

Janner, Leeli y Nugget se quedaron paralizados de miedo, incapaces de moverse y de apartar la vista de la muerte inminente de Tink. Leeli empezó a gritar, pero Janner le tapó la boca con una mano y tiró de ella

---

1. *Domando el bosque espeluznante*, de Rumpole Bloge (Torrboro, Skree: Phute & Phute & Co., 3/112), una fascinante autobiografía en la que detalla sus años recorriendo el bosque de Glipwood en los primeros días de la Tercera Época. En ella, Bloge describe a las vacas como «de contextura cuadrada, hocico húmedo y ojos que al principio parecen apagados como un cuenco de barro. Pero ¡ay de aquel hombre que no considere el potencial letal en ese bulto bovino! ¡En esos sables amarillentos que sobresalen de su boca! ¡Cómo desearía que mi querida Molly no hubiera despreciado mis advertencias sobre la astucia de la vaca colmillo, antes de que ese bruto dentudo la devorara!». Ver la página 284 de los Apéndices.

hacia la hierba, detrás del muro de la casa. No quería que viera, y Tink estaba demasiado lejos para poder ayudarlo. Si Leeli gritaba, la vaca colmillo acabaría rápidamente con los tres. Ni siquiera Nugget llegaría a casa.

Así que se tumbaron en la hierba alta, con el corazón palpitante, esperando con pavor el último grito de Tink.

Pero no llegó.

Oyeron que la vaca se detenía, seguida de un sonido de raspado y resoplido. Luego, llegó un gruñido bajo que no era en absoluto el sonido que uno esperaría de un monstruo que se estaba dando un festín con un niño. Janner cerró los ojos e intentó comprender lo que oía. No quería arriesgarse a ser visto por la criatura, pero en su corazón revoloteaba la leve esperanza de que Tink pudiera estar vivo. No pudo soportarlo más. Janner se llevó un dedo a los labios y se movió muy despacio para asomarse por la esquina.

La bestia estaba de pie sobre sus patas traseras, arañando y husmeando en el árbol.

Al parecer, las vacas colmillo no eran buenas trepadoras.

Janner exhaló un largo suspiro de alivio.

—Está bien —susurró—. No sé cómo lo ha hecho, pero está bien. Trepó al árbol antes de que lo atrapara.

Leeli suspiró y sonrió a Nugget, que le lamió la cara y movió la cola.

—No hagas ruido —susurró Janner—. Tenemos que esperar a que se vaya.

Janner volvió a echar un vistazo y vio que la vaca colmillo daba un último golpe al tronco del árbol antes de adentrarse en el bosque con un mugido de descontento. Pasó un largo rato. Janner escrutó la arboleda, rogando al Creador que Tink estuviera ileso.

De repente, la cabeza de Tink apareció boca abajo desde las ramas superiores del árbol. Saludó a Janner, el cual le devolvió el saludo sin poder reprimir una sonrisa.

—Está bien, Leeli. Mira.

Leeli soltó una carcajada al ver a Tink colgando del árbol. Era difícil seguir enfadado con Tink durante mucho tiempo.

—Supongo que su miedo a las alturas no es tan grave cuando algo está a punto de comérselo —dijo Janner. Le hizo un gesto a Tink para que bajara, pero, para su asombro, Tink sacudió la cabeza.

—¿Qué está haciendo? —murmuró Janner, recordando lo enfadado que había estado con su hermano hacía unos momentos—. Casi lo matan y sigue actuando como un tonto.

—Quizás encontró algo que comer ahí arriba —sugirió Leeli.

—Esa vaca podría seguir por ahí. Tenemos que salir de aquí mientras podamos. —Janner miró los árboles con desconfianza.

Tink silbó desde el árbol y volvió a hacerles señas para que se unieran a él.

Aunque le costaba creer que no estuviera corriendo como un loco hacia su casa, Janner tiró de Leeli para ponerla en pie, y se dirigieron con cuidado hacia los árboles. Se maravilló ante la capacidad de Tink para presionarlo en malas situaciones. Se detuvieron al pie del árbol, mirando a Tink, pero la copa estaba tan oscura que apenas podían ver su figura entre las ramas.

—Miren al otro lado —susurró Tink, rebosante de emoción.

Al principio, Janner solo vio un tronco cubierto de enredaderas. Luego, se dio cuenta de que las hojas y las enredaderas ocultaban una escalera de cuerda que colgaba del tronco. Janner sintió mariposas en el estómago ante el descubrimiento, y de nuevo se vio dividido entre su responsabilidad y su innegable impulso de averiguar qué había subiendo la escalera, oculto entre las frondosas ramas. Preocupado, miró a Leeli.

—¿Crees que puedes trepar?

Leeli no respondió, pero contestó apoyando la muleta en el árbol y dando una palmada a Nugget en la cabeza. Subió la escalera como si tuviera seis piernas buenas, no solo una.

—Vuelvo enseguida, chico —susurró cuando llegó a la rama donde ahora estaba Tink.

Janner la siguió, murmurando para sí. «Siempre causando problemas... solo una vez... ojalá... utilizara el cerebro...».

Tink estaba encantado, de pie sobre una rama a unos diez metros del suelo, completamente indiferente a la altura.

—Tink, ¿no tienes miedo? —preguntó Leeli.

—¿Por qué?

—¡Estás en la copa de un árbol! —dijo Janner.

Tink parpadeó al ver a su hermano, miró hacia abajo y se quedó blanco como una nube.

Se abrazó a la rama más cercana y cerró los ojos con fuerza.

Leeli sacudió la cabeza.

—Bien hecho, Janner.

Inmediatamente lleno de pesar, Janner intentó calmar los nervios destrozados de su hermano.

—Tink, no pasa nada. Has subido hasta aquí sin problemas. Solo tenemos que volver a bajar. ¿Recuerdas los acantilados de la semana pasada? ¿Recuerdas cuando oíste la canción del dragón y no tuviste ningún miedo? Vuelve a ser valiente así. Suelta.

Al oír hablar de la canción del dragón, Tink experimentó un ligero cambio y Janner vislumbró a un Tink más fuerte y diferente, como el que había visto en los acantilados. Tink se despegó del árbol y respiró con calma. Incluso miró al suelo y forzó una carcajada.

Leeli y Janner intercambiaron miradas.

—De acuerdo —dijo Janner—. Seguro que estás orgulloso de tu descubrimiento. Ahora bajemos de aquí y volvamos a casa.

Janner se volvió para descender por la escalera.

—¡Espera! —Tink volvió a sonreír. Antes de que Janner pudiera protestar, Tink se acercó a una rama gorda y apartó una rama frondosa.

—Echa un vistazo a esto —dijo mientras se apartaba.

Más allá de las hojas, se balanceaba un puente de tablones de madera suspendidos por cuerdas que se extendía hasta el siguiente árbol. A través de las ramas, podían ver otro puente que conducía de aquel árbol al siguiente, y así sucesivamente, adentrándose en las sombrías hojas del bosque de Glipwood.

—Así es como llega a su casa del árbol sin tener que preocuparse de los bichos del bosque —dijo Leeli.

—Esto le habrá llevado años —dijo Janner lentamente, con asombro. Janner y Tink contemplaron los puentes, deseando explorar el bosque desde las alturas de los árboles. Pero no con Leeli. Janner no veía cómo podría cruzar los puentes con una muleta aunque quisiera venir, cosa que dudaba.

—Leeli… —empezó Janner, pero ella lo cortó.

—Necesitaré mi muleta.

Sus hermanos la miraron sorprendidos.

—Bueno, no puedo deambular por el bosque sin ella, ¿verdad?

Con una sonrisa de oreja a oreja, Tink bajó la escalera, buscó la muleta y volvió a subir.

A Janner no le gustó, pero volvió a sentir tanta curiosidad como su hermano. *¿Por qué sigue ocurriendo esto?* pensó.

Agarrándose a las cuerdas que se extendían a través de lo que parecía un mar de hojas y ramas —y tierra muy por debajo—, Tink avanzó por el puente. Llegó al medio, que estaba un poco caído, rebotó un poco y asintió. Janner hizo que Leeli fuera delante de él, y ella se mostró sorprendentemente ágil y capaz. En unos momentos, los tres Igiby paseaban de puente en puente, trepando con confianza por las ramas de los árboles intermedios.

De vez en cuando, veían curiosas palomas desarregladas que los observaban pasar. Abajo, la vaca colmillo, o una parecida, avanzaba con pesadez entre los árboles con un ratociélago muerto en sus fauces. El bosque hervía de vida, tanto debajo como encima de ellos. De repente, Janner se sintió como un intruso, un huésped maleducado que había entrado sin permiso.

Los puentes zigzagueaban durante lo que parecían kilómetros antes de llegar a una bifurcación. Dos puentes se adentraban en las frondosas copas de los árboles en distintas direcciones. Tink se detuvo en lo alto de las ramas de un extenso roble, y Leeli y Janner se sentaron un momento a descansar.

Janner estaba a punto de sugerir que emprendieran el camino de vuelta. ¿Quién sabía lo adentrada que estaba en el bosque la casa del árbol de Peet? E incluso si la encontraban, empezaba a preguntarse qué pensaría Peet de los intrusos.

—Leeli, ¿estás segura de que podemos confiar en él? —Janner no estaba tan seguro. Es cierto que Peet había salvado a Leeli y quizás a todos ellos de los Colmillos, pero seguía pareciendo un loco—. ¿No crees que se enfadará con nosotros si nos encuentra… o si lo encontramos?

—Vi sus ojos. —Leeli sonrió al recordarlo—. No nos hará daño; ya lo verás.

—Aun así, creo que ya hemos llegado bastante lejos. Ni siquiera deberíamos estar aquí —dijo Janner.

—No tienen nada para comer, ¿verdad? —preguntó Tink.

Una voz procedente de detrás de ellos asustó a los tres niños Igiby:

—Quizás podrían acompañarme a comer anca asada de topo chasqueante.

Allí, en medio del puente, con las raídas medias de punto subidas hasta los codos, estaba Peet el Calcetín. De una mano calcetada colgaba un topoespín desollado.

Se inclinó y sonrió a los niños.

—¿Quieren ver mi castillo?

34

El castillo de Peet

Los chicos se quedaron quietos como piedras, pero Leeli se adelantó. Salió cojeando al puente y se detuvo frente a Peet. Con el pelo blanco alborotado y la cara manchada de tierra, permanecía inmóvil, mirándola. Sus ojos eran profundos y azules, y brillaban como joyas.

Al instante, Janner supo que, de algún modo, por debajo del hedor y más allá de la extrañeza, Peet el Calcetín estaba lleno de bondad. Sus ojos eran tan profundos y pacíficos que Janner incluso empezó a creer que tal vez Peet no estuviera loco en absoluto.

El puente de cuerda crujió en el silencio mientras se miraban fijamente.

—Hola, señor Peet —dijo Leeli al cabo de un momento—. Me encantaría volver a tu castillo. —Le tendió la mano hacia la cara y él se quedó helado, un animal asustadizo a punto de saltar—. ¿Te ha pasado algo en el labio? Lo tienes hinchado.

Peet negó lentamente con la cabeza, con la mirada perdida.

Janner se aclaró la garganta.

Peet parpadeó y levantó la vista con sorpresa.

—Sí, bueno. Hola. Síganme por aquíííí-quiíí-quiíí. —Dio media vuelta y se alejó a grandes zancadas, sin dejar a los Igiby más opción que seguirlo en un silencio atónito.

Tras otros seis puentes chirriantes, vieron la casa del árbol donde Podo había encontrado a Leeli cuatro días antes. Estaba acunada en las ramas del árbol más grande que habían visto hasta entonces, y se elevaba seis metros más que el puente que los había conducido hasta ella. La estructura parecía haber sido construida con la madera vieja de las casas caídas que poblaban los prados cercanos a Glipwood. Los tablones eran de granos y formas desiguales, pero estaban ordenados y clavados con pulcritud. Las ramas de hojas verdes proyectaban sombras tranquilas en los laterales del pequeño edificio, y a Janner le pareció tan robusto y acogedor como La Única Posada. Incluso había ventanas en el castillo arbóreo de Peet.

El último puente conducía a una gruesa y sinuosa rama desgastada por el mucho tráfico, y no había barandilla de cuerda. Peet cruzó la rama sin pensarlo, pero era demasiado precaria para que Leeli la cruzara con su muleta.

Peet se volvió y se dio cuenta, jadeando. Retrocedió de un salto, tomó a Leeli en brazos y la llevó al otro lado con un movimiento fluido. Ni Tink ni Janner recibieron tal servicio, pero cruzaron sin problemas.

Otra escalera de cuerda al otro lado del tronco conducía a una trampilla en el suelo de la casa del árbol, por la cual Peet ayudó a Leeli. Los chicos treparon y entraron en el castillo de Peet entre los árboles.

Peet canturreaba mientras cortaba el topoespín y lo echaba en una olla.

Leeli se puso cómoda y se sentó con las piernas cruzadas en el suelo, contra la pared.

—Pasen, jóvenes, pasen. Topo cocinando, vamos comiendo, topo topo preparando —dijo con voz cantarina.

Tink y Janner subieron a la casa del árbol y se sentaron junto a Leeli, que tenía una expresión de satisfacción en el rostro. Miró a Peet e hizo un gesto hacia sus hermanos.

—Señor Peet, estos son mis herma…

—Janner y Tink, Tanner y Jink, Jinker y Tan, Janker y Teeeeen —dijo Peet sin levantar la vista de la olla.

—Pero ¿cómo sabías nuestros nombres? —preguntó Janner.

—Pueblo pequeño, chicos. Los locos oyen muchas cosas, Wigiby —dijo Peet.

—Es Igiby —dijo Tink.

Peet se encogió de hombros y encendió un pequeño montón de palos y musgo que había en un rudimentario fogón bajo la olla. El fogón estaba bordeado de piedras, y encima, Peet había construido una especie de chimenea con una suerte de piel cosida para formar un tubo.

Janner estaba impresionado por el ingenio de Peet, hasta que la casa del árbol se llenó de humo. Peet no pareció darse cuenta.

Tink tosió.

—Señor, eh, Peet el Calcetín, señor, ¿no le preocupa que su casa se incendie?

Peet sacó una bolsita de cuero de una cajita que tenía a su lado y roció parte de su contenido en la olla. Un delicioso olor surgió de la olla y se mezcló con el humo.

—¿Preocupado? En absoluto, joven Wingiby. —Señaló a través de la ventana más cercana y los niños pudieron ver tres árboles cercanos cuyas ramas estaban carbonizadas y sin hojas en algunas partes. He quemado mi castillo tres veces antes y siempre he sobrevivido. No estoy parra nada breocupado. Para nada preocupado. —Volvió a remover la olla—. Pero esta vez creo que he descubierto el problema, ves, problema, ves, problema, ves —cantó guiñando un ojo—. Rocas. ¿Ves estas rocas? No se incendian. Nop. —Tosió y por primera vez se dio cuenta del humo que llenaba la habitación—. ¡Uiiii! —gritó. Peet tiró de un trozo de cordel que colgaba del tubo de la chimenea y el humo se disipó lentamente—. Abre el tubo, abre el tubo, abre el tubo para mí y para ti.

Janner empezó a replantearse su opinión sobre Peet. Estaba más loco que una cabra.

Peet se apartó de su olla para mirar a los niños. Los midió a los tres, sobre todo a los hermanos. Movía los labios y se rascaba distraídamente el pelo alborotado con una mano cubierta de calcetines. La olla empezó a hervir y a Tink le rugió el estómago.

Peet lo miró y un destello de dolor apareció en su rostro.

—¿Tienes hambre, Tink? —murmuró—. Claro que tienes hambre.

Janner pudo ver la pila de libros encuadernados en cuero que Leeli había mencionado junto a un viejo baúl contra la pared opuesta. Algo en ellos le hizo cosquillas en el fondo de la mente.

—Entonces… ¿te llamamos Peet? —preguntó Janner, buscando más respuestas a sus crecientes preguntas—. ¿Es ese tu verdadero nombre?

El Hombre Calcetín removió la olla hirviendo con una larga cuchara de madera y no contestó.

Los Igiby lo miraron en un silencio incómodo.

—¿Qué es un nombre de verdad? —dijo finalmente Peet. Señaló a Janner con la cuchara—. ¿Es Janner Igiby *tu* verdadero nombre?

—Sí, señor.

—¿Lo es? —dijo Peet, volviendo a su cocina.

Tink solo podía pensar en comida. Tras varios minutos observando cómo Peet se afanaba con el estofado, se aclaró la voz.

—¿Está casi terminado, señor?

Peet se llevó la cuchara a los labios y probó el caldo. Asintió con la cabeza, sacó cuatro cuencos de madera de un cajón y sirvió el guiso en ellos, relamiéndose. Comieron en un silencio solo interrumpido por los ocasionales gruñidos de placer de Tink y Peet. Janner se sorprendió al comprobar que el topo chasqueante estaba delicioso.

—Ahora, pequeños Dinglefigs…

—Igibys —corrigió de nuevo Tink, con la boca llena de carne.

—Iggyfigis, lo que sea. —Peet se puso serio y se sentó derecho—. Les agradezco su amabilidad y su visita —su rostro se ensombreció—. Sin embargo, debo pedirles que nunca, nunca, vuelvan por aquí —se le quebró la voz y se hundió en el suelo—. No pueden visitarme. Fuelo hatal. Huelo fatal. A ustedes, dulces pajaritos, podría comérselos un chopoespín tasqueante… topoespín chasqueante, flopoespín flasqueante, Igibys. ¡O una vaca colmillo! Qué horror. Y yo podría ser peligroso… podría hacerles daño… podría lastimarlos sin querer, ya ven. Yo…

Peet se detuvo en seco y ladeó la cabeza, escuchando. Chilló y se puso en pie de un salto, pero su cabeza se estrelló contra el techo bajo. Inestable por el golpe, se tambaleó y se llevó una mano con calcetín a la cabeza.

—Algo… *¡afuera!* —exclamó, y se desplomó. Los niños contemplaron estupefactos la figura en el suelo, puros miembros larguiruchos y pelo blanco. Entonces, oyeron un quejido debajo de ellos.

—¡Nugget! —gritó Leeli, y se acercó a la trampilla. Nugget la miraba desde el pie del árbol, moviendo la cola—. ¡Nos ha encontrado! —dijo Leeli, y luego se asustó. ¡Una criatura del bosque podría haberlo engullido!— Tenemos que subirlo aquí —insistió.

Después de examinar cuidadosamente el bosque que había debajo, Janner bajó por la escalera y consiguió subir al perrito bajo un brazo.

Peet seguía inconsciente, pero no parecía herido. De hecho, parecía estar echándose una feliz siesta vespertina.

—Déjalo dormir —dijo Tink—. De todas formas quería que nos fuéramos. —Tink sorbió lo que quedaba de su cuenco—. Estofado de topo chasqueante —declaró—. ¿Quién iba a imaginar que estaría tan bueno?[1]

Janner se arrastró junto a Peet hasta la pila de libros del rincón.

—No sé si es buena idea —dijo Leeli.

Janner la hizo callar.

—Solo quiero echar un vistazo.

Se arrastró hasta la pila y sacó un volumen. Lo abrió, y Tink y Leeli lo vieron jadear y mirar a Peet con asombro.

Peet se movió.

Rápidamente, Janner volvió a colocar el libro en su sitio y se escabulló hacia donde había estado sentado.

Tink y Leeli interrogaron a Janner con la mirada, pero este negó con la cabeza, luego se aclaró la garganta y dijo:

—Deberíamos irnos.

El Hombre Calcetín gimió y se incorporó, frotándose la cabeza.

—Adiós, señor Peet —Janner fue extremadamente cortés—. Gracias por la comida.

---

1. Durante la Segunda Época, Tombilly, jefe de Ban Rona en los Valles Verdes, enfermó de un mal para el cual los médicos de los Valles Verdes no encontraban cura. Su jefe se estaba consumiendo y no podía ingerir alimento alguno, aunque su esposa le cocinaba una nueva comida cada día. Los sabios buscaron por toda la tierra una comida que pudiera curar su enfermedad. Cuando la vieja Ma Vorba, la recolectora de semillas, sugirió guisar un topoespín chasqueante, la ridiculizaron por tonta, pero lo cocinó con cebollas verdes y totatas y se lo sirvió al jefe Tombilly cuando su mujer no estaba. El jefe recuperó la salud. Durante años, se creyó que el topoespín tenía poderes curativos, hasta que se descubrió que la pobre esposa del jefe no era sino la cocinera más espantosa que Kistamos había conocido, y Tombilly prefería morir de hambre antes que probar un bocado más de su comida. Al día de hoy, un viajero que deguste una buena comida en los Valles Verdes aún puede oír a alguien exclamar: «¡Ma Vorba, qué sabroso!».

—¿De qué? ¿Qué es eso? ¿Comida? —Los ojos de Peet se abrieron de par en par—. ¡Hay algo ahí fuera! —chilló. Se puso en pie de un salto y volvió a chocar contra el techo—. ¡Ay! —Se tambaleó con una mano encalcetinada en la cabeza.

—Tranquilo, señor Peet —lo tranquilizó Leeli—. Solo era mi perro, Nugget. ¿Te acuerdas del pequeño Nugget? —Leeli rascó la barbilla del perro.

—Necuerdo al pequeño Rugget —dijo, haciendo una mueca y mirando al perro con confusión.

—Tenemos que irnos —dijo Janner.

—Sí, tienen que irse —respondió Peet, volviéndose a sentar—. Y no vuelvan. Me entristece mucho decirlo, pero no vuelvan. —Se tocó el labio hinchado—. No deben volver. —Dejó caer la cabeza—. Adiós, Wingiby Igifeathers.

Peet llevó a Leeli a través de la alta rama y la colocó suavemente sobre el puente mientras los chicos los seguían. Cuando cruzaron el segundo puente, Janner se volvió para despedirse con la mano. Peet estaba de vuelta en su castillo, observándolos desde la ventana. Janner no podía estar seguro, pero parecía que Peet estaba llorando.

Janner no habló en todo el camino de vuelta. Varias veces, Tink le preguntó qué había visto en el libro, pero Janner no contestó. Los niños Igiby serpentearon por los puentes hasta que los árboles empezaron a ralear de nuevo.

El único sonido era el de Nugget gimoteando mientras el perrito se abría paso por los puentes, más asustado de caerse que de una manada de vacas colmillo. Janner se maravilló mientras Tink intentaba tranquilizar a Nugget diciéndole que las alturas no eran nada que temer.

A mitad de camino, Janner y Tink oyeron unos aullidos familiares y escalofriantes que hicieron que Leeli y ellos se quedaran paralizados. Varias formas oscuras surgieron de la maraña de maleza que había abajo.

Desde su posición sobre el puente de árboles, los Igiby observaron en silencio cómo una manada de sabuesos cornudos atravesaba los árboles como una niebla gris. Cuando los sabuesos se marcharon, las hojas del suelo del bosque, justo debajo del puente, crujieron y el suelo se hinchó como una olla de sopa de queso hirviendo. De su madriguera, salió un sapo de lodo verrugoso y pardo tan grande como una cabra.[2] Al mismo tiempo, para horror de Leeli y fascinación de sus hermanos, una abstraída paloma desarreglada aterrizó en el suelo no muy lejos de allí, y se puso a picotear gusanos en la tierra. Sin previo aviso, la lengua del sapo de lodo salió disparada y se llevó al pájaro a la boca, dejando una nube de plumas grises flotando en el aire donde había estado el pájaro.

Leeli chilló y se tapó la boca. El sapo de lodo levantó sus ojos negros y saltones y miró a los niños durante un largo y terrible instante. Por fin, baló un graznido y se alejó a medio andar, a medio saltar. Justo cuando se desvaneció el sonido de la partida del sapo, una criatura más pequeña, de pelo negro y enmarañado, entró dando saltitos en la zona.

«Un ratejón», susurró Janner a Tink y Leeli.

El ratejón agitó sus grandes orejas puntiagudas y olfateó el suelo del bosque hasta encontrar la madriguera oculta del sapo de lodo, donde se escabulló sin hacer ruido. Un momento después, el gran roedor apareció con un huevo amarillento en la boca.[3]

Con lo que Janner solo pudo suponer que era un graznido de rabia, el sapo de lodo regresó, disparando con la lengua mientras perseguía al ratejón que huía.

En unos segundos, el bosque volvió a estar tranquilo. Janner se maravilló del modo en que el bosque podía ocultar cosas. Podía parecer tan

---

2. Se sabe que el sapo de lodo ha atacado a seres humanos, aunque nunca mortalmente. Las víctimas de un ataque de sapo de lodo se quejan de la «sensación blanda y floja» de tener una lengua pegajosa que se abalanza violentamente sobre ellas. Como el sapo de lodo no tiene dientes, se dice que sus mordeduras hacen que la víctima se sienta como si lo «mordisquearan con la encía, como a una albóndiga en la boca de un viejo».

3. El ratejón es peligroso no solo por sus largas garras o sus dientes dentados, o por su carácter combativo. El arma más poderosa del ratejón es su flatulencia de huevo.

inocente e inofensivo, incluso hermoso, mientras que bajo su superficie merodeaban criaturas tan despiadadas y mortíferas. ¿Por qué muchas cosas del mundo de Janner no eran lo que parecían? Pensó en su madre, en Oskar, y luego en Peet el Calcetín. Todos tenían secretos.

—Era un diario —dijo Janner, rompiendo el silencio.

—¿Y? —preguntó Tink.

Janner miró a Tink y a Leeli.

—En el anverso, había un dibujo. —Janner miró atentamente a Tink—. Un dibujo que ya habíamos visto antes.

—¿Qué era?

—Un dragón, con alas.

Los ojos de Tink se abrieron de par en par.

—¿El mismo que el diario de Anniera? ¿El que encontramos en casa de Oskar?

Janner asintió.

—Y había muchos en la casa del árbol. ¡Al menos veinte! ¿Cómo habría conseguido Peet diarios de Anniera?

—Quizá sean suyos —dijo Leeli.

—No lo creo. La primera página decía: «Este es el diario de Artham P. Wingfeather, guardián del trono de Anniera».

Tink frunció el ceño.

—¿Qué es un guardián del trono?

—La verdad es que no lo sé. —Janner se encogió de hombros—. No he leído mucho sobre Anniera ni sobre su historia. Oskar no tiene muchos libros sobre el tema.

—Suena importante —dijo Tink, mirando hacia el este a través del oscuro follaje del bosque.

—Anniera. —Janner se repitió el nombre. La palabra le sentaba bien en los labios, como la risa o una bonita canción. De pie en medio del puente oscilante, de repente se perdió en pensamientos de lejanas tierras verdes, de dragones con alas y de su misterioso nuevo amigo con manos de calcetín. Ni Tink ni Leeli dijeron nada, pero Janner sabía que también pensaban en Anniera.

Sus pensamientos se vieron interrumpidos por el chasquido de un ratociélago que se arrastraba por el suelo del bosque bajo ellos.

Sin mediar palabra, los Igiby se dirigieron de nuevo al linde del bosque.

Janner se detuvo para asegurarse de que no merodeaba ninguna vaca colmillo, ratociélago, topoespín, sabueso cornudo u otro tipo de bestia, y luego tomó a Nugget para bajarlo por la escalera de cuerda. Al llegar abajo, dejó al perro agradecido en el suelo del bosque y esperó a Leeli. Tink llegó último, con la muleta de Leeli bajo el brazo. Con una última mirada al puente que se balanceaba por encima de ellos, se dirigieron a la ciudad tan rápido como pudieron.

Pero de vuelta en Glipwood, sin aliento, Janner tuvo la sensación de que algo iba mal. Las calles estaban vacías. Soplaba un viento caliente que levantaba polvo y hojas. Donde el comandante Gnorm solía holgazanear en la escalinata de la cárcel, ahora había una mecedora vacía, que crujía ominosamente al viento.

Janner se volvió hacia el noreste, y se le hizo un nudo en el estómago y el pavor le caló hasta los huesos.

Una columna de humo furioso se elevaba de entre los árboles en dirección a la cabaña Igiby.

35

Fuego y Colmillos

«¡Tink!». Janner señaló hacia su casa, y Tink entrecerró los ojos a la distancia y gimió.

Leeli ya saltaba por el sendero, con sus rizos rubios agitados por el viento. Nugget soltó una serie de ladridos desesperados y se adelantó por el camino hacia la cabaña Igiby.

Sin pronunciar palabra, Janner y Tink echaron a correr. La mente de Janner corría más deprisa que sus pies, imaginando mil cosas de pesadilla que los Colmillos podían estar haciéndoles a su madre y a su abuelo. *¿Acaso el pastel de gusanos no era lo bastante vil para el gusto de Gnorm? ¿Había vuelto Slarb?* En el límite de sus temores acechaba la posibilidad de que el carruaje negro hubiera llegado y se hubiera detenido en la cabaña Igiby, adonde Podo sin duda habría ofrecido resistencia.

Pronto Janner no pudo pensar en otra cosa que en la puntada de su costado y en el aire que necesitaba respirar. Le pisaba los talones a Tink, gruñendo con cada respiración desesperada. El humo que habían visto desde el pueblo les llenaba la nariz.

Los chicos subieron a toda velocidad por la colina y atravesaron los árboles para encontrarse con que el granero situado detrás de la casa de campo era una tormenta de fuego que se arremolinaba. Janner sintió su calor en la cara incluso antes de pasar la verja. A través del aire gris, vio a toda una compañía de Colmillos de Glipwood deslizándose, algunos con antorchas, otros con las espadas desenvainadas. Un grupo de ellos estaba inclinado sobre algo, pinchándolo con las culatas de sus lanzas, y Janner vio con horror que se trataba de Podo. El anciano no se movía.

Janner oyó un rugido y se volvió a tiempo de ver a Tink precipitarse directamente hacia los Colmillos que estaban de pie junto a Podo.

«¡Tink, NO!», gritó Janner.

Tink voló hacia el grupo de Colmillos mientras el aire se hendía con el sonido de los gritos de Leeli. Un Colmillo se había materializado entre el humo y la había agarrado por detrás. Alrededor de Janner, rugían el humo y los gritos, el fuego y los Colmillos. Podo sangraba y estaba inconsciente, y a Leeli la arrastraban del brazo hasta donde estaba el comandante Gnorm, supervisando el caos con cara de suficiencia.

Nugget saltó a la pierna de Gnorm, y Janner vio impotente cómo el perrito era atravesado por una lanza. Nugget chilló y se quedó inerte mientras el Colmillo que lo apuñaló le ponía un pie en el flanco para sacarle la lanza de un tirón. Nugget yacía inmóvil, sangrando por el costado.

Janner rogó que Leeli no lo viera entre el humo y la confusión. Pero se sentía enfermo, y por un momento consideró la posibilidad de huir, aunque no sabía adónde iría. Podía ir a ver a Oskar o a Peet el Calcetín, pero no se le ocurría cómo ninguno de los dos podría ayudar a su familia.

En ese momento, aparecieron dos Colmillos por la parte trasera de la casa, arrastrando a Nia, con las manos atadas. Janner sintió una oleada de alivio en medio del pánico: *al menos todos seguimos vivos.*

Sus ojos se encontraron con los de Nia a través de la bruma de humo. Ella apretó los labios y negó con la cabeza, indicándole que no luchara ni huyera. De todos modos, ya era demasiado tarde: habían descubierto a Janner.

Tres Colmillos, con las espadas desenvainadas, marchaban hacia él. Sin apartar los ojos de su madre, levantó las manos y se dejó atrapar.

Los Colmillos arrearon a los Igiby hasta la hierba, donde los pusieron en fila, arrodillados y con las manos atadas a la espalda. El granero había ardido hasta los cimientos y una nube flotaba en el aire, escociéndoles los ojos. Podo deliraba por una herida en la cabeza, pero estaba lo bastante consciente como para maldecir y burlarse de los Colmillos que los rodeaban.

—Será mejor que aten bien al viejo Podo si quieren salvar sus podridas pieles de serpiente —balbuceó, con el pelo blanco enmarañado de sangre.

—Papá, cállate —dijo Nia con los dientes apretados, mirando a Gnorm.

Tink resopló y fulminó con la mirada a los Colmillos. Leeli se quedó quieta y en silencio, mirando el montón de pelaje negro que había en el suelo detrás de Gnorm. Nugget no se había movido.

Janner se preguntó amargamente qué habría ocasionado esto. Desde el Festival del Día del Dragón, sus vidas habían dado un vuelco.

—¿No fue satisfactorio mi pastel de gusanos, comandante? —preguntó Nia con voz tranquila y fuerte.

Gnorm esbozó su horrible sonrisa y se rascó la papada.

—Al contrario —dijo acercándose un paso—, ese pastel de gusanos es lo único que te mantiene con vida. —Gnorm agitó la mano en la cara de Nia, haciendo alarde de los anillos de oro y el brazalete que le había dado a cambio de la libertad de sus hijos—. Estaba dispuesto a pasar por alto el hecho de que habías ocultado estas joyas a Gnag el Sin Nombre porque juraste que no tenías más escondidas. Eso, y la promesa del pastel de gusanos, por supuesto. —Eructó y una mosca salió zumbando de su boca—. Pero acabo de recibir un mensaje interesante del general Khrak de Torrboro.

Gnorm desenvainó su larga daga y jugueteó con ella mientras hablaba.

—Verás, hay un tesoro que el Sin Nombre ha buscado todos estos años, un tesoro más allá de lo imaginable. Y el general Khrak, mi superior, acaba de enviar un mensaje diciendo que cree que tú sabes dónde está. Nos espera en Fuerte Lamendron. Ahora, me he estado preguntando: «¿Por qué me mentiría esa mujer Igiby cuando sabe que podría comerme a sus tres escuálidos hijos?». ¿Mmm? ¿Por qué lo haría? —Gnorm se inclinó, con su vientre blanquecino colgando sobre el cinturón. Sujetó la cara de Nia con una mano escamosa. Con el hocico a escasos centímetros de la inquebrantable mirada de Nia, siseó—: ¿Dónde están las Joyasss de Anniera?

¿Las joyas de Anniera? Janner lanzó una mirada a Tink. Puede que su madre no supiera nada, pero él y Tink sabían sobre las armas de la Mansión Anklejelly. El mapa decía algo sobre las joyas de Anniera. Fuesen lo que fuesen esas misteriosas joyas, debían de tener algo que ver con la sala de armas. Pero ¿qué tenían de especial para que el mismísimo Gnag el Sin Nombre se tomara tantas molestias para encontrarlas?

Nia apartó la cabeza del agarre de Gnorm y lo miró desafiante.

—Te aseguro que te he dado todo el oro y las joyas que tenía —dijo, con voz tranquila y fría.

Gnorm la consideró un momento.

—Entonces… vamos a tener que ir por las malas, ¿verdad? Abofeteó a Nia con el dorso de la mano, derribándola.

Podo se lanzó hacia delante, haciendo fuerza con las cuerdas que le ataban las manos, maldiciendo a Gnorm con todo el aliento de sus pulmones.

Nia consiguió ponerse de rodillas mientras Gnorm le sonreía a Podo y envainaba la daga con un chasquido.

—Colmillos —ordenó—, ¡registren la casa!

Con avidez, los Colmillos desaparecieron en la cabaña Igiby, destrozando todo lo que encontraban a su paso.

Janner se estremeció al oír los cristales y los muebles romperse. Pudo ver a los Colmillos moviéndose por el interior de la cabaña, soltando sus carcajadas gruñonas mientras babeaban veneno, volcaban sillas, revolvían armarios a patadas, vaciaban cajones de la cómoda y desgarraban cojines. Nia, sangrando por la comisura de los labios, miró fríamente a Gnorm hasta que por fin los Colmillos salieron de la casa, con las manos vacías.

—Ahí no hay nada, señor —dijo uno.

Gnorm miró a Nia a los ojos.

—Tráelos.

Los Colmillos obligaron a los Igiby a ponerse en pie, a todos menos a Leeli, que fue arrojada sobre el hombro de un Colmillo, igual que había hecho Slarb.

De repente, Janner se sintió más cansado que nunca. Iba arrastrando los pies mientras caminaba detrás de su abuelo, que solo unos días antes había parecido un guerrero a lomos de Danny, el caballo de carga. Ahora Podo iba cojeando, encorvado como el anciano que era. Tink no dijo nada, pero frunció el ceño con odio. El corazón de Janner estaba apesadumbrado con un gran temor. Hacía solo unos días, cuando él y sus hermanos estaban en la cárcel, su única salvación habían sido Nugget, Nia y Podo, y el oro que Nia había escondido. Ahora el oro había desaparecido, Nugget también, y Podo y Nia iban a ser encerrados con ellos. Esta vez, no habría quién detuviera al carruaje negro. Llegaría sigilosamente a la ciudad en su oscura misión, y ellos serían introducidos en sus fauces, llevados para enfrentarse al espantoso destino que Gnag el Sin Nombre ideara para ellos.

Sin embargo, la fuerza de Nia seguía emanando de ella como una vela en una habitación oscura. Janner se dio cuenta de que era firme y grácil, e incluso con la sangre seca en la comisura de los labios y el pelo revuelto, era hermosa.

Le asaltaron preguntas, más preguntas. *¿Por qué iba a tener mi madre un tesoro que buscaba Gnag?* Janner no creía que esa fuera una posibilidad. Seguramente se trataba de algún error y, por mala suerte para los Igiby, ese error había conducido a Gnorm hasta ellos.

El día parecía más caluroso que nunca mientras los Igiby eran conducidos, como participantes en algún sombrío desfile, a través de Glipwood hasta la cárcel del pueblo. Nadie caminaba por las calles. Las puertas estaban cerradas y las ventanas tapiadas. Metieron a los Igiby en una celda y la puerta de barrotes se cerró con estrépito. Podo se apartó el pelo blanco de los ojos y fulminó al comandante con la mirada.

—¡Gnorm! —bramó—. ¡Te despellejaré como a una serpiente si tocas a mi familia! ¡Te destrozaré con los dientes si es necesario! Se tensó contra sus ataduras, gruñó y se arrojó contra la puerta de la celda mientras un coro de carcajadas brotaba de los Colmillos que volvían a entrar en la sala principal de la cárcel.

El comandante Gnorm miró desde la puerta y enseñó todos sus dientes en una amplia sonrisa.

—El carruaje negro no tardará en llegar, así que será mejor que no pierdas el tiempo, viejo —dijo Gnorm con una risita, y cerró la puerta. Nia se arrodilló junto a Leeli y susurró su nombre. Leeli seguía sin hablar.

Podo se paseaba de un lado a otro, retorciéndose las ataduras sin resultado. Sin embargo, Tink soltó un gruñido de satisfacción y le puso las manos delante. Tenía las muñecas rozadas y doloridas, pero la cuerda que antes las ataba había caído al suelo.

—Hace rato que las vengo aflojando —dijo mientras desataba a Podo.

—Buen trabajo, muchacho —dijo Podo.

En unos instantes, Tink había liberado las manos de todos.

Leeli enterró la cabeza en su madre, y se acurrucó en los brazos de Nia.

—Mamá —preguntó Janner—, ¿qué es eso de un tesoro? ¿De joyas? ¿Sabes de qué está hablando Gnorm?

Nia y Podo se miraron en silencio. Las moscas zumbaban alrededor de sus rostros cansados.

—Como le dije al Colmillo —dijo Nia al cabo de un momento, volviendo a mirar a Janner—, les di todo el oro y las joyas que tenía. No hay nada más escondido en esa casa —cambió bruscamente de tono—. Ahora. Hay cosas más importantes de las que preocuparse.

—Sí —dijo Podo—. Como, por ejemplo, cómo vamos a salir de aquí. Tal y como yo lo veo, no podemos hacer nada hasta que intenten trasladarnos al —se estremeció— «carruaje». —Tiró de la puerta de la celda—. Tendremos que esperar aquí y orar al Creador para que nos dé la oportunidad que necesitamos. —Se sentó junto a Nia y Leeli y acarició el pelo de su nieta con su mano grande y callosa—. Todo va a estar bien, pequeña.

Tink y Janner se deslizaron hasta el suelo, y la familia Igiby esperó.

36

Un corcel, un carruaje y un conductor sombríos

El sol se desvanecía sobre Glipwood, y la celda empezó a llenarse de sombras. Janner se despertó sobresaltado. Miró a su alrededor con una oleada de decepción al darse cuenta de que no había sido una pesadilla. Pensó en la cabaña, en su cama, en la silla junto a la chimenea donde Podo dormía la siesta.

Podo estaba despierto con las cabezas de Nia y de Leeli apoyadas en él, dormidas. Tink estaba acurrucado en un rincón, de cara a la pared. Janner no estaba seguro de si dormía o no. Las moscas se habían disipado misericordiosamente, y ahora la mohosa celda tenía la paz inquieta de la calma que precede a la tormenta.

—Janner —dijo Podo. Sus ojos centellearon en la penumbra.

Janner miró a su abuelo y forzó una sonrisa.

—Tu Podo ha estado en palos más apretados que este. Saldremos de esta, no temas.

Algo en la seriedad de la voz de Podo le dijo a Janner que el viejo pirata estaba intentando convencerse a sí mismo, y sintió de pronto una profunda tristeza. Le entristecía no volver a ver el verde jardín ni el ancho y solitario océano bajo los acantilados, ni reír a la luz de la lámpara de una comida caliente con su familia. Podía sentir cómo desaparecía su esperanza, y el carruaje negro era el que la ahuyentaba.

—Abuelo, ¿qué quieren los Colmillos? ¿Por qué pensarían que sabemos algo sobre un tesoro?

Podo bajó los ojos.

—Hijo, los Colmillos no necesitan muchas razones para aterrorizarnos. Haya o no un tesoro, parece que el destino se empeña en arruinarnos. Maldito sea el destino, digo yo. Hemos llegado hasta aquí, ¿no? —El espíritu de Podo ardía más cuanto más hablaba—. Pueden meternos en la cárcel, pueden destrozar la casa. Incluso pueden intentar llevarse a mi pequeña Leeli. Pero mientras el viejo Podo tenga aliento en los pulmones y un latido en el corazón, no habrá destino, ni Colmillo, ni el mismísimo Gnag que pueda destrozar esta familia.

Janner apartó la mirada y sacudió la cabeza.

—¡Mírame, muchacho! —dijo Podo—. Cuando llega el momento de luchar, se lucha. Aunque esos Colmillos nos hagan pedazos, nos reuniremos con el Creador sabiendo que luchamos duro por algo bueno. Así que no sacudas la cabeza como si te rindieras.

Las mejillas de Janner ardieron ante la reprimenda. Aun así, no podía dejar de pensar en estar encerrado en aquella jaula negra, llevado a una muerte espeluznante e inevitable. Lo enfurecía que la única vida que había conocido fuera una con Colmillos y carruajes negros y un miedo tan profundo y cotidiano que se tragaba su alegría.

Entonces, Tink lo oyó.

Se incorporó y miró hacia la alta ventana.

En las sombras, Janner pudo ver el frío miedo en el rostro de su hermano.

Leeli gritó y Podo la abrazó con fuerza a ella y a Nia.

A lo lejos, acercándose al ritmo de los latidos del corazón, se oían el ruido de cascos y el chasquido de un látigo. Janner sintió que el corazón le iba a estallar en el pecho. Afuera, los Colmillos gritaban y cacareaban. Al sonido de los cascos y el chasquido de los látigos se unió el traqueteo de los arneses, el crujido de las ruedas de hierro, el aleteo de las alas negras y el graznido de los cuervos.

El carruaje negro había llegado.

Podo se puso en pie de un salto y tiró de Leeli y Nia para que se pararan a su lado.

—Ahora, escuchen —ladró—. Ellos no saben que no tenemos las manos atadas. Así que rodéense las muñecas con las cuerdas y prepárense para liberarse cuando me vean moverme. Mi objetivo es adquirir una de sus espadas, y no pienso rellenar un formulario para hacerlo. Leeli, quédate con Janner y él te llevará sobre su espalda. Agárrate fuerte y te llevará sana y salva. Todos ustedes, corran como locos hacia la cabaña. Si no aparezco pronto, diríjanse al Sendero Diggle. Nia, cariño, ¿recuerdas el rincón oculto que te enseñé hace años? Nos esconderemos allí hasta que sepamos qué hacer.

Nia asintió.

Tink recogió las cuerdas del suelo y se las repartió.

—Yo también intentaré conseguir una espada —afirmó Tink.

—No, muchacho. Sé que quieres ayudar, pero necesito que todos corran. No te preocupes por tu Podo. Estas viejas manoplas aún recuerdan cómo blandir una espada —dijo guiñando un ojo. Janner volvió a tener la horrible sensación de que Podo intentaba convencerse a sí mismo y a ellos de que su situación era mucho peor de lo que decía.

—Escucha a tu abuelo, hijo —dijo Nia, esta vez con un temblor en la voz.

Leeli seguía sin hablar.

—Leeli, ¿estás lista? —Ella asintió con la cabeza, en forma automática, justo cuando la puerta de la oficina de la cárcel se abrió de golpe, dejando entrar un torrente de luz.

Un Colmillo se acercó a la puerta, con un gran llavero tintineando en la mano. Les sonrió mientras abría la celda.

—Su transsssporte los espera.

Podo fue el primero y los demás lo siguieron, con las manos a la espalda. Todos los Colmillos estaban fuera, alineados en dos filas que formaban una especie de pasillo que conducía a la puerta abierta del carruaje negro. Incluso Podo se estremeció al verlo.

Cuatro elegantes caballos negros estaban enganchados al carruaje, con los ojos como tumbas vacías. Las fosas nasales de los corceles se ensancharon mientras daban zarpazos en el suelo y azotaban sus crines y colas. Sentada sobre el carruaje había una figura fantasmal, encapuchada, con una larga túnica negra que se mecía como un estandarte bajo el viento lento. Un cuervo se posaba en su hombro. El Colmillo —u hombre, o fantasma, o lo que fuera— estaba sentado mirando hacia delante con las riendas en unas manos blanquecinas y huesudas. Las entrañas del carruaje eran insondables, y alrededor de la puerta había resbaladizas manchas negras que corrían como sangre seca. Un coro de moscas entraba y salía zumbando por la puerta del carruaje y algún gusano blanquecino se escurría, caía al suelo y era engullido por uno de los muchos cuervos que revoloteaban a su alrededor.

El comandante Gnorm estaba de pie junto a la puerta de hierro, con una sonrisa de satisfacción en su rostro flácido. Los Colmillos los abucheaban y siseaban mientras se acercaban a la puerta abierta.

Janner apenas sentía los pies mientras caminaba, a unos centímetros por detrás de Podo, cada vez más cerca del Carruaje. Janner jugueteaba con las ataduras que le rodeaban las muñecas, anticipando con temor el momento en que Podo hiciera su jugada. Podía oír a Leeli detrás de él, gimoteando mientras cojeaba, apoyándose en Nia para sostenerse.

Cuando Podo se acercó al comandante Gnorm y al carruaje, dijo en voz alta: «¡Ah! Un buen día para pasear por el campo, ¿eh, muchachos?».

Durante una fracción de segundo, Gnorm perdió la sonrisa. La mayoría de los prisioneros estaban inconscientes o histéricos y había que obligarlos a subir al carruaje. No estaba acostumbrado a que los prisioneros hicieran bromas mientras se acercaban a él.

En un abrir y cerrar de ojos, Podo liberó sus manos, se lanzó hacia delante y agarró a Gnorm por la coraza. Lo hizo girar y se dirigió hacia la línea de Colmillos, al tiempo que agarraba la daga que llevaba al cinto.

«¡Corran!», bramó Podo, y los Igiby se separaron con un grito, empujando a través de la hilera de Colmillos sobresaltados. Nia sujetó a Leeli con un brazo y la arrastró mientras huía con los chicos. Pero el grito de Podo se interrumpió. Un Colmillo lo golpeó en la cabeza con el pomo de una espada y cayó al suelo.

En cuestión de segundos, Janner, Tink, Leeli y Nia fueron sometidos y atados de nuevo. Podo yacía en el suelo, inconsciente.

Los siseos y maldiciones de los irritados Colmillos fueron acallados por la chirriante risita de Gnorm.

—Tontos —dijo, agachándose y arrancando su daga de la mano inerte de Podo—. Levántenlo y arrójenlo adentro. —Hicieron falta cuatro Colmillos para levantar a Podo y arrojarlo a la boca del carruaje; aterrizó con un ruido sordo y húmedo.

Gnorm hizo un gesto a Janner para que lo siguiera. Temblando, Janner se acercó lentamente a la puerta abierta. Un olor nauseabundo, el olor de las cosas muertas y podridas, rezumaba del carruaje, y Janner pudo oír los gemidos y arcadas de Podo desde el interior. Con una última mirada a Tink, Leeli y su madre, todos pálidos y temblorosos, Janner se adentró en la negrura.

—Espera —dijo Gnorm, agarrando el brazo de Janner.

El Colmillo sonrió a Nia, con sus colmillos amarillos brillando a la luz de las antorchas.

—Te daré una última oportunidad, mujer. Dime dónde están las joyas y perdonaré a tus preciosos hijos. El viejo morirá de cualquier forma, por supuesto.

Nia miró a Janner, a Tink y a Leeli, con lágrimas en los ojos.

Desde el vientre del carruaje, Podo gimió:

—Nia, no… no les digas nada…

—¡Pero, papá, no sé qué hacer! —gritó ella, temblorosa—. ¡No sé qué hacer!

La débil voz de Podo volvió a resonar en el carruaje:

—¡Hija, no les digas nada! No podemos abandonarlos.

Gnorm y los Colmillos observaban todo esto sonrientes.

Finalmente, Nia se puso en pie, con el pecho aún agitado. Se levantó y se apartó el cabello de los ojos. Con una mirada desconsolada hacia sus hijos, dijo con voz fuerte:

—Iremos en su carruaje, comandante. Juntos.

Miró con desprecio a Gnorm, se levantó el dobladillo del vestido y subió al carruaje con tanta nobleza como si fuera la carroza de una reina. De entre las sombras de la puerta, surgió su mano larga y delgada, haciendo señas a los niños.

Janner la tomó de la mano y volvió a subir al carruaje con piernas temblorosas. Ya no había vuelta atrás. El carruaje se los llevaría a su oscuro destino.

Sin poder respirar, dio el primer paso.

De repente, un grito desgarrador rasgó el aire. A Janner le sonó como un águila gigante, o como cien águilas gigantes gritando a la vez. Al ver la expresión de confusión en el rostro de Gnorm, Janner se apartó del carruaje justo a tiempo para ver un borrón de pelo blanco que se dirigía hacia ellos desde el Camino Vibbly.

37

Garras y una honda

Corriendo más deprisa de lo que Janner creía posible, Peet el Calcetín se abalanzó sobre ellos, con la boca abierta en un grito despiadado, la fiereza en los ojos.

Los Colmillos lo vieron llegar, incapaces de comprender lo que veían, demasiado conmocionados para reaccionar. Peet saltó al aire con una gracia animal y extendió sus brazos forrados de calcetines, con un chillido que llenaba los oídos, mientras los cuervos se dispersaban ante él.

Cayó sobre tres de los Colmillos más cercanos a él en una furia de garras y chillidos. Las garras, vio Janner, eran las de Peet: cuatro largas garras, de hecho, que salían desde dentro los calcetines de ambos brazos, rasgándolos y haciéndolos pedazos. Los restos de los calcetines flotaron hasta el suelo como plumas. El grupo de Colmillos permaneció inmóvil mientras sus compañeros se desplomaban en el suelo, rebanados y sangrando por un centenar de heridas. Peet no perdió el tiempo. Dando tajos y girando, con las garras ahora cubiertas de sangre verde, derribó a dos Colmillos más antes de que ninguno de ellos tuviera el sentido común de desenvainar un arma.

Tink y Leeli se agacharon bajo el carruaje negro. Janner los siguió, sin poder creer lo que veían sus ojos.

El comandante Gnorm balbuceaba y gruñía al ver a sus soldados caer, uno a uno, ante las veloces garras de Peet el Calcetín. Más de la mitad de los Colmillos estaban muertos o moribundos. Los restantes habían recobrado el sentido y avanzaban en semicírculo hacia Peet, que estaba arrinconado contra la pared de la cárcel.

Peet les gritaba, mientras los golpes de sus garras los mantenían a raya.

«¡Mátenlo!», bramó Gnorm desde una distancia segura.

Los Colmillos se acercaron, y atacaron a Peet con sus lanzas.

Janner cerró los ojos, esperando el último gemido de Peet, pero nunca llegó. Janner oyó a Gnorm gruñir de sorpresa.

Podo, cubierto de mugre, había salido disparado del carruaje y le estaba arrebatando la espada a Gnorm. Gnorm tenía los colmillos desnudos y rezumaba veneno. Gruñó y se abalanzó sobre Podo, que intentaba sujetarlo, evitar sus colmillos y sacarle la espada de su vaina. Forcejearon en el suelo mientras Peet se defendía de los Colmillos circundantes.

«¡Vengan rápido!», dijo Nia a los niños. Bajó del carruaje, también cubierta de mugre negra, y los alejó de la lucha, dirigiéndose a las sombras del lado opuesto de la calle, junto a Libros y Rincones. Janner sabía que ni Peet ni Podo durarían mucho más, así que con una plegaria al Hacedor, salió disparado lejos de Nia.

Gnorm estaba tan absorto luchando contra Podo que no se dio cuenta de que Janner estaba detrás de él, abalanzándose sobre su daga. Janner agarró la empuñadura, fría en su mano sudorosa, la sacó y la clavó profundamente en el costado de Gnorm. El gordo Colmillo se giró, con los ojos negros muy abiertos por la sorpresa y la rabia.

«¡Un niño!» gritó Gnorm, atónito. Con la propia espada del Colmillo, Podo acabó con él.

Janner se quedó estupefacto ante el cadáver del comandante Gnorm.

De repente, por encima de los sonidos de la batalla, un silbido alto y constante rasgó el aire. Colmillos y humanos se detuvieron y se taparon los oídos, pero en cuanto empezó, el extraño sonido desapareció. No tuvieron tiempo de preocuparse. Podo aulló y atacó a los Colmillos, que se habían recuperado del ruido y se acercaban a Peet.

El gruñido de Podo, el chillido de Peet y los gruñidos de los Colmillos se mezclaron con el estruendo del acero al chocar.

En cuestión de instantes, solo quedaban en pie Peet y Podo: el pirata y el calcetín, cubiertos de sangre verde y jadeantes, hundidos hasta las rodillas en un montón de cadáveres escamosos. Los dos guerreros se miraron sin hablar durante un largo momento.

«¿Estás bien?», preguntó Podo bruscamente.

Peet asintió. Estaba sin aliento, pero se mantenía erguido. La tristeza de sus ojos había sido sustituida por un aspecto penetrante, casi noble, aunque Janner se dio cuenta de que Peet parecía incapaz de mirar a Podo a los ojos.

Volvieron su atención hacia el carruaje negro y los cadáveres de Colmillos que ensuciaban la calle a su alrededor. El fantasmal conductor, olvidado en la batalla, seguía sentado en el carruaje, sujetando las riendas. La cabeza encapuchada se volvió lentamente hacia ellos y un escalofrío recorrió a Janner.

Podo dio un paso amenazador hacia el conductor, empuñando una espada Colmillo.

«¡Cáspita!», dijo el conductor y azuzó a los caballos negros para que galoparan. «¡Cáspita!», repitió, mientras el carruaje se alejaba a toda velocidad.

«¡No!», gritó Podo. «¡Tenemos que detener el carruaje, o ese bicho que lo conduce conseguirá refuerzos!».

Podo se puso en marcha tras el carruaje, pero ya casi lo había perdido de vista.

Janner oyó un extraño silbido procedente de algún lugar por encima de él. Se volvió a tiempo de ver a Zouzab Koit en el tejado de la cárcel haciendo girar una honda. La piedra salió volando de la honda y zumbó por el aire, golpeando al conductor fantasmal con un ruido sordo.

El conductor del carruaje negro cayó desplomado de su asiento alto, y los caballos oscuros se detuvieron, resoplando y pisoteando el suelo a las afueras de la ciudad.

—¡Fuiste tú! —dijo Janner, asombrado. —¡Tú tiraste las piedras a los Colmillos en el callejón!

Zouzab esbozó su fina sonrisa e inclinó la cabeza.

—Sí, joven Janner. Los correcumbres ven muchas cosas. No estaría bien dejar que los niños Igiby resultaran heridos, ¿verdad? —Y desapareció entre las sombras.

—Fue él, fue él, fue él —murmuró Peet—. Yo también estaba allí, a la vuelta de la esquina, pero Zou-correcumbre-zab lanzó sus piedras primero, primero... Las palabras de Peet se convirtieron en murmullos cuando se dio cuenta de que los Igiby lo estaban observando. Los ojos de Peet volvieron a estar tristes y abatidos, y Janner se preguntó si se habría imaginado el fuego que había visto en ellos hacía unos instantes.

Una ligera brisa soplaba por las calles de Glipwood, donde dieciséis Colmillos de Dang yacían muertos, y de algún modo, los Igiby seguían en pie. Tink se separó de Nia, corrió hacia Podo y lo abrazó con fiereza. Nia, Janner y Leeli lo siguieron. Se acurrucaron en un largo abrazo mientras Peet se mantenía a distancia, escondiendo las manos con garras detrás de la espalda y arrastrando los pies.

Finalmente, Nia lo miró.

—Todo está bien, Peet —dijo.

Él dejó de agitarse y miró al grupo de Igibys. Se le llenaron los ojos de lágrimas y se miró las garras, cubiertas de sangre de Colmillo. Se las limpió en la camisa, como si quisiera estar más presentable.

—Peet —dijo Nia con suavidad—. Todo está bien. —Le hizo señas para que se acercara.

Peet el Calcetín la miró fijamente, con los ojos muy abiertos y brillantes. Intentó arreglarse el salvaje pelo blanco y se irguió mientras se acercaba a la familia. Peet alargó la mano para abrazarlos, aún inseguro de sí mismo. Volvió a bajar la mirada hacia sus extrañas manos llenas de garras, y Janner vio que una expresión de angustia pasaba por su rostro. Su mirada se encontró con la de Janner. Los ojos grandes y llorosos se movieron de Janner a Tink, donde también permanecieron largo rato. El Hombre Calcetín se arrodilló y miró cariñosamente a Leeli, que, por primera vez desde que vio el cuerpo roto de Nugget, sonrió.

Peet rompió a sollozar y empezó a besar los pies de los niños por turnos, golpeteándoles las piernas y murmurando entre sollozos.

—¡A salvo! ¡Joyasdefeathers! Están a salvo, alabado sea el Creador.

—Ya basta —gruñó Podo, apartando a Peet de los niños. Podo miró al Hombre Calcetín. La mirada del viejo pirata era una confusa mezcla de ira y lástima.

De repente, una puerta se abrió entre las sombras del otro lado de la calle. En la penumbra, pudieron distinguir una figura que salía de la entrada de Libros y Rincones. Podo dio un paso amenazador hacia la tienda y levantó la tosca espada que había estado utilizando.

—¿Quién anda ahí? —gruñó, y su voz resonó en la calle desierta.

—¡Pssst! Vengan, rápido!

Era Oskar N. Reteep.

Podo resopló aliviado.

—Sí, vamos, niños. No está bien quedarse aquí al aire libre con toda esta porquería por ahí. Entren, ¡vamos!

Pero Leeli se separó con un sollozo y se dirigió a los saltitos en dirección a la distante cabaña, donde sabía que yacía el cuerpo de Nugget.

—¡Niña! —dijo Podo—. No es momento de…

Pero Nia lo hizo callar con una mirada severa, se acercó a Leeli y la rodeó con un brazo. Janner no pudo oír lo que su madre le susurraba a Leeli, pero vio que su hermana asentía, se erguía más y respiraba hondo mientras ella y Nia volvían a Libros y Rincones.

Los Igiby cruzaron la calle a toda prisa. Peet correteó detrás de ellos, manteniéndose alejado de Podo. Oskar, con los ojos desorbitados, se asomó y sus gafas centellearon a la luz de la luna. Les hizo señas para que entraran y abrió la puerta cuando se acercaron.

—Eso es. ¡Adentro, adentro! ¡Qué rayos haces, viejo pirata! —dijo Oskar riendo y dándose una palmada en la rodilla—. ¡Oí un alboroto y me asomé justo a tiempo para ver caer al último lagarto! ¡No había pasado nada igual desde la Gran Guerra! Ahora que lo pienso, nada parecido ocurrió en este continente ni siquiera durante la guerra. Puede que sea la mayor cantidad de Colmillos que haya perdido Gnag en Skree.[1] ¡Y aquí el joven Janner! ¡Y Peet! —Lo poco que pudieron ver del rostro de Oskar mostraba que estaba más feliz de lo que nunca le habían visto.

—Pues, en palabras del Sabio de Brivshap: «¡Exactamente!». —Oskar se rio, y aplaudia—. ¡Exactamente, eso mismo! ¡Zouzab! Trae agua de la cisterna para estos guerreros, por favor. ¡Zouzab! —gritó.

No obtuvo respuesta.

Oskar se rascó la cabeza.

—Me pregunto adónde habrá ido ese pequeño.

—Afuera —respondió Podo—. Bajó al conductor del carruaje con una piedra y una honda.

—¿No me digas? —dijo Oskar, mirando a Podo con sorpresa—. No importa. Síganme todos.

Peet, que estaba de pie justo al otro lado de la puerta jugueteando con su pelo, estornudó, recordándoles a todos de su presencia.

—Tú —dijo Podo bruscamente, apuntándole con la espada de Gnorm—. Espera afuera.

—¡Pero, abuelo! —reclamó Leeli—. ¡Acaba de salvarnos la vida!

—¿Qué fue eso de inclinarse y besarnos los pies? —preguntó Tink—. ¿Dijo algo sobre unas joyas?

—Tink —dijo Podo—, sabes que el tipo está loco de la cabeza. Un viejo loco, eso es todo. Janner se estremeció al oír la amargura en la voz de su abuelo. Peet lanzó un bufido.

Oskar tosió.

---

1. Esto era cierto. Antes de la Gran Guerra, los skreeanos habían oído rumores sobre Gnag el Sin Nombre, rumores de que criaturas parecidas a serpientes y trols y otros monstruos imaginarios de cuentos infantiles habían conquistado las tierras de Dang, al otro lado del mar, pero no podían creer que la propia Skree corriera peligro alguno. En el año 442 de la Tercera Época, un millar de naves cargadas de tales criaturas infestaron el Mar Oscuro de las Tinieblas frente a las costas de Skree. Se decía que el grito de guerra de los Colmillos invasores podía oírse hasta el interior de Torrboro. Con pocas excepciones, los skreeanos se rindieron sin luchar.

—Vamos, no sirve de nada seguir a oscuras. Síganme. Peet, tú también —dijo, dándose la vuelta para marcharse.

—No —declaró Podo, con voz amenazadora. Tenía la cara dura como una roca.

Haciendo caso omiso de su abuelo, Leeli se acercó a Peet y lo tomó de la mano con su extraña garra rojiza, pasando por al lado de Podo.

Con un movimiento rápido y terrible, Podo apartó a Leeli del Hombre Calcetín, lo agarró por los hombros y lo empujó hacia la puerta.

—¡He dicho que no! Aléjate de estos niños, ¿me oyes? ¡Lejos!

Peet se echó en el suelo. La expresión de su rostro en la penumbra era de tortura, como si le doliera demasiado incluso para gritar. Podo dio un portazo y apoyó la cabeza en la puerta, jadeando. Nadie dijo una palabra. Leeli moqueaba, intentando ocultar sus sollozos. Janner seguía esperando que Nia interviniera, que hiciera entrar en razón a Podo por el trato injusto que daba a Peet, pero ella permanecía en silencio, con una expresión ilegible en la oscuridad.

—Ahora vámonos —dijo Podo, mientras se enderezaba y se volvía hacia ellos.

Nadie se movió.

—¡Oskar! —ladró Podo. Oskar entró en acción de un salto y les hizo señas para que lo siguieran.

A través de la ventana de Libros y Rincones, Janner vislumbró la silueta de Peet bajo la luz de la calle, alejándose con la cabeza gacha. A Janner le dolió el corazón por aquel pobre hombre.

Oskar los condujo entre estanterías tambaleantes hasta que detectaron el suave resplandor amarillo del estudio iluminado por una lámpara que tenían delante. Oskar desapareció un momento y regresó con una jarra de agua y cinco pequeñas tazas de barro.

Janner se sorprendió de la sed que tenía. Le rugió el estómago y se dio cuenta de que no habían comido ni bebido nada desde el guiso de topoespín en la casa del árbol de Peet.

Pensó en las extrañas garras de Peet: nunca había visto ni oído hablar de nada parecido. Y si antes había dudado de si Peet los estaba cuidando o no, ahora lo sabía con certeza, aunque se hubiera equivocado con las piedras del callejón. Pero ¿por qué? ¿Por qué había elegido Peet a los niños Igiby entre todas las demás personas de Glipwood? Janner estaba aún más molesto por el extraño trato que su madre y su abuelo dispensaban al Hombre Calcetín. *¿Por qué Podo está tan enfadado con Peet?*

Pero temores más inmediatos apartaron esos pensamientos de la mente de Janner. Toda su familia estaba en peligro. Su casa había sido saqueada, su granero quemado, y ellos acababan de matar a una compañía de Colmillos. Tenían que idear algún plan sobre dónde esconderse y dónde vivir.

Con una punzada de tristeza, Janner se dio cuenta de que era muy probable que tuvieran que abandonar Glipwood, posiblemente para siempre. ¿Cómo iban a quedarse en vista de todo lo ocurrido? Obviamente, Gnag el Sin Nombre buscaba las joyas, estuvieran donde estuvieran, y creía que los Igiby las escondían.

Los adultos se apiñaron sobre el escritorio de Oskar y hablaron en voz baja.

Leeli estaba en un rincón, sentada sobre una caja vacía, sin mirar nada en particular.

Tink, en cambio, estaba inquieto, moviéndose como un arbusto al viento. Tenía las mejillas sonrojadas y parecía enfadado.

—¿Quiere alguien decirme qué está pasando? —estalló. Los adultos le miraron sorprendidos.

—Ahora no, hijo —dijo Nia.

—¿Por qué no? —insistió Tink. Janner, tratando de evitarle problemas a su fogoso hermanito, le puso una mano en el brazo. Tink se apartó de un tirón.

—¿Por qué no ahora? ¿Por qué ha echado el abuelo al hombre que acaba de salvarnos la vida? Quiero saber dónde están las joyas y por qué Gnag el Sin Nombre cree que las tenemos nosotros. ¿Qué tienen de especial esas joyas? ¿Y quién es Artham P. Wingfeather y por qué Peet el Calcetín tiene sus diarios en su casa del árbol?

—¿Qué? —dijeron a la vez Podo y Nia.

Oskar se quedó mirando a Tink, con los ojos muy abiertos.

Tink bajó la cabeza y sus ojos se encontraron con los de Janner en señal de disculpa.

Nia se cruzó de brazos y fulminó a Tink con la mirada.

—¿Cómo sabes lo que hay en la casa del árbol de Peet?

Tink no levantó la vista ni respondió a la pregunta, así que Janner habló.

—Hoy seguimos a Peet hasta allí. No era nuestra intención, pero… —la voz de Janner se entrecortó.

—Fue culpa mía —dijo Tink, en voz baja.

—Muchacho —rugió Podo—, más vale que te alegres de que haya cosas más urgentes en marcha, o te daría una buena zurra. ¿En qué estabas pensando al adentrarte solo en el bosque? ¿Nunca oíste hablar de las vacas colmillo? ¿De sabuesos cornudos, topoespines y ratociélagos? Ahora mismo, puesto que has demostrado que no eres lo bastante responsable para que te traten como a un hombre, te vas a callar y vas a dejar que los ancianos de la sala decidan lo que hay que hacer. Y eso va por todos ustedes —terminó, mirando decepcionado a los tres.

Unos fuertes golpes en la puerta trasera de la tienda de Oskar hizo que todos se sobresaltaran.

Oskar se encogió de hombros ante Podo, que se llevó un dedo a los labios. Podo empuñó la espada curva de Gnorm y se acercó a la puerta.

Los golpes volvieron, esta vez más fuertes.

Podo respiró hondo, empuñó la espada y abrió la puerta de un tirón.

38

Un plan desagradable

—¿Qué están haciendo, al traernos este problema?

—Ustedes, los Igiby, ¡serán nuestra ruina!

—¿Qué creen que le pasará a este pueblo ahora que han matado a un montón de Colmillos?

Una multitud de ciudadanos de Glipwood se congregó ante la puerta trasera de Oskar, y nadie parecía contento. Podo escondió la espada detrás de su espalda y les tendió una mano tranquilizadora, pero la gente avanzaba a empujones y cada segundo hacía más ruido.

—Tranquilo, Alep. Ya se nos ocurrirá algo…

—¡Una gran tontería! —declaró Charney Baimington, y varios ciudadanos de Glipwood estuvieron de acuerdo.

—¿Qué piensa hacer con dieciséis Colmillos muertos, señor Igiby? ¡Respóndame eso! —increpó una mujer regordeta que agitaba una escoba.

—Ferinia, cálmate. Lo que estamos haciendo es idear un plan.

—¡Un plan! ¡Yo tengo un plan! Deberíamos llevar a los Igiby al Mar Oscuro de las Tinieblas, ¡ese es un plan! —gritó el alcalde Blaggus desde el fondo.

Fue todo lo que Podo pudo aguantar.

—¡Basta! —rugió, y la gente del pueblo se quedó tan quieta y silenciosa como estatuas—. Lo único que entrará en el Mar Oscuro de las Tinieblas esta noche son excrementos de pájaro. Ahora escúchenme. No pedimos que ocurriera esto, pero ha ocurrido. Es lo que es, y ya se nos ocurrirá algo. Ahora, si son tan amables de dejarnos a Oskar y a mí unos minutos para pensar, solucionaremos esto y estaremos con ustedes directamente. —Bajo la mirada de Podo, la multitud refunfuñó y murmuró, pero finalmente se dispersó. Podo cerró la puerta y suspiró—. Ahora, a lo nuestro.

Janner y Tink se dejaron caer al suelo y escucharon mientras Podo y Oskar se encorvaban sobre el escritorio y hablaban con rostros serios.

—La ciudad será pasto para las llamas —dijo Podo con gravedad.

Oskar se ajustó las gafas y reflexionó un momento antes de asentir. —Cierto. Me temo que poco se puede hacer por la querida Glipwood. Solo es cuestión de tiempo para que los Colmillos del Fuerte Lamendron se den cuenta de que algo va mal.

—Sí, y Gnorm dijo que recibía órdenes del mismísimo general Khrak. Estará esperando a Gnorm y al carruaje dentro de unas horas. Cuando no aparezca, enviarán fuerzas aquí.

—He oído que los Colmillos pueden correr como un relámpago cuando se les mete en la cabeza… más rápido que un caballo —dijo Oskar, apartándose un mechón de pelo detrás de una oreja—. Si eso es cierto, ni siquiera tenemos hasta mañana antes de que lleguen más Colmillos. Fuerte Lamendron tiene cientos, tal vez incluso miles de esas bestias. Vendrán furiosos. Necesitan pocos motivos para aterrorizarnos. —Oskar suspiró—. Esto no es poca cosa.

—¡Pamplinas! —dijo Podo, golpeando la mesa con el puño—. Los ciudadanos de Glipwood no pueden hacer gran cosa. O luchan o huyen. Aunque tuvieran armas, los habitantes del pueblo no tendrían ni la más mínima posibilidad contra un regimiento de Colmillos. Tendrán que huir. Los caminos a Torrboro deberían estar aún bastante despejados. Pueden esconderse allí, y por la mañana los Colmillos encontrarán Glipwood tan vacío como un pueblo fantasma. Quizás entonces haya una posibilidad de que no arda. Y después de que nos hayamos ido un tiempo y se asiente el polvo, los habitantes del pueblo podrían volver.

—Algunos se quedarán, ¿sabes?

—Sí —dijo Podo, tras un largo momento—. Algunos se negarán a marcharse. —Volvió a dar un puñetazo en la mesa—. ¡Mis huesos quieren quedarse y luchar contra esos malditos lagartos! —Miró a los niños y a Nia—. Pero no tenemos elección. Huiremos, y huiremos lejos.

—¿A las Praderas de Hielo? —preguntó Oskar con expresión seria.

—Sí. Es el único lugar donde las Joyas seguirán estando a salvo.

Janner y Tink se miraron, con los ojos muy abiertos. Ambos tenían preguntas, pero temían provocar de nuevo la ira de Podo, así que se quedaron sentados en un silencio atónito. Realmente había joyas, y Podo y Nia las tenían.

—No hay tiempo que perder —dijo Podo—. Tengo que ir a la cabaña y reunir lo que pueda para el viaje. No volveremos en mucho tiempo. —Podo exhaló un suspiro cansado y añadió—: Si es que volvemos.

Janner y Tink volvieron a mirarse con los ojos muy abiertos. *¿Vamos a las Praderas de Hielo?*[1]

—Necesitaremos suministros, viejo amigo —Podo miró a Oskar—. Armas de verdad, no estas cosas endebles. —Podo miró con desagrado la espada de Gnorm.

—La mansión Anklejelly, por supuesto —dijo Oskar, asintiendo con la cabeza.

Janner sintió que sus mejillas se enrojecían.

—Encontrarás más que suficiente de lo que necesitas —dijo Oskar.

—Bien. Me llevaré a los chicos conmigo a la cabaña para reunir lo que necesitamos. ¿Puedes mantener a salvo a Nia y Leeli hasta que volvamos?

Oskar guiñó un ojo y se dirigió a un recoveco del estudio, donde se agachó y levantó una esquina de la alfombra. Debajo, había una trampilla.

—Hay lámparas, mantas y suficiente comida seca para aguantar un buen tiempo ahí abajo, por si acaso. En palabras de Aman Putan: «Las

---

1. Las Praderas de Hielo se encuentran al norte de las Montañas Pedregosas. Pocos humanos se han asentado allí, y los pueblos que existen son notoriamente difíciles de encontrar porque no hay carreteras. De hecho, algunos de los habitantes de las Praderas de Hielo que visitaron de vacaciones los climas cálidos de la parte baja de Skree nunca volvieron a encontrar sus hogares.

esconderemos allí hasta que regreses, momento en el que saldrás en busca de un alojamiento más seguro». Tendré el mapa y la clave de la cámara de armas para cuando vuelvas.

—Chicos, vengan conmigo —ordenó Podo, y se pusieron en pie de un salto.

Mientras Nia y Leeli bajaban al sótano secreto de Oskar, Janner y Tink siguieron a su abuelo al exterior, donde la pequeña turba de ciudadanos de Glipwood esperaba impaciente.

Podo se aclaró la voz y cesó el parloteo.

—Hemos considerado nuestras opciones, amigos, y ninguna es fácil. —Podo miró fijamente a los ciudadanos de Glipwood, con los que había trabajado durante años; a algunos los conocía desde que era un niño. Respiró hondo, reacio a decir lo que tenía que decir—. Tendremos que huir.

Nadie habló.

—Pueden quedarse aquí y arder con la ciudad, o pueden huir. Un regimiento de Colmillos del Fuerte Lamendron se dirigirá hacia aquí en cuanto se enteren de lo que ha ocurrido esta noche. Creemos que llegarán antes del amanecer. Cuando lleguen, probablemente derribarán el lugar por despecho, y los destruirán en el proceso. Así que si quieren evitar una muerte cruel, tomen lo que necesiten y diríjanse al norte, a Dugtown o Torrboro. Por la mañana, me temo que Glipwood ya no existirá.

El viento gemía entre las copas de los árboles. Podo esperó algún cuestionamiento a su veredicto, pero no llegó ninguno. La gente vio la verdad de lo que estaba diciendo. Sin mediar palabra, se dispersaron, lanzando miradas de desprecio tanto a Podo como a los muchachos.

Janner sintió el desprecio de la gente que siempre le había dedicado sonrisas, y lo único que deseaba era arreglar las cosas. Pero ¿cómo? Lo hecho, hecho estaba, y no había vuelta atrás.

Shaggy, el dueño de la taberna, se dejó caer en una mecedora de su porche y encendió una pipa. Estaba claro que tenía intención de quedarse. Un anciano desaliñado, con grandes lágrimas cayéndole por la cara hasta la barba blanca y desaliñada, se acercó.

—Willie Buzzard —saludó Podo con la cabeza.

—Hola, viejo amigo. Nunca te he dicho que siento haberte robado a Merna Bidgeholler cuando éramos jóvenes. Hace años que quería decírtelo, granuja —bufó.

Podo soltó una risita incómoda y agarró el hombro de su amigo, avergonzado por los muchísimos thwaps de jardín que había tirado en el patio de Buzzard.

—¿Merna? Te lo aseguro, Willie, lo había olvidado por completo. Casi por completo —añadió en voz baja—. Agua por las cataratas, eso es. Agua por las cataratas. Ahora vete a Dugtown y quédate con tus nietos, ¿eh? Te veré uno de estos días, viejo amigo.

Willie Buzzard asintió y se pasó la manga por la cara llorosa.

—Ah, y siento que se te quemara el granero. Parece que los Colmillos destrozaron todo. Salí antes para darte algo de mi jardín, como regalo. Lo dejé en tu porche. Un regalo, por Merna.

—¡Ay, Buzz! —dijo Podo. Pero su viejo amigo ya estaba cruzando la calle en dirección a su casa para recoger a su mujer y sus pertenencias.

Podo miró a sus nietos.

—Bueno, muchachos —dijo, cambiando de tema—, salió mejor de lo que esperaba. Parece que se van todos. Todos menos Shaggy y los Shooster —lo dijo con una pizca de orgullo por sus amigos, que estaban sentados en la entrada de La Única Posada, brindando por su pueblo y despidiéndose de vecinos y amigos. Los ciudadanos de Glipwood que se marchaban tenían amigos y familiares en otros lugares y se apresuraban a llegar sanos y salvos a su refugio sin ser capturados.[2] Pero para algunos,

---

2. El camino a Torrboro era muy transitado, tanto por humanos como por Colmillos. Las tropas Colmillo que viajaban hacia y desde Fuerte Lamendron marchaban hacia el norte y el oeste desde la costa, a través de Glipwood, y seguían el camino a lo largo del borde del bosque de Glipwood hasta que se encontraba con el río Blapp. El toque de queda nocturno se cumplía a rajatabla, por lo cual los Colmillos apenas patrullaban el camino por la noche. Los ciudadanos de Glipwood que viajaban de noche a Torrboro tenían poco de qué preocuparse hasta que llegaban a la propia ciudad, y para entonces ya habría amanecido, por lo que no habrían levantado sospechas. Por

como Shaggy y los Shooster, todo lo que tenían y todo lo que querían estaba allí mismo, en Glipwood. No tenían adónde ir y aspiraban a morir luchando por su hogar.

—Vamos, chicos —dijo Podo, y lo siguieron hasta la cárcel, donde había cadáveres de Colmillos esparcidos, arrugados y secos como si hubieran estado descomponiéndose durante años, no minutos. Solo quedaban pieles de serpiente crujientes, huesos polvorientos y armaduras.

Podo sacó una espada de uno de ellos y la mano con garras se desmenuzó hasta convertirse en un montón de polvo que se alejó con el viento.

—Vamos, tomen dos espadas más —dijo Podo, mientras recogía unas cuantas dagas, incluida la que Janner había enterrado en el costado de Gnorm. Podo sopló el polvo de las armas, se dirigió a la taberna y se las ofreció sombríamente a Shaggy y a los Shooster. Janner y Tink oyeron unas palabras murmuradas entre ellos, antes de que su abuelo abrazara a sus viejos amigos, cada uno por su lado.

Entonces, en silencio, Podo y los muchachos salieron a paso ligero del municipio de Glipwood, donde durante mil años la gente había acudido al Festival del Día del Dragón y se había alegrado. Janner apenas podía creer que en cuestión de horas aquello sería escombros.

—Eso es, joven Leeli —dijo Oskar mientras ayudaba a una abatida Leeli Igiby a bajar los escalones de madera hasta el húmedo sótano—. Abajo.

La sentó en el suelo de tierra junto a Nia y encendió un farol. La pequeña habitación con unas cuantas cajas contra la pared del fondo se iluminó. Oskar se ocupó de ordenar las cajas y comprobar los suministros, y cuando pensó que todo estaba en orden, volvió su atención hacia la madre y la hija. Las miró a través de sus gafas.

---

supuesto, la proximidad del camino al bosque presentaba sus propias dificultades, y era probable que varios de los viajeros fueran atacados por la habitual variedad de criaturas nocturnas de Skree.

—Sé que no es el alojamiento más cómodo, querida. En palabras de Burley el Polvo: «Este lugar es indibnible. Y húmedo». Pero no deberían estar aquí mucho tiempo, dependiendo de cuánto tarde Podo en traer las provisiones. Es mejor que las mantengamos ocultas, por si algo sale mal.

Oskar lanzó una mirada anhelante a la cálida luz de su estudio.

—Me temo que no habrá tiempo de salvar mis libros. Todos mis mapas y tomos y volúmenes y volúmenes de sabiduría, perdidos para siempre. Y esto era lo último, queridas. Todos los libros que quedaban en todo Skree se guardaban a salvo aquí. Pero ya no. Ya no. —Parpadeó y volvió en sí—. Ah, pero las joyas. ¿De qué nos sirven los libros si perdemos las joyas de Anniera? —Le guiñó un ojo a Leeli—. Empacaré lo poco que pueda permitirme llevar. ¿Y dónde está ese pequeño correcumbres? Me vendría bien su ayuda —se dijo—. Cerraré esto hasta que llegue la hora de partir. En palabras de Adeline la Poetisa: «Traten de descansar. Así mejor podrán estar».

Nia le apretó la mano.

—Gracias, Oskar. Eres un buen amigo.

Oskar cerró la escotilla y quedaron a oscuras, salvo por el único farol encima de una caja. Leeli se acurrucó junto a su madre, que podía sentir a su hija temblando.

El granero que había detrás de la cabaña Igiby se había convertido en humo y cenizas, pero la cabaña seguía en pie. Janner intentó comprender que estaba viendo su hogar por última vez, y por mucho que lo entristeciera, sintió una emoción innegable. A menudo, había soñado con ver lo que había más allá de los grandes árboles de Glipwood, pero siempre pensó que tendría que esperar a ser mucho mayor para hacerlo. Aquí estaba, con doce años y de camino a las Praderas de Hielo, un lugar que solo conocía por su nombre en un viejo mapa.

—Chicos, dense prisa y pónganse a hacer las maletas —dijo Podo—. No es mucho. Tomen unas túnicas y unos pantalones cada uno y átenlos en un saco de dormir. Hagan lo mismo con las cosas de su hermana. Voy a recoger a Danny del campo del norte, donde el pobre animal lleva enganchado al carro desde que aparecieron los Colmillos. Espero que aún tenga fuerzas para remolcarnos lo suficiente esta noche. Volveré enseguida a buscar lo que necesitamos. —Podo se alejó en la oscuridad hacia el prado.

—No puedo creer que nos vayamos de verdad —dijo Tink mientras Janner y él se acercaban a la cabaña bajo una luna brillante—. ¿Dónde están las Praderas de Hielo?

—Solo sé que están al norte, más allá de las Montañas Pedregosas. Muy lejos de aquí.

Janner encontró en la oscuridad el farol y las cerillas que había en el porche, cerca de la puerta. Encendió el farol y los dos hermanos abrieron de un empujón la puerta principal y se quedaron mirando el desastre que se había hecho en la cabaña durante la temeraria búsqueda de las joyas por parte de Gnorm.

Si no hubiera sido por el olor a humo en el aire, tal vez habrían detectado el persistente y vil olor a Colmillo. Y si no hubieran estado pensando en el largo viaje que les esperaba, quizás habrían notado el sonido de la respiración o habrían visto la larga lengua serpentina que revoloteaba hambrienta tras la puerta.

39

El regalo de Willie Buzzard

Leeli y Nia miraron al techo de su escondite, alarmadas por la conmoción que oyeron.

Pisadas. Muchos pasos, corriendo, golpeando, arrastrando los pies.

Una refriega, seguida de un fuerte estruendo, hizo que el polvo flotara sobre ellas. Leeli empezó a estornudar, pero Nia le tapó la boca con la mano. Nia solo podía adivinar lo que estaba ocurriendo sobre ellas, y no podía ser nada bueno. Se sentía como un animal atrapado. No había ningún lugar adonde ir y no tenía ningún arma con la que luchar. Se agarró a Leeli, se arrinconaron todo lo que pudieron y esperaron, orando. Los pasos se dirigieron lentamente hacia la escotilla, y Nia respiró aliviada porque sonaban como los de Oskar cuando se había retirado antes a su estudio. Tal vez había volcado accidentalmente una estantería en su afán por salvar algunos libros importantes.

Pero entonces oyó una voz, y no era la de Oskar.

Nia apretó con fuerza a Leeli.

La trampilla se abrió lentamente y entrecerraron los ojos ante la luz brillante que entraba.

Los ojos de Nia se ajustaron y vio la silueta delgada de Zouzab, haciendo girar su extraño silbato alrededor del dedo.

—Oh —suspiró Nia—. Zouzab, eres tú. Oskar estaba justo…

A Nia se le cortó la respiración cuando, junto a él, apareció otra figura delgada: otro correcumbres. Ambos le sonrieron de un modo que le heló la sangre.

—Aquí están, sargento —dijo Zouzab, y un Colmillo saltó a la cámara mientras Zouzab y el otro correcumbres se apresuraban a subir a lo alto de una estantería.

La puerta de la cabaña se cerró de golpe tras Janner y Tink cuando Slarb el Colmillo salió a la luz de la lámpara y los empujó al otro lado de la habitación. Los chicos chocaron entre sí y cayeron al suelo, sobre la alfombra de piel de vellurbuja. Janner se quedó sin aire en los pulmones y se dobló sobre sí mismo, con los ojos llenos de agua. Fue vagamente consciente de que Tink se movía debajo de él. Cuando pudo abrir los ojos, a través de la visión borrosa y estrellada, vio a Slarb avanzando lentamente, con una larga espada curva en su puño escamoso.

Slarb estaba andrajoso y más delgado que antes; la suciedad se apelmazaba entre sus escamas, y su piel, en lugar del frío verde habitual, tenía una palidez fantasmal, como la de una vieja lechuga tirada en una alcantarilla. Un hedor rodeaba al Colmillo como una nube de insectos. Para Janner, era el olor de la locura, del asesinato. La piel escamosa de Slarb colgaba de su cuerpo como un traje mal ajustado. Su tiempo en la naturaleza había cambiado a la malvada criatura, si acaso era posible, para peor.

—Igibysss —dijo Slarb con voz áspera—. ¿Van a las Praderas de Hielo? ¿Van a intentar escapar con las joyas? Ay, no pongan esa cara de sorpresa. Yo vigilo y essscucho. Me escondo en las sombrasss. Sé que los Igiby tienen las joyas, y ahora que Gnorm ha fracasado, haré el trabajo que él no pudo. Llevaré las Joyas a Gnag el Sin Nombre, ¿eh? —Slarb apuntó con la espada a Tink y miró a Janner—. Porque si no me dices dónde están las joyas, muchacho, se me ocurrirá algo horrible que hacerle a tu querido hermano, ¿ves? Sé que has venido a buscarlas y sé adónde piensas huir —la voz de Slarb chirriaba como piedra contra piedra mientras observaba a los chicos con ojos brillantes y hambrientos.

Tink se había recuperado del golpe y se puso en pie cuando Slarb se acercó con otro paso amenazador. Janner estaba pensando en una salida. Slarb bloqueaba la puerta principal, y la entrada a la cocina estaba justo a la derecha del Colmillo. A la izquierda, había una ventana. Era posible que uno de ellos consiguiera pasar antes de que Slarb pudiera atacar, pensó Janner, pero solo uno de ellos. Incluso si lograban pasar, Slarb los arrollaría en cuestión de segundos. Janner no veía nada cerca que pudiera utilizarse como arma, a menos que los Colmillos tuvieran un miedo desconocido a las alfombras de piel de vellurbuja. No podían hacer nada. Las piernas de Janner temblaban como hojas en una tormenta de viento. *¿Dónde está el abuelo?*, pensó con desesperación. *¿Cuánto podía tardar en buscar el carro?*

Ágil como un gato, Slarb se lanzó hacia delante, agarró a Tink por el pelo y lo tiró al suelo. Con el mismo movimiento, agarró el brazo de Janner y lo acercó de un tirón, apuntando con la punta de la espada entre los ojos del muchacho. Tink gritó y luchó por moverse, pero Slarb tenía un pie con garras en la espalda, inmovilizándolo. Janner se esforzó por no respirar el penetrante olor que envolvía a la criatura.

—¿Dónde están las joyas de Anniera? —susurró Slarb, respirando tan cerca de la cara de Janner que su pelo se movió. Janner no pudo aguantar más la respiración y tuvo una arcada. Slarb retorció el pie sobre la espalda de Tink y este volvió a gritar—. ¡Si quieres que tu hermano viva, dime dónde están escondidas las joyas, muchacho!

Janner miró desesperado alrededor de la habitación, demasiado asustado para orar, luchar o pensar.

Entonces, se oyó el traqueteo de la carreta acercándose a la cabaña. Janner inspiró para gritar, pero Slarb le tapó la boca con una mano fría y húmeda.

—Ni un ruido —dijo el Colmillo, bajando la punta de su espada para apoyarla en la nuca de Tink. Janner esperó agonizante mientras oía a Podo bajar gruñendo del carro y avanzar dando golpecitos con su pata de palo hasta la puerta principal. Los pasos se detuvieron. Se oyó un arrastrar de pies afuera, y luego Podo gruñó como si estuviera levantando algo.

—¿Janner? ¿Tink? —llamó Podo, entrando en la cabaña con un gran baúl de madera en los brazos. Se detuvo en seco al ver a Slarb de pie junto a Tink.

—Si te mueves, viejo, los mato a los dos —dijo Slarb, mirando el baúl con avidez. Su cola se agitó por el suelo junto a Tink. El Colmillo siseó y unas gotas humeantes de veneno gotearon, chisporroteantes, sobre el suelo. Tink gimió. Podo se quedó helado. A través de la neblina del miedo y el hedor de la mano de Slarb sobre su boca, Janner consiguió preguntarse vagamente de dónde había salido el baúl de los brazos de Podo.

Con un solo movimiento, Slarb puso a Janner delante de él y le rodeó el cuello con un brazo, utilizándolo como escudo frente a Podo.

—¿Qué hay en el baúl, viejo?

—No lo sé —dijo Podo, con la voz ecuánime—. Ahora deja en paz a los muchachos y arreglaremos esto tú y yo.

Slarb se rio y apretó más fuerte a Janner.

—La única manera de sssolucionar esto es que me des las joyas, viejo. Así que te lo preguntaré de nuevo. ¿Qué hay en el baúl?

—Es un regalo de Willie Buzzard, que está en la ciudad. No tengo ni idea de lo que es, lagarto.

—Mientes muy mal, viejo.

Podo bajó la voz.

—No vivirás más allá de esta noche si haces daño a alguno de mis muchachos. No has visto mi ira cuando se aviva como es debido, ni quieres hacerlo. —Podo se acercó un paso.

Slarb gruñó y giró la cabeza de Janner hacia un lado, dejando al descubierto el costado del cuello. El Colmillo abrió mucho las mandíbulas y acercó sus goteantes dientes. En el rostro de Podo, apareció una expresión de derrota y retrocedió un paso.

—Por favor, no. Te lo ruego —suplicó Podo—. No lo hagas.

Slarb esbozó una horrible sonrisa.

—Bien. Ahora baja el baúl y aléjate.

Podo así lo hizo, y Slarb cruzó la habitación, todavía agarrando a Janner por detrás.

Tink se puso en pie, y él y Podo observaron impotentes cómo Slarb se agachaba para abrir el baúl. Janner se preguntaba qué haría Slarb cuando no encontrara las joyas en el baúl. La expresión de preocupación en el rostro de Podo era lo que más lo asustaba. Si Podo no sabía qué hacer, ¿qué otra opción quedaba? El pestillo del baúl se abrió con un chasquido y Janner se esforzó por ver.

—Y ahora veremos esas joyasss que han causado tantos problemas. —Slarb esbozó una amplia y enfermiza sonrisa al levantar la tapa.

Treinta de los thwaps de jardín más furiosos y hambrientos que jamás respiraron el aire de Kistamos salieron de la caja como una plaga peluda. Janner se apartó de un tirón y cayó al suelo. Los thwaps cubrieron a Slarb de pies a cabeza, parloteando y chillando en tal cacofonía que Janner y Tink se taparon los oídos. Slarb parecía un gigantesco muñeco peludo de vellurbuja que iba de aquí para allá, chocando contra las paredes y lanzándose de un lado a otro. Podo le arrebató la espada a Slarb y condujo al Colmillo a través de la puerta hasta la cocina. Los hermanos escucharon ansiosos los alborotados sonidos del grito de guerra de Podo, los alaridos de Slarb y los chillidos de los thwaps.

Por fin emergió Podo, sin aliento y salpicado de nuevo por la sangre verde del Colmillo. Vio que Janner y Tink estaban ilesos y sonrió, levantando las cejas de un modo feliz que dio a Janner la esperanza de que saldrían vivos de Glipwood. Uno de los thwaps enfadados salió corriendo de la cocina, pero Podo gruñó y lo pateó hacia atrás.

—Recuérdenme que le dé las gracias al viejo Willie Buzzard, ¿eh? Ese bribón.

Podo desapareció en su habitación mientras los chicos se afanaban en recoger ropa extra y enrollarla en una manta. Janner se alegró de no necesitar nada de la cocina. No quería ver el cadáver huesudo de Slarb en la habitación donde había tenido tantas comidas alegres con su familia. Los chicos prepararon unos sacos de dormir para Leeli y Nia y los llevaron junto con los suyos al carro.

Inmediatamente, Janner sintió que algo iba mal: un olor en el aire o un sutil sonido en el viento… no sabía bien qué era. Miró por el camino hacia el pueblo y vio atisbos del resplandor anaranjado de cientos de antorchas en los límites del municipio de Glipwood.

—¡Abuelo! —gritó—. ¡Ven, rápido!

Podo salió corriendo de la casa con un fardo al hombro. ¿Qué pasa?

Janner señaló con el dedo. Ahora podía distinguir cientos, quizás miles, de antorchas en dos columnas que serpenteaban en la oscura distancia, avanzando hacia Glipwood desde el este, desde el Fuerte Lamendron.

—¿Tan pronto? —susurró Podo—. Hacedor, ayúdanos.

40

Traición

Con una mirada aguerrida, Podo arrojó el fardo a la parte trasera de la carreta y montó en ella sin esperar a los chicos. Ellos subieron mientras Podo decía: «¡Arre!» a Danny, el caballo de carga, que relinchó y corrió hacia Glipwood.

A Janner se le humedecieron los ojos en medio del viento, al ver pasar las ramas de los árboles de Glipwood. Oró al Creador para que Leeli y Nia siguieran a salvo. Se preguntó cómo podrían escapar con Nia y Leeli, si es que los Colmillos habían invadido la ciudad. Miró a Podo, el pelo blanco que volaba detrás de él, azulado ahora a la luz de la luna, y se sintió mejor. Tal vez Podo no tuviera un plan, pero saber que su abuelo estaba con él, incluso frente a los Colmillos de Dang, hizo que Janner sintiera que podía ser más de lo que era. Sacó fuerzas del anciano, como si fuera agua de un pozo, y descansó en ellas. Además, miró con admiración a Tink, que había encontrado una espada Colmillo entre los restos del carro y la sostenía con los dos puños, apretando la mandíbula.

Podo encabritó el caballo cuando pudieron ver las luces de las antorchas entre los edificios a lo lejos. «Tranquilo, Danny. Tranquilo», susurró. Hizo un gesto a Tink y Janner para que lo siguieran y desapareció entre la maleza junto a la carretera, rápido como un thwap.

Desde donde se detuvieron, podían ver tenuemente las farolas de la calle principal y oían una mezcla de charla, risas y movimiento que les resultaba extrañamente familiar. Janner se dio cuenta con un escalofrío de que la última vez que había oído semejante volumen fue cuando la ciudad estaba llena de cientos y cientos de visitantes al Festival del Día del Dragón. ¿De verdad podía haber tantos Colmillos en Glipwood? Janner tomó su propia espada del carro. Al igual que las armas de la mansión Anklejelly, era más pesada de lo que esperaba. En su peso, sintió su propia juventud. Intentó parecer confiado para Tink, pero su hermano pequeño ya se movía entre las sombras junto al camino tras Podo.

—Muy bien, chicos —susurró Podo desde una cubierta de hojas—. Escuchen. Necesito que sean hombres, ¿me oyen? —ambos asintieron—. Hay sangre fuerte en sus venas, y si confían en mí y se dejan guiar por el Hacedor, puede que vivamos para ver salir el sol esta mañana. Voy improvisando sobre la marcha, así que síganme de cerca y hagan lo que les diga. Sin preguntas. Si nos separamos, nos reuniremos en un lugar llamado mansión Anklejelly.

Janner y Tink miraron instintivamente hacia el norte.

Podo enarcó una ceja.

—Veo que saben de dónde hablo. Y, por lo que parece, es probable que hayan estado allí.

Janner bajó la mirada.

—Pfff. Hay muchas cosas de las que tendremos que hablar cuando todo esto termine, supongo. Pero no se preocupen ahora. Saben que los quiero, chicos. Y también quiero a su madre y a su hermana. Además, son un poco más guapas que ustedes. Así que tenemos que recuperarlas, ¿entendido? Vamos a recuperarlas y a huir como locos hacia la mansión Anklejelly. Después, veremos cómo caen las hojas. ¿Está claro?

—Sí, señor —dijeron los hermanos al unísono.

Sin mediar palabra, Podo volvió a desaparecer entre las sombras.

Janner y Tink lo siguieron a través de los jardines y campos situados detrás de los edificios que daban a la calle principal. Saltaron una valla y Janner volvió a sorprenderse de la ágil velocidad de Podo.

Se detuvieron entre dos edificios y tuvieron su primera visión clara de la calle.

Había Colmillos por todas partes. Algunos permanecían en formación mientras un oficial de alto rango les gritaba órdenes. Otros se arremolinaban borrachos, riendo o peleándose entre ellos. Algunos estaban sentados y dormitaban en el mismo callejón por el que ellos estaban mirando, solo a un tiro de piedra de distancia. Estaba claro que los Colmillos acababan de llegar y estaban fuera de servicio.

A Janner se le aceleró el pulso y volvió a sentir el peligro. Un ruido, un Colmillo que mirara en la dirección equivocada en el momento equivocado, y los descubrirían, atrapados como flonejos en una trampa. Dos vallas más adelante, estaba el campo detrás de la tienda de Oskar. Podo saltó otra valla e hizo señas a los chicos para que siguieran adelante. Tink y Janner echaron un último vistazo al callejón para asegurarse de que ningún Colmillo los observaba.

Llegaron al patio de Oskar sin incidentes y se acurrucaron de espaldas al tronco de un árbol gordo. Podo se asomó alrededor del árbol mientras los hermanos luchaban por recuperar el aliento y calmar los nervios.

—La puerta de Oskar está abierta y el farol sigue encendido adentro —susurró—. No puedo ver más que eso. Deberíamos ser capaces de correr hacia la parte trasera del edificio, luego solo es cuestión de escabullirse por la esquina y atravesar la puerta. ¿Están listos?

La luna brillante hacía precaria la distancia hasta el edificio; había incluso más Colmillos merodeando delante y entre la tienda de flores de Ferinia y Libros y Rincones que en el primer callejón.

Podo no esperó. Tras echar otro vistazo al callejón, corrió hacia el edificio. Janner respiró hondo y se puso en marcha. Pero justo cuando daba el primer paso, Tink lo hizo retroceder detrás del árbol. Un Colmillo se acercaba hacia ellos por el lateral del edificio. Janner y Tink contuvieron la respiración y aferraron sus espadas, de espaldas al árbol. Pero el Colmillo perdió interés en lo que estuviera haciendo y sus pasos retrocedieron. Janner echó otro vistazo y vio que el camino estaba despejado.

Esprintaron hacia la seguridad de las sombras en la retaguardia de Libros y Rincones. Podo saludó a sus nietos con un guiño orgulloso. Miró a la vuelta de la esquina y hacia el callejón. Tras unos segundos, hizo un gesto a los chicos para que lo siguieran. Respirando hondo por última vez, doblaron la esquina y salieron corriendo por la puerta trasera de Oskar.

El gruñido de Podo indicó a Janner que habían capturado a su madre y a su hermana. La trampilla estaba abierta y negra como una tumba vacía. Podo estaba de pie sobre el agujero, respirando con dificultad y rugiendo de un modo que hizo temer a Janner que pudiera explotar.

—Lo siento —se oyó una voz débil detrás de ellos. Se giraron y vieron a Oskar N. Reteep tendido en el suelo, junto a su escritorio, con una herida sangrante en el pecho. Estaba pálido y débil, con las gafas torcidas en su cara redonda. Tosía.

Podo se arrodilló junto a Oskar y le tomó la mano flácida.

—¿Qué pasó? Podo apartó con suavidad un mechón húmedo de pelo de los ojos del anciano.

—Zouzab… nos ha traicionado. En palabras de Chonk —exhaló Oskar— «debería haberlo sabido».

Podo inclinó la cabeza, mitad con rabia, mitad con pena.

—Hizo una señal a Lamendron… con su silbato… durante la batalla…

Janner recordó el estridente sonido que habían oído justo después de la muerte del comandante Gnorm.

Oskar hizo un gesto de dolor y volvió a toser.

—Solo otro correcumbres podría haberlo oído a esa distancia. Todos estos años ha estado observando, espiando. Solo detuvo el carruaje negro con su honda para que pensáramos que teníamos más tiempo.

—Pero nos salvó con las rocas en el callejón —dijo Tink.

—Sí, lo hizo… porque sospechaba… —Oskar bajó los ojos y se le quebró la voz.

¿Sospechaba qué? pensó Janner.

—¿Cómo sabes todo esto? —preguntó Podo, y su rabia superó su tristeza.

—Me lo contó Zouzab —carraspeó Oskar—. Me lo contó después de que los Colmillos… se llevaran a Nia y a Leeli. Se arrodilló justo donde tú estás arrodillado ahora… y me lo contó todo. —Oskar desmejoraba con cada respiración—. Lo siento, viejo amigo. Las joyas… consérvalas contigo. ¡Aférrate a ellas!

—Lo haré. Por el Creador, lo haré —dijo Podo, al tiempo que apretaba la mano inerte de Oskar.

Los ojos de Oskar se abrieron de par en par y se centraron en algo que había encima y detrás de Podo. Janner levantó la vista a tiempo de ver cómo Zouzab desaparecía en el laberinto de estanterías.

—¡Es él! —gritó Janner.

Con un rugido, Podo saltó tras Zouzab, volcando libros por todas partes.

—Janner, Tink… escuchen —dijo Oskar débilmente. Se inclinaron sobre el anciano y se esforzaron por oírlo por encima de la loca búsqueda de Podo tras el correcumbres. Oskar agarró el brazo de Janner—. Es demasiado tarde. Es demasiado rápido… en cuestión de segundos, Zouzab ya habrá informado a los Colmillos de que están aquí. Tienen que irse ya. ¡Corran! ¡Corran!

A Janner se le partió el corazón por su mentor. No podía imaginarse dejarlo morir, dejar que Podo fuera capturado por los Colmillos, o abandonar a Leeli y a su madre a cualquier destino que Gnag tuviera para ellas. Su mente era un torbellino de recuerdos del viejo Sr. Reteep, que le había enseñado a amar los libros, que le había regalado su primer diario. Tink se situó en silencio detrás de Janner e inclinó la cabeza.

—¡Corran! —jadeó Oskar, con sus débiles ojos suplicándoles. Ahogando las lágrimas, Janner se dio la vuelta y chocó con el cuerpo corpulento y maloliente de un Colmillo.

41

Un estruendo y un chillido

Fue como si Janner se hubiera topado con un borrón de siseos, garras, dientes y dolor. Sintió que le ataban las muñecas, y luego el mundo se volvió del revés cuando primero lo empujaron al suelo y luego lo levantaron de los brazos y los pies con manos frías. Oía gritar a Tink. Pero lo único que vio Janner fue un mar de caras escamosas y ojos negros enrojecidos. Sintió el movimiento de lenguas bífidas y olió la putrefacción de la carne de Colmillo.

El aire estaba lleno de aullidos y gruñidos.

Entonces, se dio cuenta de que el sonido no procedía solo de los Colmillos, sino también de alguien más. Estiró el cuello para ver por la ventana delantera de Libros y Rincones, donde el pelo blanco de su abuelo se agitaba en el centro de un círculo de Colmillos. Podo estaba en medio de la calle, blandiendo una espada y manteniendo a raya a una multitud de Colmillos circundantes. Los Colmillos parecían disfrutarlo, cacareando y pinchándolo con las culatas de sus lanzas.

Janner fue llevado afuera y arrojado al suelo, y se sintió aliviado al encontrar a Tink, Leeli y Nia tumbados junto a él. La sensación de consuelo ante su presencia, incluso en un mar de maldad, fue más de lo que su corazón pudo soportar, y lloró. Janner deseó que le soltaran las manos, no para poder huir, sino para poder abrazar a sus seres queridos.

Entonces, sin previo aviso, a Nia la levantaron del suelo de un tirón.

—¡Basta! ¡O la mujer morirá! —gritó un ágil Colmillo que parecía estar al mando. Levantó a Nia por la cintura y desenvainó su espada. La furia de Podo desapareció como una vela que es apagada. Miró a su hija a través del mar de cabezas escamosas y sus pobladas cejas temblaron. Solo se oía la respiración agitada del viejo pirata. A sus pies, yacían varios Colmillos muertos, ya descompuestos.

—No —exhaló Podo, con la voz entrecortada.

—Suelta la espada, entonces, anciano, o dessspídete de la mujer.

Podo, lleno de pena, miró largamente a su hija. Nia guardó silencio, con la mandíbula firme y los ojos cerrados.

—General Khrak —dijo uno de los Colmillos.

—Ahora no, tonto —respondió Khrak, bajando la voz—. ¿No ves que estoy levantando a este humano? Es mássss difícil de lo que parece.

—¿Nia, querida? ¿Estás bien? —llamó Podo.

—General Khrak —repitió el Colmillo menor.

—¡Silencio, gusano! —gruñó Khrak.

—Sí, papá —dijo Nia. El rostro de Podo se suavizó. Levantó la espada por encima de la cabeza en un gesto de sumisión, a punto de deponer las armas.

—General Khrak.

—*¿Qué?* —dijo Khrak, y se volvió hacia el soldado mientras volvía a dejar caer a Nia al suelo.

—Algo se acerca, señor.

—¿Eh?

—Algo viene hacia aquí. Mire. —El Colmillo señaló.

Khrak miró, y todos los ojos de Glipwood lo siguieron. Sin duda, algo se acercaba: una sombra veloz y saltarina que cruzaba el campo, y nadie tenía la menor idea de lo que era, pero era grande. Y a la luz de la luna gorda, pudieron ver que alguien lo montaba.

Dos sonidos hendieron el aire y enviaron un escalofrío de pánico a todo el regimiento de Colmillos. Un estruendo como la explosión de un trueno cercano, junto con el grito de un ave rapaz, se abatió sobre los Colmillos de Dang como una ola poderosa.

La mandíbula de Podo se desencajó ante el espectáculo que tenía delante.

Peet el Calcetín, con los brazos abiertos y las garras al descubierto, cabalgaba a lomos de un gigantesco perro negro del tamaño de un caballo.

—¿Pero qué rayos…? —exclamó Podo.

Lo último que Podo había visto de Nugget era una mancha de piel inmóvil con una lanza atravesándole el costado cerca de la cabaña cuando los capturaron por primera vez. Sin embargo, la bestia que saltó hacia él no se parecía a nada que hubiera visto jamás.

Treinta Colmillos quedaron aplastados contra el suelo como hierbajos al viento cuando Peet y el gigantesco Nugget se abalanzaron sobre ellos. Los Colmillos estaban tan paralizados por la enorme cosa negra que había entre ellos que Podo pudo abrirse paso en un instante hasta los niños y Nia.

Incluso Khrak estaba inmóvil, mirando boquiabierto al Hombre Calcetín de pelo salvaje que estaba haciendo polvo a su ejército con garras y un perro gigante.

—¡Arrástrense! —dijo Podo—. ¡Los soltaré cuando estemos libres de Colmillos!

Se retorcieron y se abrieron paso entre cientos de patas de Colmillos mientras los soldados salían de su sorpresa y comenzaban un ataque contra la bestia y su jinete. Para cuando el general Khrak se dio cuenta de que se habían ido, los Igiby estaban subiendo al carro en las afueras de la ciudad, aturdidos por el solo hecho de poder seguir respirando.

Podo hizo girar la carreta hacia el norte, en dirección a la mansión Anklejelly, e instó a Danny, el caballo de carga:

—¡Como un rayo, Danny; vamos muchacho!

—¿Qué era eso, abuelo? —preguntó Janner, mientras se dirigían hacia el norte pasando junto a la finca Blaggus.

—¿Era Peet el que gritaba? —preguntó Tink.

—Sí —respondió Podo, desde la parte delantera del carromato.

—¿Qué era el otro ruido? —preguntó Janner—. Me refiero a los gruñidos.

Podo aulló y se dio una palmada en la rodilla.

—Leeli, pequeña —llamó por encima del hombro—. ¿Estás preparada para esto?

Podo se volvió y se inclinó hacia la cara de Leeli. Le tomó la barbilla con su vieja y nudosa mano.

—Era Nugget. Ese perrito tuyo está *vivo*. Sí, y puede que más que vivo.

El rostro de Leeli era un perfecto retrato del asombro. Se le llenaron los ojos de lágrimas y su boca, abierta, suplicaba sonreír.

—Pero... ¿cómo? ¡Todos esos Colmillos! ¿Cómo puedes estar tan seguro de que está vivo? —preguntó, sintiendo en lo más profundo de su ser que lo que decía Podo era cierto. El profundo rugido que había oído le había resultado muy familiar.

Janner sonrió, feliz de oír que la fuerte voz de Leeli había vuelto a ella.

—Ah, estoy seguro de que Nugget está bien —dijo Podo, riendo—. No hay mucho que un Colmillo pueda hacerle ahora, te lo aseguro. Espera y verás, muchacha. Creo que Nugget seguirá nuestro rastro y estará pronto contigo.

Mientras el caballo tiraba de la carreta al trote, los niños Igiby empezaron a sentir el cansancio de sus esfuerzos. Habían pasado muchas cosas desde que siguieron a Peet el Calcetín hasta su casa del árbol en el bosque, y no parecía que hubiera descanso a la vista.

Leeli se apoyó en Janner y pronto se quedó profundamente dormida. Este la rodeó con un brazo y sintió un peso en el otro hombro. Tink también se había dormido, y su cabeza descansaba inconscientemente sobre su hermano. Janner pensó con una sonrisa lo horrorizado que estaría Tink al saber que se había acurrucado contra su hermano mayor.

Nia se inclinó hacia delante y besó a Janner en la cabeza.

Mientras subían la larga y constante pendiente hacia el norte, alejándose de Glipwood y de los acantilados sobre el Mar Oscuro de las Tinieblas, podían ver las cálidas luces de las farolas de la ciudad titilando en la distancia, una ironía a la luz del mal que pululaba por sus calles.

Janner oró en silencio por Oskar, y luego por Peet, que una vez más había surgido de la oscuridad y les había salvado la vida cuando todo estaba perdido. Janner se preguntó por qué Podo lo odiaba tanto. ¿Qué historia secreta tenían, y cómo podía Podo no sustituir aquella ira por gratitud cuando Peet los había rescatado no una, sino tres veces?

—¿Mamá? —Janner ya no soportaba el silencio.

—¿Mmm?

—¿Adónde iremos?

Nia parecía preocupada. Se arregló el vestido y miró a la luna.

—La verdad es que no lo sé, hijo. A las Praderas de Hielo, por ahora. Oskar nos dijo que los Colmillos son lentos en el frío y lo evitan siempre que pueden. Nos dijo que allí hay una puesto de avanzada de rebeldes, los que quieren hacer retroceder a los Colmillos a través del mar hasta Dang. Oskar dijo que conocía a algunos de ellos, así que tu abuelo planea buscar refugio allí. Pero llegar allí…

—¿Está lejos?

—Muy lejos. Pero primero, tenemos que pasar esta noche. No te preocupes. Tu abuelo tiene un plan. —Nia se rio, un sonido bienvenido en la oscuridad—. O al menos está inventando uno. —Nia acarició la cabeza de Janner—. Ahora, deberías descansar los ojos. Aún falta para llegar.

La voz de su madre tranquilizó a Janner y sus ojos se cerraron.

Un golpeteo en la oscuridad detrás del carro despertó a Janner. Se preparó al ver que una forma oscura se acercaba al carro, moviéndose más rápido que un caballo a todo galope.

Podo, al oír el grito ahogado de Janner, levantó la espada con una mano y sujetó las riendas con la otra. Pero cuando vio a la luz de la luna lo que se acercaba, sus modales se aligeraron y, para sorpresa de Janner, frenó a Danny, el caballo.

El carro se detuvo y Leeli y Tink se estiraron y se frotaron los ojos. Una sombra negra saltó hacia ellos, una sombra extrañamente familiar para Janner. A horcajadas sobre ella y cubierta de manchas oscuras de sangre verde de Colmillo, estaba la figura larguirucha y de pelo blanco de Peet el Calcetín.

Con ojos somnolientos, Leeli se asomó a la noche iluminada por la luna, intentando comprender lo que veía. Se inclinó sobre el borde del carro cuando la oscura criatura se acercó y Podo bajó con los brazos abiertos.

La criatura emitió un ruido profundo y alegre, como un ladrido, solo que mucho, mucho más grande.

—Nugget querido —dijo Podo, acercándose a la criatura para rascarle detrás de una gran oreja blanda.

Los ojos de Leeli se abrieron de par en par, incrédula.

Peet se deslizó por la espalda de Nugget, escabulléndose lejos de Podo, que ni siquiera había acusado recibo de la presencia del Hombre Calcetín.

—¿Nugget? —aventuró Leeli tímidamente, temerosa de creer que se trataba realmente de él.

El perro gigante lanzó un aullido, si es que podía llamarse así, pues era un sonido que sacudía el aire y hacía que los pájaros se dispersaran a lo lejos. Leeli soltó un chillido de felicidad y salió dando tumbos del carro. Se desplomó en el suelo, olvidando en su euforia que solo tenía una pierna sana.

Nugget saltó hacia ella y se puso a lamerla con una lengua casi tan grande como ella. Ella chillaba de placer y de incredulidad. Estaba segura de haber visto a un Colmillo matar a su querido compañero, y ahora estaba vivo y era tan grande como un caballo. Nugget se agachó en toda su enormidad hasta tocar el suelo, y Leeli se rio mientras se subía a su lomo. Se sentó a horcajadas sobre su perro, hundiendo las manos en su suave pelaje. Nugget jadeaba, con la cola larga como un palo de escoba y meneándola peligrosamente.

Desde la hierba alta, a varios pasos de distancia, Peet el Calcetín carraspeó.

Janner quiso correr hacia el extraño hombre y abrazarlo, pero no se atrevió. Podo había dejado claro que Peet debía mantenerse alejado de los niños, y Janner temía atraer más ira de su abuelo sobre el pobre hombre. Tampoco estaba seguro de las garras letales que servían de manos a Peet.

Si Leeli no hubiera estado tan embelesada con Nugget, le habría tendido la mano con su típica compasión y su típica indiferencia hacia la brusquedad de Podo. Pero tal como estaban las cosas, la familia se agrupó en torno al perro gigante y Peet se quedó solo.

—Peet —preguntó Janner mirando cautelosamente a Podo—, ¿cómo creció tanto Nugget? ¿Cómo volvió a la vida?

—Nuggy y yo conseguimos escapar —dijo Peet, ignorando la pregunta—. Pero solo por los pelos. Las serpientes. Ya vienen. Vienen deprisa. Tienes que esconder las poyas, Jodo. Las joyas, Podo. No puedes dejar que caigan en manos de los Colmillos.

—No me digas lo que tengo que hacer —gruñó Podo. Los niños se sobresaltaron. Incluso Nugget gimoteó y enterró la cara bajo sus patas gigantes—. Creo que sé cómo mantener las cosas a salvo mejor que tú.

—Padre —dijo Nia, poniendo una mano en el brazo de Podo. Este fulminó a su hija con la mirada y pareció a punto de replicar, pero con gran voluntad se contuvo y se alejó dando pisotones hacia el carromato.

Así que las joyas están aquí, en alguna parte, pensó Janner. Intentó imaginar qué eran las joyas y si estaban o no envueltas en el fardo que Podo había sacado con él de la cabaña, el fardo que yacía en la carreta justo detrás de su abuelo.

—Vuelvan a la carreta —dijo Podo, intentando hablar con calma—. Alguien ha conducido a los Colmillos directo hacia nosotros. —Pareció avergonzarle lo injusto de su propio comentario—. Sea como sea, tenemos que ponernos en marcha. La mansión está justo delante y es nuestra única esperanza de llegar a la mañana. Ahora, escuchen. Ustedes, los niños, van a esperar adentro mientras yo intento encontrar las armas de las que me habló Oskar. No tuvo ocasión de darme el mapa. —Miró hacia el resplandor de la ciudad, donde había visto por última vez a su viejo amigo.

—Sabemos dónde están, abuelo —dijo Tink.

—¿Ah, sí? —dijo Podo, entrecerrando los ojos—. Yo diría que han estado muy ocupados—. Tink empezó a responder, pero Podo lo cortó con un rápido movimiento de su mano.

Una silueta de Colmillo apareció a la luz de la luna sobre una elevación, a menos de un tiro de flecha.

—¡Ahí están! —gritó el Colmillo.

Peet el Calcetín no perdió tiempo. Chilló y cruzó la pradera corriendo hacia el malvado lagarto.

El Colmillo salió corriendo, agitando los brazos y gritando al resto de los soldados que había encontrado a su presa.

—¡Al carro! Ahora! —ordenó Podo.

Nia y los chicos subieron a la parte trasera y Podo mandó a Danny a que se pusiera en marcha.

Leeli se aferró al cuello de Nugget mientras este galopaba junto a Danny, el caballo de carga, que se sentía bastante inseguro ante la alegre bestia que tenía a su lado.

42

Adiós, Iggyfings

La fachada premonitoria y cadavérica de la mansión Anklejelly surgió de la oscuridad a medida que se acercaban. Iluminada por la fantasmagórica luz de la luna y enmarcada por el oscuro muro del bosque de Glipwood, la visión de la antigua mansión provocó un escalofrío que descendió hasta los dedos de los pies de Janner y lo hizo sudar. Intentó no pensar en los sabuesos cornudos ni en el gemido fantasmal que había rezumado el túnel que conducía a las armas.

Detrás de ellos, otro de los chillidos de Peet resonó en la amplia pradera. Iba a toda velocidad hacia ellos y lejos de los Colmillos, mientras cientos de soldados atravesaban el campo tras él. Podo condujo el carro a través de las ruinosas puertas, pasando junto a las extrañas estatuas y la fuente cubierta de maleza, hasta que los adoquines volcados y los escombros resultaron demasiado para Danny.

Podo saltó al suelo y rápidamente le soltó el arnés y las tachuelas. Una vez que Danny estuvo libre, Podo dio una palmada en la grupa del caballo. «¡Ahora vete! ¡Vete!». Danny relinchó y se puso en marcha, galopando por el lindero del bosque y alejándose de la batalla que se avecinaba.

La mansión Anklejelly ya era bastante aterradora durante el día. Ahora era noche cerrada, y una horda de Colmillos se acercaba rápidamente. El muro del bosque se alzaba a un tiro de flecha, repleto de criaturas invisibles que infundirían miedo incluso a un Colmillo.

A Janner le pareció que no había ningún lugar al que huir: ninguna de las opciones parecía segura: ni huir al bosque, ni a los Colmillos, ni a la mansión Anklejelly.

Al menos en la mansión dispondrían de las armas de un ejército. No sabía de qué les servirían unas espadas, no contra un ejército de Colmillos. Pero al menos tenían a Peet y a Nugget. Aun así, Peet y Nugget no podrían derrotar a cientos de Colmillos.

Janner empezó a desesperarse. Aunque su abuelo tenía talento para improvisar en situaciones peligrosas, tarde o temprano se le acabarían las ideas. Ese momento parecía haber llegado. Observó cómo Podo ayudaba a Nia a salir del carro mientras a solo unos minutos de distancia, irrumpía la horda de Colmillos.

—¡Janner! —dijo Podo—. ¿Sabes dónde están las armas?

—Sí, señor, Tink y yo lo sabemos —dijo Janner—. Adentro, bajo el sótano.

Podo asintió.

—Bien. Janner, ve delante. Tenemos que bajar, y rápido.

—¡Pero, abuelo, nos quedaremos atrapados! —dijo Janner—. Hay un largo túnel, y hay sabuesos cornudos, y hay un fantasma ahí abajo, y…

—Un fantasma, ¿eh? —dijo Podo, echándose el fardo de la cabaña al hombro—. Bueno, ¿prefieres enfrentarte a tu imaginación o a una espada de Colmillo?

—¡Pero si lo escuchamos! —insistió Tink—. ¡Oímos al fantasma y nos persiguió fuera del túnel!

—Ese sonido no es más que el viento. Es algo que Oskar instaló en un pozo para asustar a la gente que no debía estar allí abajo, como tú y tu hermano, por ejemplo. Ahora tienes que confiar en tu Podo y llegar hasta él.

—De todas formas, ¿qué piensas hacer con más armas? ¡Seguiremos siendo solo cinco! —dijo Janner.

—¡JANNER! —bramó Podo. La boca de Janner se cerró de golpe.

—Leeli, baja de ahí —dijo Podo con suavidad—. Nugget tendrá que cuidarse solo ahora. Ya no hay mucho en todo Kistamos que deba temer, y no puede seguirnos donde nos dirigimos. Estará bien cuando amanezca, ya lo verás. —Leeli protestó y abrazó con fuerza a Nugget mientras Podo tiraba de ella. El perro gimoteó y la acarició suavemente con la nariz.

—Tink, ayuda a tu hermana —ordenó Podo.

De repente, Peet se materializó desde la oscuridad. Su respiración era agitada y se tambaleaba con cansancio.

—Quería despedirme, joven Iggyfings. Lucharé por ustedes hasta que se terminen mis fuerzas. —Peet miró a Podo con un nuevo atrevimiento—. Lucharé por ellos.

Pero, sin una palabra de agradecimiento, ni siquiera una mirada, Podo subió las escaleras de piedra y se adentró en la negra boca de la mansión.

—No los seguiré —gritó Peet tras el anciano—. Me mantendré alejado de todos ustedes, como dijiste. Pero *lucharé* por ellos. —Peet se volvió hacia los niños e hizo una reverencia—. Adiós, Iggyfings —dijo, y luego se volvió y atravesó la puerta y se dirigió hacia el océano de Colmillos, con los brazos abiertos y las garras desnudas.

Apartando los ojos de su protector, Janner respiró hondo y siguió a Podo hacia la oscuridad de la mansión.

—Nugget —gritó Leeli por encima del hombro—. Vete a un lugar seguro. Búscame cuando todo esto acabe. ¡Vete!

Pero Nugget se quedó allí, con su gigantesca cabeza ladeada y las orejas levantadas, expectante.

—¡Señor Peet! ¿Podrías ocuparte de él?

—Sí, princesa —respondió Peet desde el otro lado del césped iluminado por la luna.

Nugget volvió a gemir mientras Leeli era conducida por Tink a través de la puerta, engullida por la oscuridad.

Nia fue la última, y cuando entró, el primero de los Colmillos atravesó las puertas de la mansión Anklejelly, un alboroto sibilante de serpientes y gruñidos.

43

Un fantasma en el viento

Todo estaba oscuro.

Janner trató de recordar qué puerta conducía a la habitación con las escaleras faltantes. Había estado bastante oscuro la última vez que estuvieron en la mansión en ruinas, y eso que había sido a pleno día. Ahora era de noche, y estaba muerto de miedo.

Sus ojos se adaptaron y Janner pudo detectar indicios de luz de luna azulada que se colaba por las grietas del techo y se encharcaba en el suelo. Pudo distinguir la amplia escalera que conducía a los pisos superiores. La mano de Podo estaba sobre el hombro de Janner, y Tink, que ayudaba a Leeli, tenía una mano en la espalda de Podo. Nia se agarró al codo de Leeli.

Janner giró a la izquierda y el tren de Igibys entró en un pasillo negro.

—Muchacho, no quiero apurarte —susurró Podo—. Pero ese ruido que oyes afuera son Colmillos que se acercan rápidamente.

Janner no estaba seguro, pero ese parecía el pasillo correcto, el que tenía puertas a ambos lados. Si era así, solo tenía que encontrar la tercera puerta de la izquierda. Avanzó con cuidado y las manos estiradas hasta que sintió la primera puerta. El tren de gente que venía detrás de él se volvía más frenético con cada segundo.

—Ojalá tuviera algo de luz —murmuró.

—Sí, hijo. Yo también quisiera. Pero aunque tuviéramos fuego, no hay nada que les guste más a los sabuesos cornudos que una buena hoguera. A ellos y a una gran cantidad de bichos del bosque los atrae, sobre todo por la noche. No necesitamos que nos persigan vacas colmillo *y* Colmillos, ¿verdad?

—No, señor.

—Puedes hacerlo, muchacho.

—Están cada vez más cerca —dijo Nia, desde la parte de atrás.

Janner se dirigió hacia la segunda puerta, y luego hacia la tercera.

—Aquí está.

Como una ráfaga de viento, el miedo al fantasma de Brimney Stupe irrumpió en el corazón de Janner. Todos los demás horrores parecían ahora inofensivos. Estaba a punto de descender al oscuro sótano sin escaleras y arrastrarse hasta un túnel donde un fantasma vigilaba. Podo había dicho que el sonido no era más que el viento, pero la imaginación de Janner era fuerte y trabajaba duro. La muerte por Colmillo parecía mejor que enfrentarse al fantasma gimiente de Brimney Stupe, imaginario o no.

Sintiendo la silenciosa insistencia de su familia a sus espaldas, Janner se dirigió hacia delante, pateando pequeñas piedras y escombros. Esperaba ver cómo la espantosa figura de Brimney Stupe salía de la puerta del sótano y se disponía a comerle el cerebro.

Entonces, llegó a la oscura puerta que descendía hacia el sótano.

—Ya hemos llegado —suspiró. Sacudió la cabeza, frustrado consigo mismo por haber tirado la cuerda y el tablón al sótano cuando Tink y él habían escapado la última vez—. No hay escaleras, así que tenemos que saltar —intentó ocultar el temblor de su voz.

—Tú primero, entonces —dijo Podo—. Yo ayudaré a bajar a tu madre y a tu hermana.

Janner pensó en protestar, pero guardó silencio. En su mente, veía una figura sin rostro en el fondo del sótano, esperando para envolverlo con sus fríos brazos y engullirlo.

No es real, se dijo Janner. *Solo es el viento. Solo el viento. No hay ningún fantasma de Brimney Stupe.* Se sentó en la cornisa, se puso boca abajo y se desplazó hasta quedar colgado de los dedos contra la pared del sótano. Cerró los ojos y se obligó a dejarse caer. *Solo el viento. Confía en Podo.* Con una plegaria al Creador, se soltó.

Esta vez, el suelo no lo sacudió tanto, ahora que lo esperaba y no saltaba desde toda la altura. Se puso de pie.

—Estoy bien. No está muy abajo —dijo.

—Bien hecho, muchacho —gritó Podo.

Entonces, desde la oscuridad, Janner oyó el gemido.

AAAAAAAAAAAAhhhhhh.

Salía del túnel y se arremolinó en la habitación. Janner se tapó los oídos con las manos y cerró los ojos. Su mente se entumeció por el pánico, e intentó convencerse de que, si abría los ojos, no vería los ojos brillantes de un fantasma hambriento. Se rio de haber creído alguna vez a Podo que un sonido tan horrible pudiera ser el viento.

—¡Janner! —pudo oír débilmente la voz de Podo, que atravesaba el gemido fantasmal—. ¡Es el viento, muchacho! ¡No hay ningún fantasma! —gritó el anciano.

AAAAAAAAAAAAAAAAAhhhhhhhh.

Una y otra vez, Podo había demostrado ser digno de confianza, se dijo Janner. ¿Por qué no iba a confiar en él ahora? Janner apretó la mandíbula con fuerza y se preparó para ver a Brimney Stupe y luego al Hacedor.

Finalmente, abrió los ojos. Oscuridad.

Podo cayó al suelo a su lado y apartó las manos de Janner de sus oídos. En la oscuridad, Janner sintió el rostro de su abuelo cerca del suyo, y su cálido aliento cuando habló.

—No pasa nada, muchacho. Solo es el viento. Siente mis manos. Son reales.

Janner asintió. Al contacto de los grandes dedos callosos de Podo, los gemidos se encogieron en su mente y fueron sustituidos por vergüenza. Agradeció que en la oscuridad su rostro estuviera oculto.

—Lo siento —dijo Janner.

—No hay tiempo para eso —dijo Podo, alborotando el pelo de Janner. Justo cuando levantó la mano y llamó a Leeli, el golpe de unos pasos y un gruñido flotaron por la casa por encima de ellos.

Los Colmillos estaban dentro.

Sombras sobre sombras se movían por la mansión mientras los Colmillos se extendían como humo por la casa. Janner ya no oía lucha afuera, lo cual significaba que Peet y Nugget estaban muertos o habían huido finalmente. Janner se enfadó consigo mismo por haber temido más al fantasma imaginario que a los Colmillos. Les había hecho perder un tiempo valioso.

—¡Nia! ¡Baja a Leeli! —siseó Podo.

Nia tomó las manos de Leeli y la bajó a los brazos de su abuelo. Hizo lo mismo con Tink, y luego Nia dejó caer el bulto de Podo y llegó última. Cuando se escabulló y cayó al suelo, se oyó un gruñido de sorpresa procedente de la habitación que tenían encima. De repente, la tenue silueta de un Colmillo apareció en la puerta, mirando hacia abajo.

Los Igiby se quedaron paralizados. Durante un momento, nadie respiró, y Janner estuvo seguro de que Podo había cometido un grave error al traerlos aquí. Aunque no podían verlo, una lenta sonrisa se dibujó en el rostro del Colmillo.

—Puedo olerlosss —siseó. —¡General Khrak! —llamó. Luego desapareció de la puerta, y volvieron a oírlo llamar—: ¡General Khrak! ¡Los he encontrado!

44

Siguiendo a Podo

—¡Tink! —Podo no perdió el tiempo—. ¿Dónde está el túnel?

Tink recordó las cerillas y el farol que Janner y él habían descubierto la última vez que estuvieron allí. Tanteó el camino hasta la esquina de la habitación, cerca de la pila de tablones de madera, y tomó la caja de cerillas, pero faltaba el farol. A Tink se le encogió el corazón hasta que recordó que se le había caído al pie de la escalera en su terror ante los gemidos de Brimney Stupe.

Respirando hondo, Tink se precipitó escaleras abajo. Su pie golpeó el farol, lo tomó y subió los escalones a toda velocidad. Un golpe de cerilla y el sótano se llenó de luz amarilla, iluminando la boca del túnel y las escaleras que descendían hacia las sombras. Tink encendió la lámpara de aceite y la sostuvo en alto.

—¡Tink, no! —gritó Janner—. La luz atrae…

Pero Podo lo cortó.

—Demasiado tarde para eso. Entren, rápido—. Podo empujó a Leeli y a Nia escaleras abajo. El aire se volvió cerrado y húmedo, y de repente la mansión que tenían encima parecía muy, muy lejana. A Janner le costó acompañar a Leeli por el pasadizo de techo bajo, pero cuando se abrió, pudieron avanzar a paso más ligero.

—¡Tink, ya vienen! —gritó Podo desde la retaguardia. Janner dobló la esquina y vio a Tink mirando fijamente la vieja puerta. Al ver el rostro de Tink, Janner sintió un golpe de desesperación. ¿Cómo lo habían olvidado? El mapa era la llave para abrir la puerta, y aún estaba en la tienda de Oskar.

—¿Qué esperan? —dijo Podo al doblar la esquina con Nia.

—El mapa… tenía una llave. Agujeros que indicaban cuál de estos botones había que pulsar. Tink, ¿recuerdas cuáles?

—Tenía forma de W —dijo Tink, pulsando los botones. Giró el picaporte y la puerta no se movió. Tink sacudió el picaporte frenéticamente. Ahora podían oír a los Colmillos detrás de ellos, probablemente en el sótano.

—¡No sé qué pasa! —gritó—. ¡Janner! ¿No está bien?

—¡Deprisa, muchachos!

Janner se quedó mirando las filas de botones de la puerta.

Podo miró a la vuelta de la esquina.

—¡Están en el túnel! —su voz era urgente—. ¿Lo tienen?

Janner cerró los ojos y lo repasó una y otra vez en su cabeza. Los botones habían tenido forma de W, centrados en la puerta. Estaba seguro de que era correcto. ¿Por qué no se abría la puerta? Tink volvió a apretar todos los botones, con firmeza, y probó el picaporte. La puerta seguía sin moverse.

—¡Espera, las esquinas! —dijo Janner—. ¡Presiona las esquinas hacia dentro!

—¡Eso es! —Enloquecido, Tink volvió a apretar los botones, esta vez con las cuatro esquinas apretadas. La puerta se abrió de golpe y los Igiby entraron en la sala llena de armas polvorientas.

Podo no perdió tiempo y eligió un escudo y una lanza de entre un montón. «No habrá sitio para blandir una espada en ese túnel», se dijo mientras retrocedía hacia la puerta de hierro.

—¡Abuelo, no puedes volver ahí fuera! —reclamó Leeli.

Podo no pareció oírla. Se detuvo y miró a Tink, que estaba utilizando la lámpara para encender una antorcha en la pared.

—Janner, busca una espada y sígueme con ese farol. Tink, ármate y quédate aquí con Nia y Leeli. Si caemos, mantén esta puerta cerrada hasta que estos Colmillos mueran de viejos, ¿me oyes? —Luego se dio la vuelta y volvió a entrar en el pasadizo.

Janner se detuvo ante la puerta por la que acababa de salir su abuelo, pensando que estaba viendo el tipo de valor sobre el que solo había leído. ¿Quién sabía cuántos Colmillos armados se agolpaban en el mismo pasadizo por el que su viejo abuelo, con una sola pierna, acababa de precipitarse? Janner no deseaba otra cosa que poseer esa clase de valor, pero allí estaba, temblando en su piel y sintiéndose tan inútil como una hoja muerta.

Oyó un traqueteo detrás de él y se volvió para ver a Tink rebuscando entre las armas y armaduras. Nia tomó una espada corta del montón, luego le dio a Leeli una daga larga y acercó a la niña hacia sí. Se situaron en el centro de la sala, Tink ahora delante de su madre y su hermana con un escudo y una espada.

Janner respiró hondo, tomó la espada más cercana y siguió a Podo hacia el túnel con el farol, apenas capaz de mantenerse en pie. El sonido de acero contra acero que resonaba en el pasadizo quedó casi ahogado por el rugido de Podo.

Janner solo podía ver las húmedas paredes de piedra, la punta de su espada y la retaguardia de Podo. Más allá de Podo, oía a los Colmillos enfurecidos y vislumbraba puños escamosos y dientes enseñados. Podo no cedió terreno en el túnel bajo, cerrando el paso con el gran escudo brillante. Cuando veía un hueco, clavaba la lanza con todas sus fuerzas. Los Colmillos gemían y gruñían, y Podo consiguió avanzar unos pasos. Janner estuvo a punto de tropezar con algo y vio con asco que estaba pisando el cuerpo del Colmillo que Podo acababa de matar.

Se preguntó qué se suponía que debía hacer. No podía luchar desde su posición detrás de Podo, ni tampoco serviría de mucho si pudiera. Si Podo caía, Janner no duraría ni un minuto. ¿Y por qué había traído el farol? Podo estaba bloqueando toda la luz que podría haberle servido de algo. Janner pensó en dejar el farol para poder apretujarse junto a Podo y asestar uno o dos golpes. Pero entonces, oyó la voz de Podo en su cabeza.

Confía en mí, muchacho, y haz lo que te digo.

Podo había querido que llevara el farol. Eso era todo. Janner hizo una mueca al pasar por encima de otro Colmillo muerto. ¿Por qué estaban forzándolos a retroceder por el túnel? Para él, tenía mucho más sentido que Podo se hubiera plantado en la sala de armaduras. Podían bloquear la puerta y mantenerla cerrada, y si la traspasaban, al menos podrían matar a los Colmillos de uno en uno cuando entraran en la cámara. De cualquier modo, Janner pensó que parecían irremediablemente atrapados.

Confía en mí, muchacho.

Podo mató a otros dos Colmillos y avanzó por el túnel. Janner pudo ver que cada vez estaban más cerca del sótano. ¿Y entonces? No lo sabía, pero el pánico aumentaba cuanto más se acercaban. Tal vez Podo planeaba morir gloriosamente con Janner en el sótano, haciendo su última defensa sobre las pilas de leña...

Las pilas de leña. «No hay nada que atraiga tanto a las bestias del bosque como una buena hoguera», había dicho Podo.

De repente, Janner lo comprendió. Y la perspectiva lo aterrorizó.

Podo avanzó de nuevo, y de repente Janner y él estaban trepando por encima de más Colmillos muertos y subiendo los escalones del sótano. Irrumpieron en la oscura habitación y se encontraron con otros dos lagartos preparados para atacar. Un tercer Colmillo saltó desde lo alto de la puerta y se acercaban más. Podo se dispuso a agitar su lanza salvajemente, obligándolos a retroceder.

«¡Janner!», gritó, clavando su lanza en un Colmillo que se había interpuesto para atacar.

«¡Ya sé! ¡El montón de leña!».

Janner avanzó por la pared hacia el montón de madera vieja, vigilando de cerca a los Colmillos, pero estos estaban preocupados por el expirata loco y cojo que los atacaba rugiendo. Sujetó el farol por encima de la cabeza, apretó los ojos con fuerza y lo arrojó sobre la pila de madera vieja y seca. El aceite del farol salpicó la madera, tiñéndola de fuego líquido que zumbó a lo largo de los tablones secos. En cuestión de segundos, la llamarada se disparó más alto que la cabeza de Janner y ascendió hacia la antigua madera del techo celeste, el mismo techo que él y Tink habían atravesado a pedradas en busca de luz.

Podo se arriesgó a echar un vistazo a las llamas y lo pagó con la primera herida real que había recibido en muchos largos años. Uno de los Colmillos lo apuñaló en el vientre. Los demás estaban tan sorprendidos de que el viejo guerrero hubiera sido herido de verdad, que se quedaron un momento pasmados. Con un rugido, Podo atravesó al Colmillo y arremetió con su lanza contra los demás. La lanza atravesó a uno de ellos, e incluso antes de que su cuerpo se desplomara en el suelo, Podo había tomado a Janner de la mano y bajaba a saltos los escalones de piedra.

Los demás Colmillos, sin preocuparse por la creciente llamarada, despertaron de su asombro y se lanzaron en su persecución.

Janner corrió con todas sus fuerzas. Irrumpió en la sala de armas ante un sorprendido Tink, que estaba dispuesto a matar lo primero que entrara por la puerta.

«¡Viene el abuelo, y los Colmillos están detrás de él!», dijo Janner sin aliento, patinando hacia el suelo. Tink se acercó corriendo y se colocó de espaldas a la pared, junto a la puerta. Agarró su espada con las dos manos y apretó los dientes.

Con un fuerte grito, Podo atravesó la puerta y se desplomó, con sangre brillante cubriéndole las manos y la parte delantera de la túnica.

Dos Colmillos lo seguían de cerca. Pisotearon su cuerpo como si ya estuviera muerto, aullando de victoria. Tink blandió su espada con todas sus fuerzas cuando el primero irrumpió en la cámara. La hoja cortó limpiamente en dos a la criatura, que siguió corriendo hacia Leeli y Nia mientras su mitad inferior y su mitad superior se separaban y se desplomaban sobre el suelo a escasos centímetros de ellas.

El segundo Colmillo recibió un golpe menor del mismo espadazo, pero demoledor. Aulló por la herida en su costado, pero siguió avanzando hacia ellas, con la espada apuntando a Leeli.

Janner se puso en pie y golpeó hacia arriba con su espada la hoja del Colmillo que atacaba. Pero el Colmillo voló hacia Leeli y Nia, y los tres cayeron al suelo en un montón.

Al unísono, Janner y Tink gritaron y corrieron hacia el montón para descubrir la punta de la espada de Nia sobresaliendo de la espalda del Colmillo.

«¡Abuelo!», gritó Leeli, saliendo de debajo de la criatura.

Todos los ojos se volvieron hacia Podo cuando Leeli se escabulló hacia él. Gimiendo, de espaldas justo dentro de la puerta, Podo estaba a punto de perder el conocimiento.

Se acercaban más Colmillos, y con ellos, el calor y el olor a humo.

45

Una larga noche

—Rápido! —dijo Janner a Tink, y arrastraron a Podo lejos de la puerta. Cerraron y atrancaron la pesada puerta justo cuando los Colmillos que los perseguían se estrellaron contra ella. Janner y Tink apuntalaron la puerta con los hombros mientras los hombres serpiente la golpeaban con fuerza.

Tink miró a su hermano.

—No sé cuánto tiempo podremos aguantarlos.

Antes de que Janner pudiera responder, el sonido del pánico se filtró entre la ira en las voces de los monstruos, y la luz anaranjada del fuego parpadeó a través de la rendija bajo la puerta.

Janner y Tink se quedaron apuntalando la puerta, agotados por los Colmillos que arañaban y golpeaban al otro lado.

Podo se tumbó boca arriba y gimió. Leeli le sostenía la cabeza en el regazo mientras Nia le taponaba la herida con su túnica.

—¿Oyes eso? —dijo Janner, ladeando la cabeza.

—¿Además de los Colmillos de ahí fuera? —respondió Tink, con el sudor goteándole de la frente.

—Sabuesos cornudos —exclamó Janner.

Un aullido escalofriante se abrió paso entre la roca y el fuego. Luego otro aullido, y otro.

Podo había acertado una vez más. La luz del fuego había sacado a los sabuesos del seno del bosque de Glipwood.

Durante horas permanecieron así, las espaldas de Janner y Tink pegadas a la puerta, manteniéndola firme contra lo que pudiera haber al otro lado. Los penetrantes aullidos de los sabuesos cornudos se mezclaban con los gruñidos de Colmillos, que luchaban cada vez más violentamente por entrar. Janner pensó muchas veces que la vieja puerta de hierro seguramente se rompería de sus goznes y la cámara de armas se convertiría en su tumba sin nombre.

Pero la puerta resistió. Finalmente, los golpes cesaron, aunque muy por encima de ellos continuaron los aullidos, y luego otros sonidos: terribles chillidos y gorgoteos.

La respiración de Podo se hizo cada vez más áspera y superficial. Tenía la cara sudorosa y cenicienta, y había quedado inconsciente. Leeli apoyó la cabeza en su hombro y se quedó dormida. Nia se sentó junto a su padre y le tomó la mano. Tenía los ojos cerrados y tarareaba una vieja melodía de arpa silbante que resonaba en la cámara. Janner sintió que se le caían los ojos. Había pasado mucho tiempo sin que llegara ningún signo de perturbación desde el lado opuesto de la puerta. Lo único que oía era el rugido de las llamas y el ruido ocasional de los maderos al caer.

—Deberías descansar —le dijo Janner a su hermano.

Tink se secó la frente y sacudió la cabeza.

—Estoy bien.

Habían sobrevivido mucho más de lo que Janner creía posible. Sabía que tarde o temprano tendrían que salir de la cámara, ¿y qué encontrarían? ¿Colmillos? ¿Sabuesos cornudos? ¿Muros y suelos de la mansión quemados hasta los cimientos, dejándoles aún menos lugares donde esconderse?

Aunque la cabeza le daba vueltas de preocupación, Janner dejó caer los párpados. Cuanto más sueño tenía, menos le importaban los Colmillos, o los monstruos que hubieran estado tratando de alcanzarlos. Sacudió la cabeza para mantenerse despierto, pero ver las formas dormidas de Nia y Leeli a la luz menguante de las antorchas hizo que fuera difícil.

—No sé cuánto tiempo más podré… mantenerme despierto —le murmuró a Tink, cuya respuesta fue un ronquido largo y sonoro.

Tink se había tumbado en el suelo con la espalda apoyada en la puerta, profundamente dormido.

Lo último que oyó Janner mientras se dormía fue el gemido grave del fantasma de Brimney Stupe. Llenó la cámara y azotó la llama de la antorcha con una brisa invisible.

Nada más que el viento, pensó Janner, y luego se durmió.

Janner se despertó sobresaltado y se puso en pie de un salto. La cámara estaba completamente a oscuras. Pensó por un momento que estaba en el carruaje negro, que aún podía oír el graznido de los cuervos, los restos de un oscuro sueño aferrándose a él como telarañas. El familiar ronquido de Tink lo devolvió a la cámara subterránea. *La antorcha debe haberse gastado* —pensó—, *¡pero los Colmillos! ¡Los sabuesos!* Janner acercó la oreja a la fría puerta de hierro y escuchó.

Silencio.

Ningún sabueso cornudo aullaba. Ningún Colmillo gruñía ni siseaba. Todo estaba quieto.

Janner dio un codazo a Tink sin éxito. Tanteó en la oscuridad y pudo sentir el cuerpo de Tink, acurrucado y dormido a unos metros de la puerta.

Pensó en abrir la puerta sin despertar a los demás. Podría hacerlo en silencio, solo para ver si el sol ya había salido y si, por algún milagro del Hacedor, los Colmillos se habían ido o al menos estaban distraídos. Puso una mano sudorosa en el picaporte, dudó un instante y lo giró. El chasquido resonó en la habitación y Janner se estremeció, temiendo alertar a los monstruos de afuera y de arriba.

Respirando hondo, tiró de la gran puerta y esta se abrió chirriando. Sus ojos se habían adaptado tanto a la oscuridad que la débil luz que se filtraba por el túnel le escocía. Mientras Janner espiaba protegiéndose los ojos, se quedó boquiabierto ante lo que tenía delante.

Una pila de cadáveres marchitos de Colmillos obstruía el pasadizo. Estaban tan descompuestos que era imposible saber qué los había matado, pero por sus posiciones enmarañadas, Janner pudo ver que sus muertes habían sido lamentables.

Cruzó el umbral y se abrió paso entre la pila de esqueletos acorazados, tratando en vano de evitar tocarlos. Movió con el pie a uno de los Colmillos muertos. La armadura de cuero hizo poco ruido mientras los huesos se desplomaban en nubes de polvo. Janner dobló la esquina y volvió a entrecerrar los ojos cuando una luz más intensa lo iluminó, bajando por el pasadizo desde el sótano.

Seguía sin oír ningún ruido, pero cuando subió de puntillas los escalones del túnel, el olor a humo aumentó y pudo ver a través de la entrada trozos de llamas que ardían débilmente sobre pedazos de madera carbonizada.

Janner salió y miró hacia un cielo tan azul y plácido que su pecho lanzó un sollozo sin lágrimas. La mansión Anklejelly había ardido hasta los cimientos, y muchos de los Colmillos habían ardido con ella. Había trozos de armadura carbonizada esparcidos por el suelo del sótano. El

techo había desaparecido, las paredes también, y gran parte de la mampostería se había derrumbado al caer los antiguos maderos. No podía ver gran cosa por encima del borde de la bodega, que ahora no era más que un agujero rectangular en el suelo, pero de algún modo sabía que los Colmillos habían desaparecido. También se habían ido los sabuesos y cualquier otra bestia que hubiera sido atraída por las llamas. El viento soplaba, las brasas chisporroteaban y Janner se encontró con una amplia sonrisa ante el prístino sonido del arrullo de las palomas desarregladas.

Un aullido lastimero hendió el aire.

Janner casi tropezó consigo mismo al intentar volver al túnel. Su corazón latía con fuerza a medida que el lamento se acercaba. *Era una especie de trampa*, pensó amargamente. Debería haber sabido que era demasiado bueno para ser verdad que sus enemigos hubieran sido destruidos.

Entonces, se detuvo.

Reconoció algo en el sonido y sintió el impulso de reír. Solo Peet el Calcetín podía hacer un alboroto tan patético. Janner volvió al descampado.

—¿Peet? —llamó, aún tímido por no hacer demasiado ruido—. ¡Peet!

Los lamentos cesaron bruscamente y Janner sonrió. Oyó un ruido de forcejeo seguido de la súbita aparición de un penacho blanco de pelo en el borde del sótano.

Al ver a Janner, los ojos enrojecidos y llorosos de Peet se abrieron de par en par por la incredulidad, luego la alegría, la risa y de nuevo la incredulidad.

Se oyó un ruido atronador y la cabeza gigante de Nugget apareció junto a la de Peet.

—¡Igiby! Alabado sea el Hacedor, ¡es un Igiby! —Peet se echó a reír y bajó de un salto al sótano. Rodeó al chico con los brazos, lo levantó entusiasmado y le dio vueltas.

Janner observó que Peet llevaba calcetines de punto nuevos en los brazos. Los dos rieron juntos bajo el cielo azul, azul.

Peet lo dejó en el suelo y se agarró a los hombros de Janner, con las frentes casi tocándose.

—¿Leeliby? ¿Tinkifeather? ¿Están a salvo? ¿Seguros?

Janner asintió con empeño.

Nugget gimoteó en el borde del sótano, con ganas de saltar pero temeroso de la caída. Janner hizo una señal con la mano y le dijo que se quedara, preocupado porque, si Nugget se lanzaba, les costaría mucho sacarlo de allí.

—Vamos —dijo Janner, guiando a Peet por el túnel.

Janner abrió de par en par la puerta de la cámara y la luz cayó sobre su familia. Parecían tan tranquilos que no quiso despertarlos. Pero cuando los ojos de Peet se posaron en Leeli y luego en Tink, jadeó de alegría y dijo: «¡Jiiiii!».

Al mismo tiempo, Leeli, Tink y Nia se estiraron, entrecerraron los ojos y bostezaron, confundidos por lo que veían al despertar. Lo único que veían eran las siluetas de Janner y Peet en la puerta.

—¿Janner? —llamó Nia—. ¿Eres tú? ¿Los Colmillos han… desaparecido?

—Todos muertos, muertos, dientes y escamas —dijo Peet.

—Sí, mamá —respondió Janner con una sonrisa—. Llegó mañana.

—¿Abuelo? —dijo Leeli, acercándose adonde yacía en el suelo.

La sangre había empapado el paño de la herida de Podo y se acumulaba en el suelo formando un charco a su alrededor. Nia le sostenía la cara y pronunció su nombre con voz temblorosa. La respiración del viejo pirata era superficial y acuosa. Por mucho que lo intentaron, no pudieron despertarlo.

Podo iba a morir.

46

Agua del primer pozo

La luz se había hecho más intensa en la cámara de las armas, y una ligera brisa movía las largas telarañas que colgaban de las armas y armaduras. El gemido del viento continuaba, pero a la luz del día había perdido su tenor fantasmal. La familia permanecía de pie o arrodillada alrededor de Podo, sin saber qué hacer. Él siempre había estado al mando, y se sentían indefensos sin él ladrándoles órdenes. Respirando hondo, Nia asumió el cargo con elegancia.

—Janner, Tink. Ayúdenme a ponerlo bajo mejor luz. Necesito ver el color de su rostro. —Podo gimió mientras lo arrastraban más cerca de la puerta. El rostro de Nia se volvió serio cuando miró a su padre.

—Peet —dijo—, es hora de que nos cuentes lo que le pasó a Nugget.

Peet desvió la mirada y se revolvió la parte delantera de la camisa.

—*Peet* —insistió Nia—, mi padre va a morir y tengo la sensación de que tú podrías ayudarlo. Sé que ustedes dos tienen… una historia —dijo mirando a Leeli de reojo—, pero él te necesita ahora. Todos te necesitamos.

Peet asintió, pero no la miró a los ojos.

—¿Cómo curaste a Nugget? —preguntó Nia—. He leído sobre cosas así en los libros antiguos, pero nunca había visto nada parecido.

Peet lanzaba miradas ansiosas a la puerta y cambiaba el peso de un pie a otro, como si quisiera salir corriendo. Tras un largo momento, habló.

—Agua del primer pozo.

Los ojos de Nia se abrieron de par en par.

—¿Qué? —susurró.

—Sané al nerro Pugget… al perro Nugget… con agua… del primer pozo.

—Pero… dónde… es decir…

—¿Qué es el primer pozo? —preguntó Leeli—. Estaba sentada junto a Podo, sujetando una de sus grandes y nudosas manos con las suyas diminutas.

—El primer pozo —dijo Nia, sin dejar de mirar atentamente a Peet— es, es… el primer pozo del mundo. El primer pozo de Kistamos. Un regalo del Creador para Dwayne y Gladys.[1]

—¿Los primeros ciudadanos? —preguntó Janner.

—Sí. Los viejos cuentos dicen que el agua fue vertida en la boca del pozo por el propio Hacedor. Corre bajo la tierra y es la fuerza vital de Kistamos. Sin ella, los árboles nunca florecerían y la hierba jamás crecería. Toda la vida se desgastaría hasta que finalmente se desvaneciera. El Creador nos regaló el pozo, y durante mucho tiempo fue custodiado y utilizado para curar y restaurar.

—¿Se perdió? —preguntó Tink.

—Sí. Se perdió. Hace mucho tiempo. Mucho antes de que Anniera tuviera nombre. —Nia miró a Peet—. Hasta ahora.

Peet moqueaba, y grandes lágrimas llenaban de nuevo sus ojos cansados.

—Hace años, antes de venir aquí, la encontré. —Peet se estremeció ante un terrible recuerdo—. Encontré el primer pozo y traje parte del agua aquí. Cuando vi al pequeño Mugget noribundo… Nugget moribundo… saqué un poco de mi castillo y le di de beber. —Peet le sonrió a Leeli a través de sus lágrimas—. Y funcionó.

---

1. Según *La caída de la Primera Época*, de Frobentine el Mumn, el primer pozo estaba oculto cerca de la ciudad sin murallas de Ulambria, donde Dwayne y Gladys gobernaban a su pueblo con paz, sabiduría y abundancia de comidas con queso. Frobentine sitúa la ubicación de Ulambria en algún lugar al norte y al este de la Cordillera de la Muerte, en el corazón de lo que hoy es el Viejo Bosque. Otras fuentes discrepan, afirmando que Ulambria se encontraba en las Selvas de Plonst, en el reino de los trols. Sin embargo, todos los eruditos coinciden en que Ulambria es un nombre que suena bien para una ciudad.

—¿Dónde está el agua ahora? —dijo Nia con toda la paciencia que pudo reunir—. ¿Puedes conseguir un poco y traerla aquí?

Peet asintió, se limpió la nariz con uno de sus calcetines y se marchó.

Janner miró a su querido abuelo, que tanto había luchado por ellos, y sonrió al pensar que crecería un metro más de alto (y de ancho) con un sorbo del agua milenaria. Podo ya era el alma más grande que conocía. Pero ahora, pensó Janner, su abuelo parecía encogerse y su rostro había pasado de pálido a gris.

—Por favor, date prisa, Peet —susurró Nia, acariciando el rostro de su padre.

Janner y Tink apartaron a Leeli del lado de Podo y la ayudaron a salir del túnel para ver a su querido perro. Los Colmillos que habían perecido en el túnel ya no eran más que polvo y armaduras, y los niños pasaron fácilmente junto a ellos.

Nugget estaba tumbado con el hocico colgando sobre el borde del sótano. Al ver a Leeli se puso a ladrar, a mover la cola y a correr tan rápido como podía en círculos que hacían temblar el suelo.

Leeli soltó una risita y aplaudió. Saludó con la mano a su perro tamaño caballo y se quejó porque aún no había forma de llegar hasta él. Pero estaba animada y eso alegró el corazón de Janner.

—No puedo creer que lo hayamos logrado —se dijo Tink. Entrecerró los ojos y miró al cielo del mismo modo que Janner, apreciando quizás por primera vez lo maravilloso que era ver el cielo—. Deberíamos quedarnos con mamá —dijo—. No tendría que estar sola si el abuelo...

—Tienes razón. Vamos, Leeli —dijo Janner.

—Volveremos —le dijo Leeli a Nugget, que gimoteó como respuesta.

Nia parecía pequeña, sola con Podo en la cámara. Tenía la cabeza de su padre en el regazo y oraba por él, meciéndose suavemente de un lado a otro. Parecía desesperada.

Al verlo, Janner pensó que Podo ya estaba muerto. El mayor de los Igiby sintió que el corazón se le hundía en el pecho, oprimido por la pena y endurecido por la ira. Estaba enfadado con los Colmillos por haber pisado Skree. Estaba enfadado con Zouzab por traicionarlos. Incluso empezaba a sentir rabia hacia el Hacedor por haber creado un mundo en el que podían ocurrir cosas así.

Podo había luchado con valentía, incansablemente, para proteger a los que amaba, por la libertad y la bondad, y aquí yacía moribundo.

«Tu padre era un buen hombre. Un hombre valiente. Luchó bien y murió bien en la Gran Guerra».

Janner podía oír a Podo decir eso de su padre, Esben, y ahora también le ocurría al viejo guerrero. Sin duda había luchado bien, y pronto moriría bien, aunque no en la Gran Guerra. Y todo era por ellos, pensó Janner, por su hija y sus tres nietos, que habían vivido para ver el amplio cielo azul aquella mañana.

Entonces, Janner recordó las joyas de Anniera. Nada de esto habría ocurrido de no ser por aquellas joyas malditas que Gnag y todos sus secuaces estaban tan empeñados en encontrar. Y nada de esto habría ocurrido si Podo y Nia no hubieran intentado mantenerlas ocultas. Janner sintió que su ira se volvía contra Podo y su madre por preocuparse más por las joyas de Anniera que por él y sus hermanos. ¿Por qué no habían renunciado a las joyas? ¿Realmente valían esas joyas el precio de perder su hogar? ¿Valía la pena morir por ellas? Janner sintió que las lágrimas le subían a la garganta, y se volvió para que Tink no lo viera llorar.

Pero Tink tenía la cabeza hundida en su brazo; estaba apoyado contra la pared, con sollozos ahogados que brotaban de él en oleadas.

Les pareció que habían esperado mucho tiempo mientras Podo respiraba con voz ronca y Nia oraba y los tres niños derramaban lágrimas por su abuelo.

Entonces, Janner oyó un crujido.

Peet el Calcetín apareció en la puerta de la cámara. Extendiendo su mano forrada de calcetín, le ofreció un pequeño frasco de cuero.

Leeli empujó suavemente a Peet hacia Nia, que sujetaba la cabeza de Podo. Tink y Janner se unieron a ellos y se reunieron en torno a Podo mientras Peet quitaba el tapón del frasco.

Nia levantó la cabeza de Podo y le abrió la boca para que Peet vertiera un poco de agua. Pero Peet negó con la cabeza y retiró el vendaje improvisado, dejando al descubierto la herida. Era más profunda y peor de lo que habían imaginado, y Leeli se tapó los ojos.

Peet vertió un chorrito de agua sobre la herida, luego asintió y volvió a tapar el recipiente.

—¿Estás seguro de que eso es todo lo que necesita? —Nia buscó el rostro de Peet—. Apenas si está vivo.

—Me pasé un poco con Nugget, ¿no te parece? No necesitamos un Podo gigante, ¿verdad? —Peet soltó una risita nerviosa—. Desde luego que no. —Al ver que nadie se reía con él, el rostro de Peet se puso serio—. El agua es fuerte. Puede curar heridas más profundas que esta. —Peet se miró las manos con calcetines y la vieja tristeza volvió a su rostro. Suspiró y se limpió las manos en la túnica, como si pudiera limpiar las garras que se ocultaban bajo el tejido.

—Estaré afuera —anunció—. No piero ser lo quimero que vea cuando se despierte.

—Peet salió de la habitación.

—Lo que daría por una olla de estofado de flonejo ahora mismo —dijo una voz cálida y rasposa.

Podo yacía en el suelo mirando a los ojos de su hija y sonriendo. Llenos de alegría, los niños corrieron hacia él, con cuidado de no sacudirle la herida. Solo quedaba una cicatriz rosácea bajo la sangre seca manchada por el agua del primer pozo.

Podo se incorporó y bostezó como si hubiera estado durmiendo la siesta en su sillón favorito. Sonrió a Janner, Tink y Leeli con unos ojos que parecían más jóvenes de lo que deberían, y los Igiby lloraron y rieron y lo apretaron como si acabara de regresar de un largo viaje.

Luego de un buen rato, Podo se levantó y recogió su fardo. Cuando atravesó la puerta de hierro con su familia, caminaba con un paso juvenil.

Pasaron por encima de montones polvorientos y armaduras mientras Janner y Tink relataban los sucesos de la larga noche: el incendio de la mansión, los aullidos de los sabuesos y los chillidos de Colmillos, y el agua de Peet del primer pozo.

Nia escuchó con orgullo cómo sus muchachos le obsequiaban al viejo pirata una historia que rivalizaría con una de las suyas. Podo escuchó todo con las cejas levantándose y bajando con cada giro de la historia.

Leeli se acurrucó bajo el brazo de su abuelo mientras avanzaba cojeando. Su rostro se iluminó cuando llegaron al borde de la pared del sótano.

Peet estaba allí, sentado en el borde del sótano junto a Nugget. Sin hablar ni mirar a Podo, Peet tiró una cuerda. Levantó primero a Podo y luego, con otro de sus silenciosos e intensos intercambios, Peet retrocedió y permitió que Podo sacara a la luz del día al resto de su familia.

47

Viejas heridas

Nugget aulló (un aullido muy fuerte y profundo), y Leeli volvió a subirse a su lomo. A horcajadas sobre Nugget, brillaba como la luz del sol.

El cielo, sin embargo, empezaba a nublarse, y en el este, sobre el Mar Oscuro de las Tinieblas, se cernía una tormenta negra. La hierba alta de la llanura ondulaba como el agua, y cerca de su orilla ámbar, yacían incontables cadáveres de sabuesos cornudos. Las bestias estaban esparcidas por el campo y alrededor de la mansión Anklejelly en grupos, la mayoría junto a reveladoras pilas de armaduras de Colmillos, de las que se desprendían los restos blancos y polvorientos de los lagartos, arrastrados por el constante viento del este.

Cerca del bosque, Janner vio seis vacas colmillo muertas tan grandes como Nugget, y a su alrededor había un denso cúmulo de armaduras y armas de Colmillos. Se había librado una poderosa batalla mientras los Igiby dormitaban en el vientre de la mansión. Ahora, solo las moscas zumbaban alrededor de los cadáveres mientras el sol golpeaba cada vez más fuerte.

Podo envió varias veces a Janner y Tink a la sala de armas en busca de espadas, escudos y arcos con abundantes flechas. Tras rebuscar entre los montones de armas, Tink y Janner se decidieron por las espadas que habían utilizado la noche anterior. Después de echar un último vistazo a la armería secreta de Oskar, cerraron la puerta de hierro e hicieron sonar el picaporte para asegurarse de que estaba bien cerrada. Los chicos le pasaron las armas a Podo y treparon por la cuerda.

—Bien, entonces —dijo Podo—, nos queda un largo camino hasta las Praderas de Hielo. Y no pasará mucho tiempo antes de que alguien se entere de lo que ha pasado aquí esta noche. Seguro que nos perseguirán todo tipo de bestias en busca de las joyas de Anniera.

A Janner se le pusieron los pelos de punta. Estaba harto de oír hablar de las joyas que habían arruinado sus vidas. Harto de no saber qué eran y por qué Gnag el Sin Nombre las deseaba tanto. Janner estaba harto de los adultos y de sus secretos y, aunque se alegraba de que su abuelo estuviera vivo y de que hubieran sobrevivido a la noche, sentía en el pecho una oleada de resentimiento que se estaba convirtiendo en una tormenta, una tormenta que no podía contener por más tiempo.

—¡No dejan de hablar de esas preciosas joyas! Todo lo que nos ha ocurrido ha sido gracias a ellas, ¡pero nadie nos dice dónde están! Hemos perdido nuestro hogar, a nuestros amigos —y casi te perdemos a ti, abuelo— y todo porque Gnag el Sin Nombre quiere esas joyas. Por alguna razón, creen que estas «joyas preciosas» son más preciosas que nosotros, o no las tendrían en primer lugar, ¿verdad? ¿Por qué no podemos tomarlas y arrojarlas al Mar Oscuro para que dejen de destruir todo lo que nos rodea? ¿Y ahora qué estamos haciendo? Estamos huyendo hacia las Praderas de Hielo, dondequiera que estén, ¡y siguen sin decirnos qué está pasando!

Podo esperó pacientemente a que Janner terminara.

Janner volvió a respirar hondo y espetó:

—¿Qué está pasando?

Para su sorpresa, Podo no estaba enfadado y Nia incluso sonreía.

—¡Sí! —añadió Tink, cruzándose de brazos—. ¿Qué está pasando?

Ahora fue Podo quien sonrió. Miró a Nia y se rieron.

Janner no le encontraba sentido, y ni Podo ni su madre intentaron ayudar.

—Les contaremos todo esta noche —dijo Podo, volviéndose hacia el camino—, una vez que encontremos un lugar seguro para descansar. —El anciano se echó el fardo al hombro y aspiró una profunda y alegre bocanada de aire salado—. ¡Sigan al viejo Podo! —rugió entonces con gusto, y marchó en dirección suroeste, alejándose del bosque.

—Papá —dijo Nia.

—¿Sí? —dijo Podo, deteniéndose a varios pasos de distancia.

—Creo que deberíamos ir a la casa del árbol de Peet. Tiene comida y…

—¿Comida? —preguntó Tink.

Peet el Calcetín se animó y miró a Nia con un brillo de esperanza en los ojos.

—No vamos a ir allí —dijo Podo, juntando sus cejas pobladas—. Nos dirigimos a Torrboro, luego por el Camino del Norte hasta que encontremos un paso seguro hacia las Praderas de Hielo. —Giró la cabeza y volvió a ponerse en marcha, pero Nia no se movió. Podo giró de nuevo, con la cara roja—. ¡Vamos, te digo!

—No. —Nia se paró bien derecha.

—¿Qué? —Podo retrocedió un paso hacia su hija.

—He dicho que no. —Nia dio un paso adelante—. Te has aferrado a tu ira durante demasiado tiempo, papá, y ahora esa ira se está convirtiendo en una carga que ya no soportas solo. Nos está haciendo sufrir contigo, viejo testarudo.

Podo se quedó boquiabierto.

—Peet nos salvó la vida a todos —añadió Nia—, a ti más recientemente. Puede que ahora te encuentres bien, pero no hace ni media hora la muerte te lamía los dedos de los pies. ¿Y sabes a quién deberías dar las gracias por el aliento en tus pulmones?

Peet empezó a retroceder tímidamente, pero Nia lo agarró del brazo y tiró de él hacia delante.

—Este hombre —dijo—, tiene provisiones y refugio en el bosque, donde ningún Colmillo querrá aventurarse durante mucho tiempo después de lo que ha ocurrido aquí. Te quiero, papá, pero soy la madre de estos niños y quiero poner comida en sus estómagos y almohadas bajo sus cabezas. Nos vamos a la casa del árbol de Peet y punto.

Una mezcla de desconcierto, vergüenza y enfado se reflejaron en la mirada de Podo. Janner tenía ganas de reír. Podo balbuceó y formó el comienzo de unas palabras con la boca, pero no se le ocurrió nada que decir.

—Peet, ve delante —dijo Nia.

Peet obedeció la orden de Nia con los ojos muy abiertos y una sonrisa nerviosa, marchando en dirección opuesta a la de Podo. Nia y los chicos lo siguieron.

Leeli cabalgó con Nugget hasta donde estaba Podo, solo y estupefacto. Se acercó a él, se inclinó y le besó la mejilla. Nugget hizo lo mismo, arrastrando una lengua rosa y desaliñada por el brazo de Podo, empapándole la camisa. Luego, ellos también se apartaron de Podo y siguieron a Peet, moviéndose hacia el norte y el oeste, en dirección al bosque.

Podo observó los restos humeantes de la mansión Anklejelly.

—Mmmff —dijo finalmente, y empezó a arrastrar los pies tras su familia.

48

Refugio

El cielo gris se había convertido en un río de nubes agitadas y de vuelo rasante que avanzaban tan pesadas y cercanas que parecían rozar las copas de los árboles. Los Igiby, un perro gigante y Peet el Calcetín caminaron junto al bosque durante una hora.

Janner vigilaba atentamente los árboles situados a su derecha, pero Peet no daba muestras de preocupación. Paseaba sin hablar, con su pelo blanco agitado por el fuerte viento. A Janner le reconfortó la confianza del extraño hombre. Había demostrado ser un buen amigo y un luchador capaz.

Detrás de ellos, otro hombre de pelo blanco caminaba en silencio.

Podo no había dicho una palabra desde que habían partido hacia la casa del árbol de Peet, pero sus ojos mostraban que su espíritu estaba menos cargado. Ya no parecía tan enfadado, y parecía estar considerando algún asunto que requería una cuidadosa reflexión.

Leeli cabalgaba como una reina sobre un caballo real, con una sonrisa perpetua en el rostro. Tenía a su familia y a su perro, y ya no necesitaba una muleta mientras Nugget estuviera cerca. Las patas peludas del perro eran grandes como bandejas, pero apenas hacían ruido mientras avanzaba.

El brazo de Nia rodeaba a Tink, cuyo escuálido cuerpito mostraba signos de fatiga. Se inclinó hacia su madre y apoyó la cabeza en su costado.

Janner miró hacia Glipwood, pero no veía nada de la ciudad. Pasaron junto a unas cuantas granjas abandonadas, pero por lo demás, no vio ni rastro de humanos ni de Colmillos. Pensó en su cabaña, en el espantoso final de Slarb con los thwaps y en la veloz espada de Podo. Se estremeció al pensar lo cerca que habían estado él y Tink de morir a manos de aquella criatura loca. Pero no habían muerto. Incluso con un océano de Colmillos persiguiéndolos, de algún modo, gracias al Creador, habían permanecido vivos y enteros.

Sin embargo, no todos habían sobrevivido. La última vez que Janner había visto a Oskar, estaba tendido en el suelo de su querida librería, instando a los Igiby a huir. Había intentado salvarlos con su último aliento. Era Oskar quien les había armado el refugio bajo la mansión Anklejelly, y quien había perdido la vida intentando proteger a Leeli y Nia. *Pero ¿por qué Oskar escondió las armas?* —se preguntó Janner—. *¿Y cómo las consiguió?* Janner recordó que Oskar había pasado muchos años desde la guerra viajando por Skree, reuniendo libros y curiosidades. *¿Pero armas? ¿Acaso había estado buscando las joyas de Anniera? ¿Podría ser eso lo que Podo llevaba en el fardo al hombro? ¿Por qué su abuelo despreciaba tanto a Peet el Calcetín?* Y la mayor pregunta de todas: *¿Por qué tendrían los Igiby algo que Gnag el Sin Nombre desearía tanto encontrar?*

Janner estaba consumido por tantas preguntas que casi no oyó el anuncio de Peet:

«Ya llegamos». Peet se había detenido ante el roble más grande que había a la vista.

El árbol sobresalía de la línea del bosque y extendía sus gruesos brazos caídos por encima y alrededor de ellos, como una mamá gallina que protege a sus polluelos. «Rugget estará a salvo aquí», dijo Peet mientras se colgaba de las ramas más bajas y tendía la mano para ayudar a Nia a subir. Muy por encima de ellos, apenas visible a través de las hojas, colgaba entre los árboles uno de los puentes de cuerda y tablones de Peet.

«Arriba», dijo, sin mirar a Podo. Subió a todos menos al anciano, y tampoco se ofreció a ayudarlo, sino que se apartó de Podo y se abrió paso entre las ramas hasta el puente.

Podo le pasó el fardo a Janner y se encaramó con mucha menos gracia al árbol.

Janner sintió una salpicadura de lluvia y miró hacia arriba.

El cielo se había oscurecido y los puentes de cuerda empezaban a mecerse con los vientos de una tormenta incipiente.

Peet, Podo y los Igiby se apresuraron a recorrer los puentes mientras la tormenta desataba su lluvia punzante, y estaban empapados cuando subieron por la trampilla y entraron agradecidos en el castillo de Peet.

Para Janner, con la tormenta soplando afuera, la casa del árbol era el mejor alojamiento de toda la tierra. Ayudó a Peet a encender rápidamente tres faroles, y saboreó la reconfortante luz amarilla y naranja que proyectaban sobre las paredes y el techo. Peet cerró la puerta y el aullido del viento casi desapareció. Leeli encontró un rincón y se sentó con la espalda apoyada en la pared, con una manta seca metida bajo la barbilla. Peet señaló una pila de edredones viejos que había a su lado.

—Hay muchas mantas secas para ti. Aquí hace mucho frío en invierno, ves, ves.

—Señor Peet, ¿y el fuego?

—¿Eh? Ah, el fuego. Llevo aquí el tiempo suficiente para que los cuernos sabuesos me dejen en paz, Jangiby. Además, la mayoría de las bestias no saben trepar. El pastillo de Ceet está a salvo.

—Mmmff —dijo Podo, inspeccionando la casa del árbol e intentando por todos los medios no impresionarse.

Nia le dio un codazo. —Peet, esto es precioso. ¿Puedo ayudarte en algo?

Peet estaba radiante. Se afanó con ollas y sartenes, rebuscando en sacos de grano y carnes y verduras secas, en botellitas de especias y hierbas. Mientras Peet preparaba la comida, los demás buscaron cada uno un rincón y un edredón y se pusieron cómodos. Podo rechazó una manta y se encorvó contra la pared, mirándose las manos.

La lluvia golpeaba las ventanas y los laterales de la casa, pero Peet había sellado bien la estructura. No se filtraba ni una gota de agua.

La casa del árbol se balanceaba y crujía en lo alto, y el olor a estofado les llenaba la nariz. Janner, como el resto de los Igiby, se quedó dormido, dando gracias al Creador por estar a salvo y secos en el castillo de Peet.

Incluso Podo.

49

Las joyas de Anniera

Janner se despertó mucho antes de que se le abrieran los ojos. Estaba tumbado bajo una manta caliente, sintiendo el movimiento oscilante de la casa del árbol, escuchando el murmullo de una conversación suave y la lluvia en las ventanas. No quería despertarse todavía. El ulular del viento y el retumbar de los truenos intensificaban su alegría allí en el refugio.

Nia notó que se removía y le besó la mejilla.

—Hola, Janner querido —le dijo.

Él sonrió, se estiró y se obligó a incorporarse. Tink y Leeli estaban despiertos y le sonreían. La trampilla se abrió y Podo entró en la habitación con la ropa empapada.

—El viejo Nugget ya tiene un refugio seco —anunció alegremente.

—Gracias, abuelo —dijo Leeli, abrazando la pierna de su abuelo. Miró por la trampilla el refugio improvisado que Podo había montado con maderos y pieles de animales que Peet tenía por ahí.

—Sí, muchacha. Tu perro está seco como un hueso y se conforma con estar cerca —dijo Podo—. También envió un mensaje para ti.

Leeli parecía confundida, y Podo la levantó para olisquearle la barbilla y los hombros como un perro. Ella chilló de alegría y todos se unieron a la carcajada.

Peet se aclaró la garganta y declaró que el guiso estaba listo.

En lo alto de las ramas de un roble, en medio de la tormenta más feroz que Skree había visto en mil años, los Igiby, Podo Helmer y Peet el Calcetín compartieron una comida. Aunque Peet estaba callado y a veces melancólico, hubo muchas risas y agradecimiento por la provisión y la bondad del Hacedor mientras comían y bebían hasta saciarse.

Janner vio el fardo de Podo tirado en un rincón y decidió que era hora de obtener respuestas. No era el único. Sin mediar palabra, una sensación de gravedad se apoderó de todos ellos y guardaron silencio mientras masticaban su comida.

Finalmente, Janner dejó su cuenco vacío en el suelo, a su lado.

—Las joyas de Anniera —dijo, cruzándose de brazos—. ¿Dónde están?

Nia y Podo se miraron, y luego a Peet.

Tink y Leeli apenas respiraban, tan ansiosos como Janner por saber la verdad.

Nia asintió a Podo y apoyó una mano en el antebrazo con calcetín de Peet mientras Podo sacaba su fardo de la puerta. El viejo pirata tenía de nuevo un brillo en los ojos, y una crepitante expectación se movía como chispas invisibles entre los niños. Podo hizo una pausa, saboreando el momento, y luego dijo con las cejas pobladas:

—Para empezar, no estás haciendo la pregunta correcta.

Su afirmación quedó suspendida en el aire durante un instante.

Tink miró a su abuelo con los ojos entrecerrados.

—Eh… ¿qué hay en el fardo?

—No. La *verdadera* pregunta es… —Podo hizo una pausa dramática—. ¿Qué son las joyas de Anniera?

Janner sintió un hormigueo en los brazos. Había algo extraño en la forma en que los tres adultos los observaban, sonrientes.

—Las joyas de Anniera —dijo Nia— han sido buscadas por Gnag el Sin Nombre desde que la Gran Guerra cayó sobre las costas de la Isla Brillante y la arruinó. Gnag destruyó todo lo que era bueno y bello en aquel lugar… excepto las joyas. Y las ha buscado desde entonces. Se ha obsesionado con ellas y ha arruinado naciones en su búsqueda porque cree que las joyas de Anniera encierran un poder oculto. Su búsqueda de las joyas fue lo que lo trajo a Skree. Si no creyera que han venido aquí, no creo que se hubiera molestado en cruzar el Mar Oscuro de las Tinieblas.

—Pero vino —dijo Podo con gravedad.

—¿Alguien se las dio a ustedes? —soltó Tink—. ¿Cómo acabaron con las joyas si eran de Anniera? ¿Accedieron a esconderlas?

Janner pudo sentir que sus emociones volvían a escalar.

—¿Cómo pudieron hacer eso cuando sabían que nos pondría a nosotros —y a todo Glipwood— en peligro? ¿Por qué le dieron algunas de las joyas a Gnorm en primer lugar, si sabían que podían conducir a Gnag hasta aquí?

—Janner, las joyas que le di a Gnorm no tenían ningún valor para mí —dijo Nia con suavidad—. Una vez, pudieron significar algo, pero las mantuve ocultas para un momento como ese. A Gnag no podrían importarle menos esas joyas. Seguramente había algo que yo no noté en ellas y que las identificaba como annieranas.

—¿Annieranas? —preguntó Leeli— ¿Cómo conseguiste oro y joyas de Anniera?

Nia hizo una pausa.

—Porque las traje aquí. Desde Anniera.

La confusión de los niños era tan evidente que Podo se echó a reír. —Chiquitines, vinimos aquí desde Anniera para escapar de Gnag y su ejército durante la Gran Guerra.

—¡Pero, abuelo, tú eres de Glipwood! Y mamá también. —Leeli estaba cada vez más desconcertada.

—No, querida —respondió Nia—. Tu abuelo es de Glipwood. Pero yo nací en los Valles Verdes, al otro lado del Mar Oscuro, donde él conoció a tu abuela. Cuando me casé con tu padre, todos establecimos nuestro hogar en Anniera. Pero cuando llegó la guerra, huimos.

—Teníamos que proteger las joyas —dijo Podo.

—Entonces, ¿dónde están? —preguntó Tink.

—Ya te lo he dicho, muchacho. Esa es la pregunta equivocada.

—Bien. Entonces, *¿qué* son las joyas de Anniera?

La pregunta flotaba en el aire como humo o como motas de polvo atrapadas en un haz de luz brillante. Los tres adultos se sentaron y miraron fijamente a los tres niños. Los niños les devolvieron la mirada intensa. A Janner le dio un vuelco el estómago y se mareó. No sabía cuál era la respuesta, pero sentía en los huesos que, fuera lo que fuese, lo cambiaría todo.

Todo.

Peet el Calcetín se aclaró la garganta y se inclinó hacia delante. Sus grandes ojos mostraban menos tristeza de la que Janner había visto nunca, y sonrió a los rostros de los niños Igiby: primero al de Janner, luego al de Tink, luego al de Leeli y de nuevo al de Janner.

—Ustedes —dijo—. *Ustedes* lo son.

Nadie habló. Ninguno de los niños respiró siquiera. Sus corazones palpitaban con la verdad de lo que se había dicho. El aire que rodeaba las palabras de Peet habría brillado si fuera posible ver algo así, y los niños sabían que era cierto.

Janner tragó saliva.

—¿Qué…? ¿qué quieres decir?

—Tu padre… —dijo Nia lentamente, con las lágrimas ahogando su frase y rebosando en sus ojos—. Tu padre era el rey supremo de la Isla Luminosa.

50

Los guardianes del trono

—Yo era la reina —dijo Nia—. Ustedes tres —dejó escapar un largo suspiro lloroso— son todo lo que queda del gran reino al otro lado del mar.

—Las joyas de Anniera —susurró Peet, y se inclinó tanto que su frente tocó el suelo.

Podo, para asombro de los niños, hizo lo mismo.

Janner pensó en la imagen de su padre en la proa del barco, con los brazos tan abiertos como su sonrisa. *¿Un rey? Y no un rey cualquiera, ¿sino el rey de Anniera?*

Janner apenas podía creer lo que estaba ocurriendo. De hecho, no lo creía. Pero lo *sabía*. Y ahora se daba cuenta de que siempre lo había sabido, pero la idea le producía tanto miedo como asombro.

—Entonces, si mi padre ha muerto, eso significa… que yo soy… ¿el rey? —tartamudeó Janner.

Nia lo miró atentamente.

—No, hijo. No lo eres.

Las mejillas de Janner se sonrojaron.

—No pasa nada, querido —dijo ella, poniéndole una mano en el brazo—. Verás, en Anniera, la realeza pasa al hijo mayor. Desde que hay gobernantes en Anniera, el cargo de mayor distinción es el de protector. Demasiados reinos han caído a causa de la envidia, la codicia y el ansia de poder. Así que el segundo hijo lleva la corona. —Miró a Tink—. Tu hermano es el legítimo heredero del trono.

Tink se ruborizó y apartó la mirada de los plácidos ojos de su madre.

Janner sintió un inoportuno escalofrío de envidia en el vientre.

—Pero se concede un gran honor al mayor —continuó Nia, tomando la mano de Janner—. El hijo mayor, al nacer el menor, se convierte en el protector del rey. El deber de su vida es servir y defender al más joven de todo daño. Se lo entrena en la batalla, y su nombre es alabado en todos los hogares del reino.

Janner pensó en toda la presión que su madre y Podo habían ejercido sobre él para que cuidara de Tink y Leeli. No había pasado un solo día sin que le dijeran que era su deber como hermano mayor cuidar de ellos. Siempre le había parecido tan asfixiante, y ahora se imaginaba su futuro como un viejo servil, encadenado a su hermano para siempre, incapaz de hacer nada por sí mismo: toda una vida preocupándose por su imprudente hermano pequeño y su hermana lisiada, mientras Tink reinaba y Leeli hacía… bueno, lo que le daba la gana.

Nia percibió los pensamientos de su hijo. Tomó la cara de Janner entre las manos y fijó los ojos en los suyos.

—No es poca cosa ser guardián del trono de Anniera. Los bardos han cantado sobre ellos durante mil años y se les concede un lugar de honor como a ningún otro reino —como a ningún otro rey— del mundo; no porque sean señores, sino porque son siervos. Hubo muchos días en que tu padre deseó ser guardián del trono y no rey supremo.

Pero Janner había dejado de escuchar. La ardiente envidia de su pecho se enfrió cuando recordó algo que había visto en uno de los diarios de Peet.

—¿Guardián del trono? —dijo Janner.

—Sí, es el nombre del…

—Artham P. Wingfeather, guardián del trono de Anniera —dijo Janner.

Peet levantó la cabeza del suelo.

—Sí, mi señor —le dijo a Janner.

Tink lanzó un grito ahogado.

—Pero eso te convertiría en…

—¡Nuestro tío! —remató Leeli.

—Sí, Lady Leeli —dijo Peet, inclinándose de nuevo hacia el suelo. Podo observaba a Peet con ojos hoscos. Su buen humor se estaba desvaneciendo.

—Ya basta, Artham —dijo Podo, intentando, por el bien de Nia, no sonar demasiado brusco.

—Pero ¿qué te sucedió? ¿Qué pasó con tus brazos? —preguntó Janner.

—Eso es algo que yo misma quería preguntarle —dijo Nia, volviéndose hacia Peet.

Pero Peet sacudió violentamente la cabeza. Se arrellanó contra la pared de la casa del árbol y los miró a todos con tal expresión de terror que Janner se puso en pie de un salto. Peet tomaba aire a bocanadas rápidas y poco profundas y estaba cubierto de sudor.

—¡Atrás! —dijo Podo a los niños. Se encaramaron a la pared de la casa del árbol y Podo se interpuso entre ellos y Peet. Nia puso una mano en el brazo de Podo y se acercó lentamente al Hombre Calcetín.

—Shh —le susurró—. Artham. Artham, soy yo, Nia. Estás a salvo. —su voz pareció tener un efecto calmante incluso sobre el viento exterior, y durante un rato, la lluvia cayó más despacio. Peet la miró y su respiración se calmó un poco con cada inspiración. Ella se sentó a su lado y lo atrajo hacia sí con fuerza. Lo abrazó como una madre abraza a un niño que se ha despertado de una pesadilla y, como un niño, Peet dejó que sus ojos se cerraran. Pronto, se quedó dormido. Los ojos de Nia brillaban de tristeza mientras lo abrazaba.

—Deberían haberlo visto en Anniera, cuando era guardián del trono —susurró—. Tenía el pelo negro como la medianoche y todas las doncellas del reino estaban locas por él. Escribía la poesía más hermosa. Escribía grandes cuentos y poemas tontos y se los leía a ustedes, Janner y Tink, cuando estaban en sus cunas por la noche. Su padre solía decir que no había hombre mejor en el reino que su hermano Artham.

Peet gimoteó en sueños.

—Shh —volvió a decir Nia.

Los niños se apartaron de los bordes de la habitación.

Podo se sentó con un resoplido, sacudiendo la cabeza.

—Es peligroso, Nia.

—Moriría antes de hacerles daño a estos niños, papá.

—Pero ¿qué le pasó? —preguntó Janner.

—No lo sabemos —dijo Nia—. Cuando Gnag y su ejército atacaron Anniera, nos condujeron al castillo de Rysen, en Dorminey, en el centro del reino. Allí fue donde hicimos nuestro hogar. —Nia se quedó mirando la lluvia que caía por el cristal de la ventana de la casa del árbol—. Los Colmillos, los trols y otras bestias inmundas que nunca antes habíamos visto habían traspasado la muralla: Leeli, acababas de nacer. Janner, tú tenías tres años; Tink, dos. Tu padre le dijo a Peet que nos tomara y se fuera. Había una antigua ruta de escape, una salida secreta del palacio que conducía al río Rysen y luego al Mar Oscuro. Pero tu padre no quiso marcharse. Dijo que lucharía todo lo que pudiera y que luego se reuniría con nosotros en el río.

—Su padre —dijo Podo— insistió en que nos fuéramos. Dijo que había algo en el palacio que tenía que conseguir. Algo que tenía que alejar de las manos de Gnag.

—¿Y no sabes lo que era? —preguntó Janner.

—Ni idea —dijo Podo.

—Verán, niños —explicó Nia—, estaba en la sangre y en los huesos de Peet proteger a su hermano. Es el aliento mismo de un guardián del trono.

Janner y Tink se miraron con incomodidad.

—Pero su padre le ordenó que nos llevara a salvo hasta el río. Peet no sabía qué hacer. Nos quería a todos y deseaba ayudarnos, pero no podía soportar la idea de dejar atrás a su hermano. Los monstruos estaban en el palacio y nos buscaban. Artham —Peet— dejó a tu padre, pero solo para ayudarnos. —Nia acarició el rostro de Peet—. Puede que fuera lo más difícil que ha hecho jamás.

Se quedó callada un momento; el único sonido era el repiqueteo de la lluvia contra las ventanas.

—Juró volver cuando estuviéramos a salvo —dijo, sumida en sus recuerdos—. Peet luchó contra los Colmillos y nos condujo a la salida secreta donde tu abuelo iba a reunirse con nosotros con un barco. Yo te tenía en brazos, Leeli. Janner, eras lo bastante mayor para tomarme de la mano y seguirme el ritmo. Tink, mi madre te llevaba a ti.

Podo apartó la mirada.

—¿Nuestra abuela? —Leeli se quedó repentinamente con los ojos muy abiertos—. ¿Nos conocía?

—Sí —dijo Podo, con la voz cargada de tristeza—. Y los conocería ahora si no fuera por ese tío que tienen —escupió Podo.

—¡Papá, basta!

Podo se secó una lágrima.

Janner nunca lo había visto llorar.

—Llegamos a la orilla del río antes que tu abuelo —continuó Nia—. Colmillos y trols surgieron de la nada y nos atacaron. Peet era el mejor espadachín del reino, pero ni siquiera él pudo defenderse de tantos… —hizo una pausa para tragar el nudo que tenía en la garganta—. Mamá —su abuela— fue asesinada.

—¿Pero cómo puedes culpar a Peet de eso? —dijo Janner—. Acabas de decir que había demasiados Colmillos.

Podo miró a Peet con el ceño fruncido y se hizo un silencio incómodo.

—Lo que le ocurrió no fue culpa de nadie —dijo Nia con firmeza—. Eso es todo lo que hay que decir. —Podo balbuceó una protesta, pero la mirada de Nia lo hizo callar. Se volvió hacia Leeli y le puso una mano en la mejilla—. Peet los contuvo lo mejor que pudo mientras embarcábamos, pero uno de los Colmillos te agarró, querida. —Tomó la mano de Leeli—. Intentó arrancarte de mis brazos y…

—La pierna —exhaló Leeli.

—Lo siento —susurró Nia. Se tapó los ojos y luchó por mantener la compostura. Leeli se acercó a ella.

—No pasa nada, mamá —dijo Leeli—. Ahora tengo a Nugget. Nia respiró hondo y abrazó con fuerza a Leeli.

—Nos dirigimos río abajo —siguió Nia al cabo de un momento—. Peet volvió corriendo, evadiendo Colmillos y entró en el palacio para encontrar a tu padre, incluso mientras el lugar ardía. Lo último que vi de Anniera fue fuego y muerte. Navegamos por el río durante horas hasta la desembocadura en el Mar Oscuro y no vimos más que altísimas llamas a ambos lados del río.

—Yo no veía nada —dijo Podo, contemplando la tormenta—. Navegaba por un río negro entre muros de fuego. Navegamos por el río Rysen hasta el Mar Oscuro. Gnag había saqueado todas las aldeas por las que pasamos, y vi cosas que nunca olvidaré, aunque el Hacedor sabe que lo he intentado —guardó silencio un momento—. Cuando llegamos al mar, pedimos al Hacedor que nos guiara, que protegiera las joyas de Anniera, y te aseguro que lo hizo. Desató una poderosa tormenta que casi hizo pedazos aquel pequeño barco. Las olas eran altas montañas, y criaturas marinas como nunca había visto se agitaban desde las profundidades y nos miraban pasar con ojos tan grandes como una casa. Nunca había tenido tanto miedo, y les digo que sentí como si el Hacedor nos hubiera maldecido con toda seguridad. Pero cuando amainó la tormenta, vi que estábamos mejor que antes: estábamos en las Islas Phoob, justo al norte y al este de aquí, al otro lado de las Cataratas Fingap. Habíamos cruzado el Mar Oscuro en *cinco días*. Eso es algo que nunca he contado a nadie por miedo a que pensaran que estaba loco. Además, íbamos en un pequeño esquife con una sola vela. Les digo que es imposible. —Podo extendió las manos—. Pero aquí estamos.

Miró a sus nietos con atención.

—Su abuela se llamaba Wendolyn Igiby —dijo—. Ustedes adoptaron el apellido Igiby cuando vinimos aquí y dejaron atrás el apellido Wingfeather.

—¿Y cómo nos encontró Peet? —preguntó Janner.

Nia parecía desconcertada.

—Aún no lo sabemos. Unos cinco años después de establecernos aquí, lo vimos en la ciudad. Apenas lo reconocimos y, cuando lo hicimos, nos asustamos. Estábamos seguros de que, de algún modo, conduciría a Gnag hasta nosotros. Que nosotros supiéramos, Gnag lo había convertido en uno de los suyos. Podo le dijo que se mantuviera alejado de ustedes, de nosotros. Y lo hacía, durante un tiempo. Luego volvía a la ciudad, y se ponía en ridículo haciendo un espectáculo por alguna razón. No puedo explicarlo.

Nia continuó, sacudiendo la cabeza.

—Antes de anoche, no entendía por qué llevaba los calcetines. Creía que el viejo Artham se había perdido para siempre. Pero está ahí dentro. —Le acarició el pelo alborotado—. Te haya pasado lo que te haya pasado —le susurró a Peet—, me alegro de que se te haya metido en la cabeza proteger a mis hijos del mismo modo que habrías protegido a Esben. —Nia miró a Janner—. Y te digo que deberías estar tranquilo sabiendo que un guardián del trono de Anniera está vigilando.

Janner sintió una oleada de orgullo.

Nia le sonrió.

—Abuelo, ¿qué hay en el fardo? —preguntó Tink.

—Ah, sí —dijo Podo, mientras colocaba la manta en el suelo, entre los dos, y doblaba hacia atrás sus bordes.

51

Una carta desde casa

—Para ti, muchacho —dijo Podo a Janner, entregándole un antiguo libro encuadernado en cuero—. Es uno de los libros más antiguos del mundo, uno de los Primeros Libros, según algunos.

Janner lo miró con asombro.

—Entre los tesoros de Anniera, había varios libros antiguos que se transmitieron a los Guardianes del Trono a lo largo de los siglos —explicó Podo—. Se dice que este da «sabiduría a los sabios», vaya a saber qué significa eso. Nunca me aficioné a la lectura. Artham, si no está demasiado loco, podrá contarte más cosas. Tu padre me lo dio antes de que nos echaran del palacio. Me dijo que, pasara lo que pasara, me asegurara de que lo recibieras.

Janner sostuvo el gran libro con cuidado, pero no lo abrió.

—Y para ti, joven Tink. O rey supremo Kalmar, debería decir. Al fin y al cabo, ese es tu verdadero nombre.

—¿Puedes llamarme simplemente Tink? —preguntó, ruborizándose.

—Como quieras. Tink, entonces. Esto es para ti. —Podo le entregó a Tink un cuaderno viejo y andrajoso.

—El cuaderno de bocetos de tu padre —dijo Nia—. Era un artista, como tú. Llenó este libro con dibujos de Anniera, junto con sus propios escritos. Quería que tuvieras algo que te recordara tu tierra natal. Es un lugar más bonito de lo que cualquier dibujo podría contar, pero tu padre amaba su tierra, y puedes ver ese amor en estas imágenes. Se lo traje al salir del palacio porque nunca dejaba que se apartara de su lado. Pensé que lo querría una vez que todos estuviéramos a salvo y lejos. Pero ahora, es tuyo.

Los ojos de Tink brillaron al aceptar el regalo.

—Y para ti, muchacha. —Podo levantó el último pliegue de la manta y entregó a Leeli un arpa silbante de plata—. Esto perteneció a tu bisabuela Madia, reina de Anniera, y lleva más tiempo en el reino. Verás, cuando nace un tercer hijo, ese niño, según la tradición de Anniera, debe aprender a cantar y a hacer música. Por eso te hemos enseñado todas esas viejas melodías a lo largo de los años. La leyenda dice que existe un poder para proteger a Anniera en la música de una reina que conoce las canciones adecuadas. Eso ya no lo cree nadie, pero esta misma arpa silbante ha estado en Anniera desde el principio de la Segunda Época.

—De eso hace tres mil años —dijo Janner con asombro.

—Sí —respondió él.

Leeli se llevó el arpa silbante a los labios y dudó.

—Adelante —dijo Podo, sonriendo.

Leeli tocó «El codo del pescador», una de las melodías favoritas de Podo, y la música alegre llenó sus corazones.

Peet se despertó con la canción familiar de su tierra natal. Parecía más un hombre y menos un animal allí, en la luminosidad de la melodía. Se estiró y se levantó para avivar el fuego, haciendo retroceder aún más el frío húmedo.

Había llegado la noche y la tormenta todavía arreciaba fuera de su refugio.

Los niños Igiby reían y sentían que el vínculo de su sangre se hacía más fuerte que nunca. Nia y Podo, liberados de secretos cargados por demasiados años, se recostaron en un ensueño de recuerdos y canciones.

Janner pensó que Tink no se parecía mucho a un rey, pero quizás dentro de unos años. Al fin y al cabo, solo tenía once años.

Tink abrió la primera página del cuaderno de su padre y vio el boceto de una isla que surgía de un mar agitado. En el centro del cuadro, sobresaliendo de entre los árboles, estaban las altas agujas de un castillo. A su lado, bajo el dibujo de una nube hinchada, estaba escrita una palabra de puño y letra de su padre: *Casa.*

Mientras Tink se maravillaba ante los dibujos de su padre, Janner abrió el antiguo libro que tenía en el regazo. Las páginas estaban amarillentas y hechas jirones. Las palabras manuscritas estaban escritas en otro idioma, pero aun así, era hermoso contemplarlo. Janner sintió un cosquilleo familiar en el estómago al pasar las páginas de un libro que aún no había leído. Para su sorpresa, un trozo de papel doblado cayó del libro a su regazo. El papel era blanco y nítido en comparación con las viejas hojas del libro, pero Janner siguió teniendo cuidado al desplegarlo.

Janner:

Solo tienes dos años. Todo el mundo dice que te pareces a tu padre, y yo me lo tomo como un gran cumplido. ¡Eres un chico guapo! No soy poeta como tu tío Artham, pero verte dormir aquí esta noche me ha llevado a sentarme y escribir algunas palabras para que las leas algún día. Tu madre los ama mucho a ti y a tu hermano. ¡Y tiene otro pequeñín a punto de salir! ¡Cuidado, enemigos de este reino! Estos tres pequeños Wingfeather mantendrán la isla a salvo y bien. Estoy seguro. Llevas sangre real en las venas, sea cual sea tu nombre o lugar en este mundo. El Hacedor te hizo guardián del trono de tu hermano pequeño, y no desearía que nadie más que tú lo mantuviera a salvo. Hay rumores de guerra, y aunque apenas me creo ni la mitad, si Anniera cayera (¡y estoy seguro de que no caerá!), recuerda tu tierra natal. Bajo estas piedras y ciudades, yacen antiguos secretos. Se han perdido para nosotros, pero aun así, no debemos dejar que caigan en manos del mal.

Se me ocurre lo tonto que es estar escribiendo esto a un niño de dos años. Pero quizás, algún día, cuando estés solo, inseguro, dudando de ti mismo, necesites estas palabras. Recuerda esto: eres un annierano. Tu padre es un rey. Tú eres su hijo. Esta es tu tierra, y nada puede cambiar eso. Nada.

Ah, y nadie puede cambiarte la ropa interior salvo yo. Puedo oler que la has vuelto a ensuciar. Si caigo muerto por el hedor de tus calzoncillos, que sepas cuando leas esto que tu padre te quiere como nadie.

Tu Papá

Al final de la carta, había un dibujo de un niño durmiendo plácidamente en una cuna rodeado de flores que se habían marchitado por el olor de la ropa interior sucia del niño.

El corazón de Janner se sintió grande y lleno. Se tumbó en la casa del árbol y miró fijamente hacia una ventana oscura y azotada por la lluvia, pensando en su padre. *Esben.*

Oyó a Nia y Podo en la otra habitación hablando en voz baja, pero entendió lo suficiente como para comprender que habían acordado que lo mejor sería quedarse en la casa del árbol con Peet durante varias semanas, quizás más. Peet les aseguró que había aprendido a vivir con seguridad entre las criaturas del bosque Glipwood, y que los Colmillos no se acercarían al bosque en mucho tiempo una vez que vieran los restos de la batalla en la mansión Anklejelly.

Skree, mientras tanto, estaba envuelta en oscuridad. La tormenta negra se agitaba en el cielo, y la brillante luna no podía penetrarla.

El Mar Oscuro de las Tinieblas gemía y se agitaba bajo la atronadora extensión.

Entre los árboles de Glipwood, thwaps, paticortos y vacas colmillo por igual buscaban refugio del poderoso viento y la lluvia, y la ciudad de Glipwood estaba tan desierta y azotada por el viento como una ciudad fantasma. Los corazones de la gente y de los trols y Colmillos de todo Skree se ennegrecieron en esta noche, mientras daban vueltas en camas sombrías.

La oscuridad estaba por todas partes.

Excepto, claro está, en la casa del árbol, en lo más profundo del tenebroso corazón del Bosque Glipwood, donde las joyas de Anniera brillaban como el sol.

Apéndices

La leyenda de las Montañas Hundidas

Tradicional
(Según la *Historia completa de las canciones tristes, tristes*, de Fencher)

Desde la montaña hundida, llama la desolada luna veraniega
El rey dragón, caído del alto nido, su dolorosa melodía despliega
Los salones que se alzaban en nubladas laderas bajo las olas yacen
Y tumbas oceánicas al reino caído de Yurgen ahora mecen

El hijo de Yurgen el dragón, y Omer, hijo de Dwayne, se encontraron
Y así, el caballero y el heredero de Yurgen bajo la lluvia pelearon
He aquí, el dragón por el golpe mortal de Omer cayó herido
El caballero se apresuró a salvar a su enemigo mortal, muy afligido

En la sala de montaña de Yurgen, se inclinó dolido Omer el caballero
Y contó al antiguo dragón cómo había caído su único heredero
Entonces Yurgen, poderoso rey dragón, en su montaña en las alturas
Rasgó los picos y sus brillantes y rocosas figuras

Convocó a todos los dragones para que excavaran en el suelo
y encontraran por fin el legendario mineral que hace el sonido del duelo
Pero el heredero de Yurgen murió, helado, y en el monte fue enterrado
Mientras los dragones cavaban túneles profundos en el océano velado

Y al fin, con gran estruendo, trepó la brumosa montaña
desplomada sobre las bestias en las minas y su oscuridad extraña
Entonces Yurgen en busca de su hijo moribundo salió del mar
Pero donde estaba su montaña, una media luna dorada vio colgar

Su reino dragón se derrumbó, su vástago dragón murió
La pena del rey Yurgen ardió, y a hundirse volvió
Los salones que se levantaban en nubladas laderas bajo las olas yacen
Y oscuras tumbas oceánicas al reino caído de Yurgen ahora mecen

El crepúsculo de verano ha partido en dos la dorada luna estival
Y todos los que vengan oirán la melodía de los dragones,
solitaria y sin igual.

Formulario de permiso para usar la azada en el jardín

Yo, Podo Helmer, solicito permiso para cavar con azada en un jardín. Al firmar este formulario, también reconozco la superioridad de los Colmillos de Dang, tanto general como específica, en general sobre toda la humanidad, y en concreto sobre mí, Podo Helmer, y cuando digo superioridad, me refiero a una superioridad drástica, como la que tiene un abomachacador sobre un mip; es decir que yo, Podo Helmer, representaría a un mip, y los distinguidos Colmillos de Dang representarían al poderoso abomachacador, que es drásticamente superior al mip.

Día de uso: Siete días

Hora de solicitud del permiso: Amanecer

Firmado por Podo Helmer, este trigésimo día de Cinco Lunas, año 451 de la Tercera Época.

Colmillo de guardia: Brak

Apéndice al formulario del permiso
para usar la azada en el jardín

Permiso para utilizar la azada

Por favor, marcar todo lo que corresponda:

☒ Me gustaría utilizar una azada

Iniciales: PH

FORMULARIO DE PERMISO PARA PALEAR EXCREMENTOS DE CERDO

Yo, Podo Helmer, solicito permiso a la autoridad dominante, inteligente, ingeniosa y superior de Glipwood, el comandante Gnorm, distinguidísimo Colmillo de Dang, o a uno de sus asociados Colmillos, quienquiera que esté presente en el momento de dicha solicitud, para utilizar una (1) pala con el fin de recoger los excrementos de cerdo del corral de cerdos y echarlos a la carretilla, carreta, cesta o cuenco que se utilizarán solo para fertilizar diversas plantas, y a no arrojar, manchar ni hacer ningún otro uso indebido de dichos excrementos, ya sea con mala intención o con malicia, a menos que la mala intención o la malicia menosprecie, humille o cause molestias de algún modo a una entidad ajena a los Colmillos, en cuyo caso se recomienda encarecidamente el uso indebido.

Si dicha pala no se devuelve a las instalaciones de los Colmillos antes de la puesta de sol del día de uso, yo, Podo Helmer, admito que el lamentable castigo que recibo es consecuencia de mi insensatez y desprecio por Gnag el Sin Nombre y sus Colmillos más distinguidos, como el comandante Gnorm, y no me retorceré mientras me torturen o me obliguen a subir al carruaje negro, porque aunque los Colmillos disfrutan haciendo daño a la gente, también preferirían estar durmiendo que condenando a una víctima para azotarla o llevarla en el carro.

Día de uso: Segundo días
Hora de solicitud del permiso: Mediodía
Firmado por Podo Helmer, este Quinto día
de la Sexta Luna, año 451 de la Tercera Época.

Colmillo de guardia: VOP

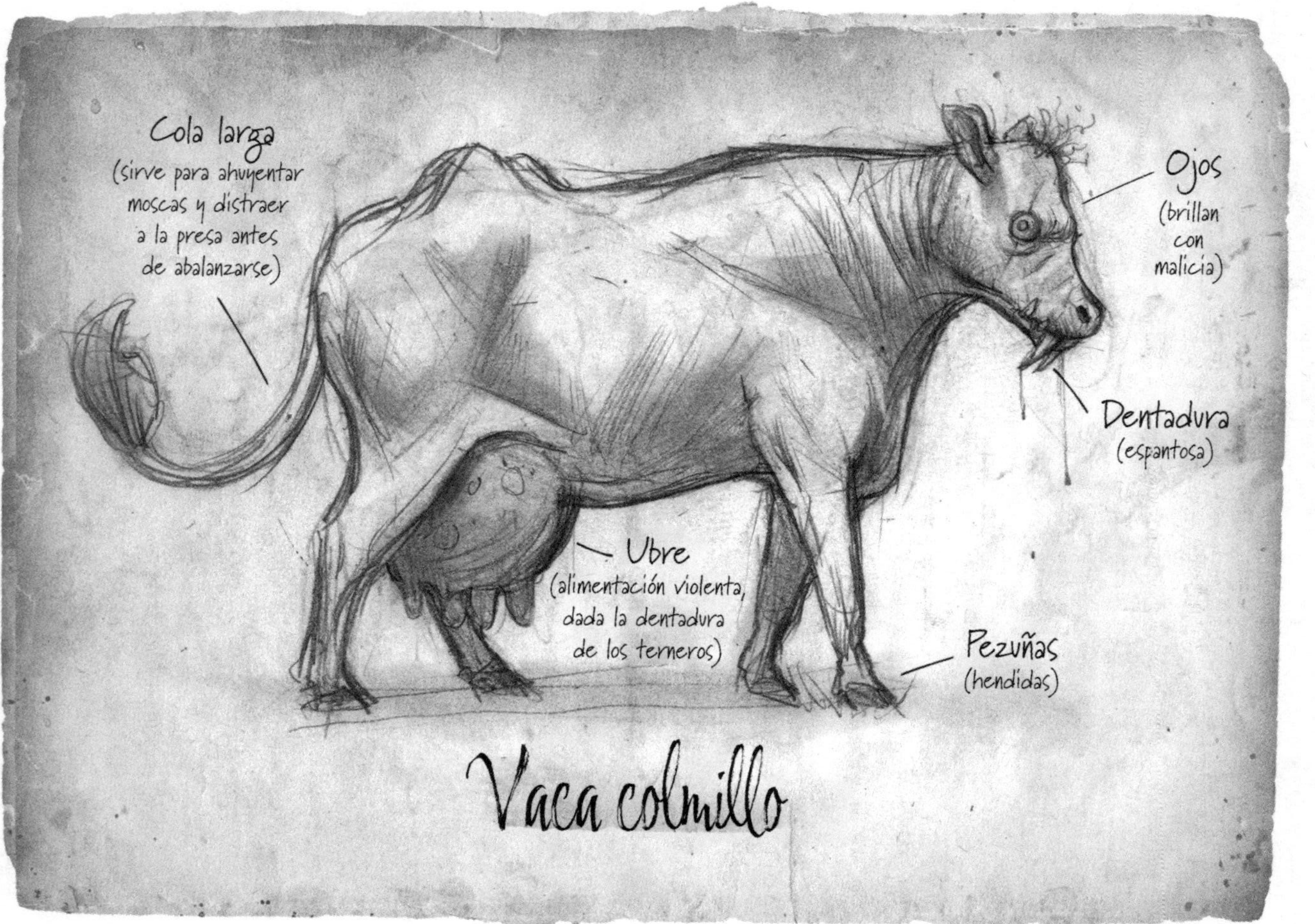

De la *Criatupedia* de Pembricks

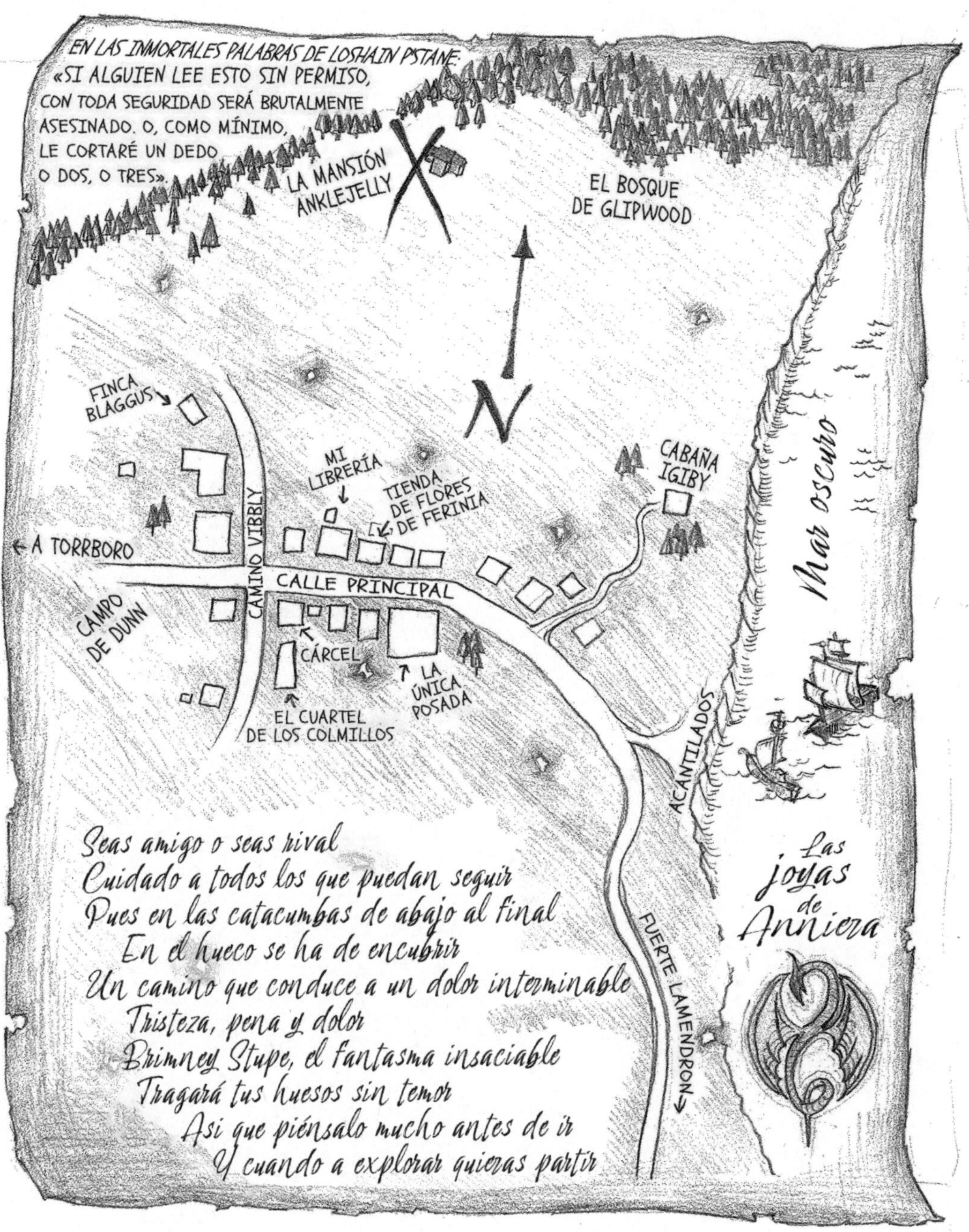

Un mapa de Glipwood dibujado por Oskar N. Reteep

Guía para el lector

1. ¿Qué harías si encontraras un mapa secreto? Dibuja un mapa secreto hacia un tesoro escondido.

2. ¿Hay alguna parte del libro en la que no puedas dejar de pensar? Si es así, ¿en qué escena(s)? ¿Qué piensas al respecto?

3. Leeli siente compasión por dos personajes, Slarb y Peet, a los que nadie más ha considerado dignos (caps. 27–28). Sin embargo, sus interacciones con ellos acaban resolviéndose de forma muy diferente. ¿Qué crees que habría ocurrido si Leeli hubiera tenido la oportunidad de mostrarle bondad a Slarb? ¿Crees que es posible que la gente cambie?

4. Piensa en algunos de los personajes del libro: Janner, Tink, Leeli, Nia, Podo, Oskar, Peet, el comandante Gnorm, el general Khrak, Slarb y Zouzab. ¿Qué atesora cada uno de ellos y cómo guía eso sus acciones? ¿Qué atesoras tú?

5. Mucha gente siente rabia en este libro: Janner está enfadado por tener que cuidar de Tink y Leeli, y también está enojado porque Nia y Podo guardan secretos. Oskar está enfadado porque los Colmillos han invadido Skree. Podo siente ira hacia Peet. Nia está enfadada con Podo. ¿Cuándo es justa esa ira y cuándo es injusta? ¿Cuándo es peligroso aferrarse al enojo? ¿Es alguna vez buena la ira? ¿Puede ser útil? Si es así, ¿cómo?

6. ¿Había algo en el libro que esperabas que sucediera de forma diferente? ¿Cómo esperabas que resultara esa parte? Escribe una breve historia que muestre cómo deseabas que hubiera ocurrido.

Sobre el autor

Andrew Peterson es un artista discográfico y compositor aclamado por la crítica, así como el autor de la galardonada Saga Wingfeather. También es el fundador de The Rabbit Room, una organización que fomenta la comunidad a través de la historia, el arte y la música. Él y su esposa, Jamie, viven en Nashville.

Visita www.andrew-peterson.com para obtener más información sobre Andrew o www.wingfeathersaga.com para obtener más información sobre Kistamos y sus criaturas lamentablemente peligrosas.